해외 부동산 투자,
나는 말레이시아로 간다

해외 부동산 투자,
나는 **말레이시아**로 간다

유현선 지음

매일경제신문사

프롤로그

　사람들에게 '처음'은 언제나 설레고 기억에 오래 남는 의미를 가지기 마련이다. 내 인생의 첫 해외 여행지, 말레이시아와의 개인적인 인연은 1992년 8월의 뜨거웠던 여름날로 돌아간다. 대학 1학년의 풋풋한 신입생으로 모 방송국의 퀴즈 프로그램에 우연히 참가해 처음으로 말레이시아와 태국으로 해외여행을 떠나게 되었다. 그 당시 적도 지역 특유의 낭만적인 풍경과 함께, 순수하고 낙천적이었던 말레이시아 사람들은 좋은 추억으로 오래 남았다. 내 미래에 대한 막연한 꿈을 처음 키우게 된 것도 그때의 행복했던 기억들 때문이었다.

　두 번째 인연은 다소 감성적이고 즉흥적인 만남이었다. 2003년 당시 건축디자인을 하던 나는 영화 〈미션 임파서블 2〉에서 페트로나스 트윈타워 KLCC를 보며, 쿠알라룸푸르라는 도시에 대한 막연한 동경이 생겼다. 최근에 유행하는 소위 '한 달 살아보기'로 떠났던 여행은 결국 6개월로 이어졌고, 내 노후에 대한 큰 그림을 그리게 되었다. 그 당시 어느 유럽에서 온 듯한 노인분이 현지인의 부축을 받아 산책하는 모습을 보며, 나의 노후도 이렇게 따뜻한 나라에서 좋은 사람들과 함께 여유롭게 보내야겠다는 결심을 하게 된 것이다. 그 후, 기회가 생길 때마다 말레이시아를 방문했고 갈 때마다 발전하는 모습을 보며, 이제는 그 매력을 사람들과 공유하고자 책을 쓰게 되었다.

저금리 시대에 대출 규제와 보유세 강화, 특히 다주택자에 대한 양도소득세 강화와 같은 정부 규제 등으로 최근 금융 기관이나 개인이 국내를 넘어 해외 부동산으로 눈을 돌리고 있다. 특히 자녀 교육이나 미세먼지 등의 거주 환경에 대한 불안이 커지면서 최근 해외 이민에 관한 관심도 눈에 띄게 커지고 있다. 불과 몇 년 전만 해도 중국 부동산에 관한 관심이 컸다면, 최근에는 베트남을 중심으로 동남아시아 부동산 시장에 관한 관심이 크다. 또한, 부동산 투자와 연관된 미국의 투자 이민 비자인 EB-5나 말레이시아의 장기 체류비자인 MM2H에 대한 개인 투자자들의 관심도 커지고 있다. 이러한 흐름을 반영이라도 하듯 중국과 베트남 부동산 시장에 대한 서적은 간간히 찾아볼 수 있다. 그러나 '동남아 시장의 테스트 베드이자 중동 시장의 게이트웨이'라 불리는 말레이시아 부동산 시장에 관한 책은 찾아보기가 어렵다.* 간혹 여행 가이드북이나 말레이시아 역사 관련 서적만 드물게 출간될 뿐인데, 이 또한 베트남이나 싱가포르에 비하면 전무하다고 할 수준이다. 특히 지난 2년간 말레이시아 MM2H 비자의 취득자 수가 중국 다음으로 두 번째로 많았던 한국에서 말레이시아와 말레이시아 부동산에 대한 정보 전달이 필요했다.

이 책은 부동산 투자에 관한 책이지만, 마치 족집게 과외 선생님처럼

---

*출처 : 중기이코노미 2019. 06. 11 기사(http://www.junggi.co.kr/article/articleView.html?no=23472)

말레이시아의 투자 유망 지역이나 특정 물건을 추천하지는 않는다. 그보다는 확인되지 않은 수많은 정보 속에 되도록 정확하고 업데이트된 믿을 만한 정보들을 담고자 노력했다.

지금 우리는 인터넷에 원하는 정보의 키워드를 넣으면 누구나 손쉽게 디지털 아카이브Archive를 통해 수많은 정보와 지식을 찾아낼 수 있는 풍요로운 지식기반경제 시대를 살고 있다. 이 책의 내용 또한 이러한 디지털 정보 창고에서 찾아내고 선별해서 조합한 지식을 바탕으로 쓰였다는 사실을 인정한다. 그러나 말레이시아 부동산을 주제로 출판된 책을 찾아보기 어려운 한국에서 말레이시아에 관심 있는 독자들에게 정보 탐색의 수고로움을 덜어주고, 부동산 분야에 몸담은 한 사람으로서 덤불로 가려진 낯선 숲속에 작은 오솔길을 열어줄 수 있다면 집필의 보람이 있을 것이다.

이 책은 좁게는 말레이시아와 말레이시아 부동산을 소개하는 책이지만, 넓게는 싱가포르나 필리핀과 같은 아세안 국가들의 부동산 시장을 이해하는 데 도움이 될 것이라 기대한다. 한국뿐만 아니라 이들 아세안 주요 국가들과의 차이점이나 유사점을 지면이 할애하는 범위 내에서 함께 정리함으로써 **아세안**ASEAN 이라는 더 넓은 시각에서 말레이시아를 심층적으로 이해할 수 있도록 노력했다.

> 아세안(Association of South-East Asian Nations)은 '동남아시아국가연합'을 뜻하는 약칭으로 1967년에 설립되었다. 창설 초기 회원국은 필리핀, 말레이시아, 싱가포르, 인도네시아, 태국 외에 브루나이, 베트남, 라오스, 미얀마, 캄보디아 10개국으로 구성되었다(출처 : 네이버 지식백과(두산백과)).

말레이시아에 관심이 없었던 독자들에게, 또는 말레이시아를 동남아시아의 그저 비슷한 개발도상국 중의 하나라고 오해했던 독자들에게 다양하고 객관적인 데이터를 끄집어내어 말레이시아의 가능성과 차별성을 제시하고자 한다.

한국에 비해 경제·사회 시스템이 많이 뒤쳐져 있을 것이라 생각했던 독자들이 이 책을 통해 새로운 시각과 관심을 가지게 되고, 천편일률적인 투자 시장의 쏠림 현상에서 벗어나 숨은 보석에 투자할 수 있는 계기가 된다면 보람이 있겠다. 특히 미국이나 일본과 같은 선진국 시장과 베트남과 같은 사회 시스템이 아직 정립되지 않은 신흥 시장 사이에서 두 시장의 장단점을 가지고 있는 중도적인 시장을 찾는 투자자들에게 말레이시아는 매력적인 대안이 될 것이다.

책의 목적에 따라 전반적으로 말레이시아 전체에 대해 설명하고 있으나, 부동산 투자 관점에서 한국인들이 가장 많이 살고 있고 투자자들이 가장 선호하는 쿠알라룸푸르(말레이시아의 수도)를 중심으로 설명하고자 한다. 다만 Chapter 4에 최근 투자 관심이 커지고 있는 조호 바루의 부동산 시장에 대한 설명을 간략히 덧붙였다. 한국의 3배나 되는 말레이시아 전체를 다루기에는 지식적인 한계가 있음은 물론이고, '부동산 투자 가이드북'이라는 집필의 목적에 집중하고 싶었던 이유가 컸다. 이 책은 말레이시아의 국가 소개나 여행 가이드북이 아니기 때문이다. 또한, 법인이나 연기금과 같은 전문 투자자들이 선호하는 오피스나 물류창고와 같은 상업용 부동산보다는 투자와 거주 목적을 모두 가지고 있는 개인 투자자들이 접근할 수 있는 주거용 부동산에 집중해 설명하고자 한다.

 솔직한 고백을 더하자면 이 책은 말레이시아에서 은퇴를 꿈꾸는 나 자신에 대한 스스로의 해답을 찾기 위한 과정의 산물이기도 하다. 그렇기 때문에 형식적인 자료의 나열이 아닌, 말레이시아의 역사와 정치·경제·사회 전반에 걸친 나의 궁금증과 확신을 다지는 데 필요한 자료들, 무엇보다 말레이시아의 부동산 시장을 이해하는 데 도움이 되는 유용한 자료들 위주로 정리했다. 우리가 알다시피 부동산은 그 사회의 제도나 경제, 문화와 무관할 수 없기 때문에, 특히 부동산 투자는 '나'의 욕망이 아닌 '다른 사람'의 욕망에 투자하는 것이기 때문에 그 사회 전체, 더 나아가 글로벌 시장을 들여다봐야 한다.

 부동산 투자라는 다소 불확실성과 변동성이 강한 주제에 대해 최대한 의미 있는 데이터를 수집하고, 이를 요약표나 그래프로 재구성함으로써 좀 더 가시적으로 설명하고자 노력했다. 물론 이러한 시장의 데이터들이 몇 년이 지나면 의미 없는 과거의 통계적인 숫자로 남는다는 것을 너무도 잘 안다. 또한, 책에서 설명하는 말레이시아의 법규나 조세 제도가 계속적으로 바뀌고 있는 상황 또한 이 책이 가지는 한계일 것이다. 그러나 마치 '말레이시아 부동산 2019/2020'이라는 아카이브Archive를 구축하듯이 말레이시아의 지금을 기

> 아카이브(Archive)는 '기록 보관소', '기록 보관소에 보관하다'라는 의미를 가지고 있는데, 백업용 또는 다른 목적으로 정보를 기록, 보존해놓기 위해 '한곳에 파일들을 모아둔 것'을 말한다(출처 : 네이버 지식백과(천재학습백과 초등 소프트웨어 용어사전)).

록하고, 그 정보를 공유하는 작업은 분명 의미 있는 과정이 될 것이라 믿는다. 영어 이름의 한글 표기 오기를 줄이기 위해 영문표기도 가독성을 유지하는 범위 내에서 최대한 함께 정리했다. 또한, 이해를 돕기 위해 말레이시아의 화폐 단위인 링깃이나 미국달러를 원화로 함께 표기했다. 환율 기준은 1링깃^{RM}=280원, 1 미국달러^{USD}=1,180원으로 통일했다. 책을 읽는 도중에 미흡한 오류나 오기가 있다면 전적으로 나의 잘못임을 밝힌다.

이 책의 집필 단계에서 유용한 조언을 주셨던 많은 분들께 감사의 말을 전하고 싶다. 쿠알라룸푸르에서 10년 넘게 살고 있는 문화인류학 전공자로, 말레이시아에 대한 생생한 정보를 전해주고, 편협하지 않은 시각으로 균형을 잡을 수 있도록 조언을 아끼지 않고 감수해주신 신미란 님께 깊은 감사의 말을 전한다. 또한, 말레이시아에서 부동산 디벨로퍼로 10년 넘는 풍부한 실무 경험을 바탕으로 많은 조언을 전해주신 오스트로브릿지^{AUSTROBRIDGE}의 전창민 대표님께도 깊은 감사를 드린다. 바쁜 시간을 쪼개어 함께 고민하며 소중한 조언으로 부족한 책을 완성시켜준 강민정 세무사님, 김민정 이사님, 이은복 책임연구원님, 임준형 미국변호사님, 다니엘 리$^{Daniel\ Lee}$님, 생생한 스토리를 전해주신 이청열 대표님께도 진심 어린 감사의 마음을 전한다.

이 책이 세상에 나올 수 있도록 따뜻한 격려와 지지를 아끼지 않으신 두드림미디어의 한성주 대표님께도 감사의 말을 전하고 싶다.

책이 완성될 수 있도록 기꺼이 추천의 글을 써주신 말레이시아 한국상

공회의소 이병진 명예회장님, 건국대학교 부동산대학원 유선종 교수님, 법무법인 에이펙스 박기웅 대표변호사님, 에이알에이ARA코리아자산운용 이강홍 전무님께도 특별한 감사를 드린다. 여기에 일일이 이름을 언급하지 않았지만, 따뜻한 응원과 도움을 주신 많은 분들이 계셨기에 부족한 글이지만 용기를 낼 수 있었다. 모두에게 깊은 감사의 마음을 전한다.

    마지막으로 언제나 무조건적인 사랑과 응원으로 힘들고 지칠 때마다 끊임없는 용기를 북돋아주는 가족들에게, 특히 사랑하는 부모님께 이 책을 바친다.

유현선

CONTENTS

프롤로그 … 4

Chapter 1. 나는 왜 말레이시아를 선택했을까?

들어가기 전에 : 나만의 위시리스트를 만들어보라 … 19

1. 환경적 요인
지진이나 미세먼지 걱정 없는 축복받은 나라 … 22
택시기사와도 영어로 대화가 되는 나라 … 28

2. 경제적 요인
저렴한 생활비로 여유로운 삶을 즐길 수 있는 나라 … 31
금융소득이 기대되는 선진화된 금융 시장 환경 … 37
세계가 인정하는 말레이시아의 글로벌 성적표 … 43

3. 문화적 요인
은퇴자들의 천국, 아시아 최고의 은퇴 선호국 … 47
쇼핑의 천국, 쿠알라룸푸르 … 50
내국인 수만큼 외국인 방문객 수가 많은 나라 … 56
글로벌 브랜드에게 열린 개방적인 소비 문화 … 60
돼지고기와 알코올을 즐길 수 있는 글로벌 할랄(HALAL)의 허브 … 64
골프 클럽과 테마파크에서 삶의 재미를 즐기다 … 69
선진국 수준의 의료 서비스를 즐기다 … 73
TIP 주요 아시아 국가들의 의료 서비스 가격 비교 … 77
우수한 국제학교 인프라를 갖춘 나라 … 78
세계에서 여덟 번째로 해외 유학을 많이 보내는 나라 … 83

Chapter 2. 숫자로 들여다본 말레이시아

들어가기 전에 … 89

1. 말레이시아 역사·지리·정치 환경
전략적 요충지이자 천연자원의 낙원 … 91
대륙과 해양을 잇는 동남아시아의 중심지 … 95
정치·경제의 허브이자 부동산의 중심지인 센트럴 지역 … 98
정치적 안정 속에 새롭게 조명받는 동방정책 … 103
TIP 말레이시아의 이모저모 … 108

2. 말레이시아 경제·금융 시장 환경
고소득 국가 진입을 목전에 둔 말레이시아 … 110
관광 산업과 지식 기반 산업의 서비스업 중심의 경제 성장 … 117
아세안 시장 공략의 전초기지 … 121
안정적인 환율 시장 … 125
이슬람 금융의 허브, 세계 2위 수쿠크(Sukuk) 발행국 … 128

3. 말레이시아 인구 통계학 특성
지속 가능한 성장을 이끄는 인구 성장률과 도시화율 … 133
고령화 사회조차 진입하지 않은 젊은 나라 … 136
다민족 국가인 말레이시아의 인종별 인구 구조 … 139
높은 교육 수준을 갖춘 우수한 노동 시장의 경쟁력 … 147
세계 최초의 디지털 자유무역지대를 통한 IT 강국으로의 비상 … 149

CONTENTS

Chapter 3. 말레이시아 부동산 시장의 매력 탐구

들어가기 전에 … 157

부동산 소유권과 등기 제도 … 159

외국인에게 우호적인 부동산 소유권 제도 … 163

아세안 5개국의 외국인 부동산 소유권 취득 비교 … 169

상속세와 증여세가 없는 매력적인 조세 환경 … 174

절세 효과가 큰 부동산 양도소득세 … 180

낮은 부동산 거래 비용 … 184

해외 부동산 투자 절차 … 191

말레이시아 선분양 공급 제도 … 197

말레이시아와 한국의 분양 시장 차이 … 202

한국의 모델하우스인 '세일즈 갤러리(Sales Gallery)' 둘러보기 … 209

신뢰도 높은 말레이시아의 디벨로퍼에 관심을 가져보자 … 211

장기체류 비자, 말레이시아 마이 세컨 홈(MM2H) … 219

늦둥이 아빠의 MM2H 신청 이야기 … 227

외국인에게 우호적인 부동산담보대출 … 229

말레이시아 리츠(M-REIT)에 투자하기 … 232

말레이시아에서 회사 설립하기 … 241

해외 부동산 취득·보유·처분 관련 세금 … 245

TIP 말레이시아 부동산의 면적 단위(Unit)에 익숙해지자 … 254

Chapter 4. 말레이시아 부동산 시장 동향

들어가기 전에 … 259
한국과는 다른 독특한 주택 유형 … 261
말레이시아 주택 시장 동향 … 267
시세차익이 기대되는 저렴한 주택 가격 … 271
주택 임대 시장 특성 … 278
쿠알라룸푸르 투자 유망 지역 … 283
KL 시티 센터(KLCC) … 286
몽키아라(Mont'Kiara) … 291
방사(Bangsar) … 295
암팡 힐리르(Ampang Hilir) … 297
수방 자야(Subang Jaya) … 299
조호 바루(Johor Bahru) … 302
조호 바루의 진주, 이스칸다 말레이시아(Iskandar Malaysia) … 305
대규모 교통인프라 개발 사업 … 311
TIP 말레이시아 관련 도움이 되는 유용한 웹사이트 … 314

에필로그 … 316

Malaysia Real Estate

들어가기 전에
나만의 위시리스트를 만들어보라

"위험에 대한 다른 사람의 정의를 받아들이지 말아야 한다. 무엇이 위험한가에 대한 답은 오직 자기 안에만 있기 때문이다"[1]라는 문장을 읽은 적이 있다. 나는 이 문장을 다음과 같이 바꿔보고 싶다.

> "행복한 인생에 대한 다른 사람의 정의를
> 받아들이지 말아야 한다.
> 어떠한 삶이 행복한 인생인가에 대한 답은
> 오직 자기 안에만 있기 때문이다."

저마다 자신의 은퇴 후 삶에 대한 준비와 생각은 다를 것이다. 꼭 은퇴가 아니더라도 해외에서 제2의 인생을 시작하려는 사람들에게 그 이유와 목적은 제각기 다를 수밖에 없다. 한국이 아닌 다른 나라에 주택을 사야겠다고 결심했을 때도 '내가 살고 싶은 도시'와 '투자 수익률이 높은 도시'는 같지

---

1) 출처 : 에릭 시노웨이 외(2013), 《하워드의 선물》, 위즈덤하우스.

않을 수 있다. 결국, 인생의 큰 그림을 그린 후 주택 구입의 목적을 먼저 결정하는 것이 중요하다.

인생 2막을 꿈꾸는 우리에게 완벽한 은퇴나 이민의 최적지도 없을 수 있다. 저마다 취향이 다르고 이주의 목적이 다르듯 선호하는 국가나 도시도 다를 수밖에 없다. 그렇기 때문에 은퇴를 준비하면서, 이민이라는 제2의 인생을 준비하면서, 또는 해외 부동산에 투자하면서 '나만의 위시리스트'와 같은 체크리스트를 만들어보라고 추천하고 싶다.

말레이시아는 어떤 나라일까? 나는 왜 말레이시아를 제2의 삶의 정착지로 또는 부동산 투자국으로 정했을까? Chapter 1에서 이 질문에 대한 나만의 위시리스트를, 그리고 그 답을 하나씩 풀어가보려 한다.

[자료 1-1] 위시리스트 사례

구분	평가사항	예	아니오
환경적 요인	지진이나 미세먼지가 없는 따뜻한 아열대 기후인 나라	○	
	영어로 의사소통이 되는 나라	○	
	한국과 6~7시간 이내 비행거리에 있는 나라	○	
경제적 요인	저렴한 생활비로 여유롭게 생활할 수 있는 나라	○	
	안정적인 금융시스템을 갖춘 나라	○	
	지속 가능한 성장을 기대할 수 있는 나라	○	
문화적 요인	중산층이나 여자들이 살기 좋은 치안이 안전한 나라	○	
	한국인을 좋아하는 외국인 친화적인 나라	○	
	쇼핑과 다양한 놀거리·먹거리가 있는 나라	○	
	높은 의료수준이나 교육수준을 기대할 수 있는 나라	○	

이러한 체크리스트는 단순히 이민의 결정을 넘어 부동산 투자를 결정할 때도 중요하다. 모든 투자가 그렇지만, 특히 해외 부동산 투자에서는 위험 대비 출구전략Exit Plan에 대한 준비가 매우 중요하다. 국내 부동산은 자가 목적이 아닌 투자 목적으로 개인들이 주택을 구입하더라도 비교적 큰 어려움 없이 정보를 얻거나, 주변의 도움을 받아 수익률 달성을 위한 출구 방법을 찾아낼 수 있다. 그러나 해외 부동산은 투자 결정이나 임대 운용 시 현지에서 믿을 만한 전문가의 도움을 받기도 쉽지 않을뿐더러 때로는 그 나라의 특성으로 인해 어렵게 실현한 매각차익을 회수하기조차 어려운 경우도 있다.

그렇기에 개인 투자자가 부동산 펀드나 주식과 같은 간접 투자 상품이 아닌 직접 해외 부동산을 구입하는 경우라면, 최악의 출구전략을 고려해 스스로의 자가 사용 목적도 함께 고민해야 한다. 다시 말해 적어도 내가 투자하는 나라에 살 수 있을 정도의 매력을 느낄 수 있어야 한다는 것이다. 따라서 투자를 결정하기 전에 그 나라를 시기별로 자주 방문해보라고 조언해주고 싶다. 마치 한국에서 상가에 투자할 때 시간대별, 요일별로 인근의 유동인구의 변화를 확인하기 위해 자주 방문해야 하는 것과 같은 이치다. 좀 더 익숙한 국내 부동산에 투자할 때도 그러해야 하듯 기회가 있을 때마다 다양한 시기에 방문해 그 나라의 다채로운 모습을 경험해보길 바란다.

1. 환경적 요인

지진이나 미세먼지 걱정 없는 축복받은 나라

언제부터인가 아침에 일어나면 핸드폰을 꺼내 가장 먼저 미세먼지의 정도를 확인하는 일이 일상이 되어버렸다. 미세먼지가 '좋음'으로 표시되면 왠지 오늘 하루는 상쾌하게 보낼 수 있겠구나 하는 안도감마저 생긴다. 미세먼지 때문에 외출도 무서워하게 된 미세먼지 공포증인 더스트 포비아Dust Phobia부터 미세먼지 등의 대기오염이 없는 좋은 공기를 찾아 교외나 다른 나라로 이주하는 사람들을 가리키는 에어 노마드족Air Nomand까지 신조어들이 쏟아진다. '미세먼지'와 '이민'이 동시에 언급된 글의 수가 2015년(125건) 대비 2017년(1,418건)에 10배 이상 증가했다는 빅데이터 분석 결과도 있을 정도다.[2]

이러한 점에서, 말레이시아는 최근 거리의 풍경뿐만 아니라 경제 행동의 패턴까지 바꿔버리며 '탈한국'을 외치게 만든 미세먼지도 없고 지진이나

---

2) 출처 : 시사저널(http://www.sisajournal.com/news/articleView.html?idxno=183124)(기사 2019. 04. 03)

강풍도 없는 축복받은 나라다. 세계은행에 따르면 2017년 기준, 말레이시아 도심의 평균 초미세먼지PM2.5 농도는 16.036μg/㎥였다. 이는 한국의 25.039 μg/㎥이나 인접 국가인 태국의 26.257μg/㎥, 싱가포르의 19.078μg/㎥보다 낮은 수치다.[3] 특히 미세먼지 청정국가로 유명한 필리핀(18.07μg/㎥)보다도 낮은 수치를 보여, 인근 동남아시아 국가들보다도 공기가 매우 청정한 것으로 조사되었다.

다만 평균이 가지는 통계적인 한계로 각 나라의 도시별·시기별 수치는 다소 차이가 있을 수 있음을 기억하자. 예를 들어, 글로벌 대기오염 조사기관인 에어 비주얼Air Visual의 도시별 대기질 지수AQI를 보면 2018년 기준, 서울의 평균 초미세먼지PM2.5 농도는 23.3μg/㎥으로 싱가포르의 14.8μg/㎥이나 필리핀 마닐라의 14.3μg/㎥과 비교할 때 도시별·시기별로 약간의 차이가 있다.[4] 참고로 인도네시아 자카르타는 45.3μg/㎥, 태국 방콕은 25.2μg/㎥로 같은 **아세안 5개국 ASEAN-5**들 간에도 격차가 있다. 다만 에어 비주얼Air Visual의 국가 도시별 순위 보고서에서 말레이시아는 측정 방법의 차이로 언

> 아세안 5개국(ASEAN-5)은 아세안 회원국 중 주요 5개국을 지칭하는 단어로 알파벳순으로 인도네시아, 말레이시아, 필리핀, 태국, 베트남을 말한다. 국제통화기금(IMF)은 아세안 5개국에 베트남 대신 싱가포르를 포함시켜 부르기도 한다. 이 책에서는 국가 간의 경제 발전 수준을 고려해서 베트남을 포함한 아세안 5개국을 주요 비교 대상국가로 설명하고자 한다.

---

3) 세계은행에 따르면 2017년 기준 미국(7.409μg/㎥)이나 영국(10.473μg/㎥), 호주(8.55μg/㎥)와 같은 선진국들은 세계 평균(45.522μg/㎥)에 비해 낮은 수치를 보였다(출처 : https://data.worldbank.org/indicator/EN.ATM. PM25.MC.M3).

4) 대기질 지수인 AQI(Air Quality Index)는 대중에게 영향을 미치는 공기오염 정도에 대한 척도가 되는 지표로 AQI가 높을수록 대중에게 악영향이 높다는 의미로, 전 세계의 다양한 지역에서 각기 다른 방식으로 집계된다(출처 : 네이버 지식백과(시사상식사전)).

급되지 않아 비교는 어렵겠다.[5] 그러나 세계은행의 데이터와 비교할 때 상대적인 수치에는 큰 차이가 없다고 보면, 말레이시아가 한국이나 태국, 인도네시아보다는 공기질이 좋다는 것은 분명하다.[6]

한편 말레이시아가 은퇴 이민의 천국으로 각광받는 이유 중의 하나는 사계절 따뜻한 날씨 때문이다. 전형적인 고온 다습한 열대성 기후로 연평균기온이 27℃(22~34℃)로 20도 이하로 떨어지는 경우가 없어 사계절이 있는 유럽인들이나 한국 사람들에게 겨울 휴양지로 특히 선호된다. 쿠알라룸푸르가 있는 서말레이시아는 12월에서 4월이 가장 생활하기 좋은 건기이며, 코타키나발루가 있는 동말레이시아는 4월에서 10월까지가 쾌적한 환경을 즐길 수 있는 최적기다. 말레이시아의 월평균 습도는 아열대 기후로 인해 80~88% 수준으로 다소 높은 편이나, 한국의 습식 사우나 같은 끈적거리는 습기는 아니어서 생활에 큰 불편함은 없다.

동남아시아 국가들을 떠올릴 때 우려되는 것 중의 하나가 자연재해일 것이다. 아열대에 위치한 국가들이 그러하듯 말레이시아의 홍수도 대부분 10월에서 3월까지 열대 우기의 주기적인 몬순Monsoon에 의한 집중적인 폭우로 나타난다. 이러한 몬순에 의한 홍수는 말레이시아를 포함한 동남아시아에서는 일반적인 자연 재해이나, [자료 1-2]에서 볼 수 있듯이 태국과 비교할 때 말레이시아는 그리 심각한 수준은 아니다. 또한, 자연재해의 연간 평

---

5) 출처 : Air Visual, 2018 World Air Quality Report : Region & City PM2.5 Ranking
6) 말레이시아의 실시간 대기질 데이터가 궁금하다면, 대기오염지수 관리시스템 APIMS(Air Pollutant Index Management System)의 홈페이지(http://apims.doe.gov.my)를 통해 확인할 수 있다.

균 발생빈도도 인도네시아나 필리핀에 비해 적으며, 필리핀이나 베트남에 비해 태풍 피해도 없다.

[자료 1-2] 자연재해 평균 GDP 대비 피해율 및 연간 평균 발생빈도, 1998~2018년

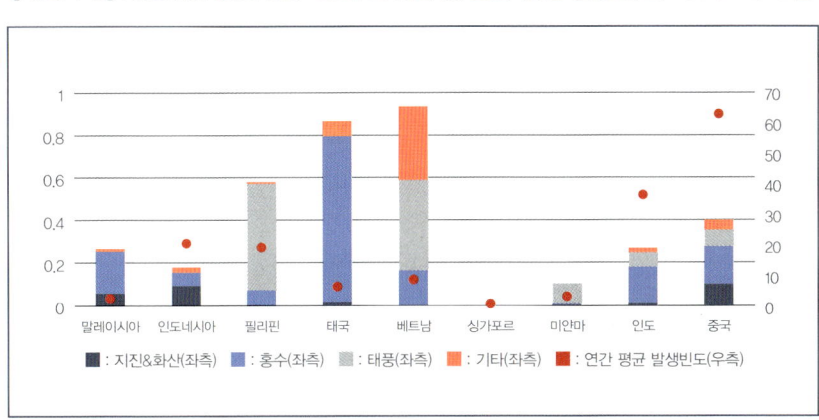

한국도 이제는 지진 안전지대가 아님에 따라 지진에 대한 공포와 우려가 크다. 말레이시아 인근 인도네시아는 2018년 10월에 지진과 쓰나미로 1,400명 이상이 사망하는 큰 피해가 있었다. 말레이시아에도 지진이 발생하기는 하나, 이는 동말레이시아의 사바Sabah 주에서 간헐적으로 발생하는 것으로, 쿠알라룸푸르나 조호 바루와 같이 한국 사람들이 주로 거주하는 서말레이시아는 지진 안전지대라고 볼 수 있다.

특히 수도인 쿠알라룸푸르는 지질 면에서 땅이 단단한 석회암이라서 지내력도 강하다. 쌍둥이빌딩으로 유명한 88층의 페트로나스 트윈타워KLCC를 다른 나라에서는 엄두도 내지 못할 저렴한 가격으로 시공할 수 있었던 이

유도 여기에 있다. 또한, 몽키아라를 비롯한 쿠알라룸푸르나 조호 바루의 주거 지역에 40층이 넘는 초고층 콘도미니엄이 많은 이유도 지진이 없는 서말레이시아의 지질 환경에 기인한다.

발코니에 폴딩 도어가 설치된 초고층 콘도미니엄

더구나 태풍도 없는 말레이시아는 풍하중 측면에서도 유리해 초고층 빌딩건물도 큰 제약을 받지 않는다. 그 실례로 쿠알라룸푸르 도심에 위치한 56층 높이의 '8 콘레이Conlay' 콘도미니엄은 세대 발코니에 미서기 도어가 아닌, 접이식 폴딩 도어가 설치되어 있다. 한국의 겨울날 2층 높이의 육교를 지날 때조차 세차게 몰아치던 바람을 떠올려보면 한국의 초고층 아파트에서는 상상도 할 수 없는 낭만적인 사치가 아닐 수 없다.

동남아시아에서 생활할 때 건강과 관련해서 또 하나 우려되는 것 중의 하나가 먹는 물과 관련해 안전한 인프라 시스템을 갖추고 있느냐일 것이다. 말레이시아는 싱가포르 다음으로 아세안 국가들 중에서 안전한 식수와 선진화된 위생 환경 시스템을 갖춘 나라다. 물론 말레이시아 또한 다른 동남아시아 국가들과 유사하게 물에 석회질이 많아 한국의 아리수만큼 안전한 수돗물 공급을 기대하는 것에는 한계가 있다. 그러나 아세안 협회에서 발표한 보고서 [자료 1-3]에서 확인할 수 있듯이 말레이시아의 인프라 시스템은 다른 동남아시아 국가들에 비해 상대적으로 그 수준이 높다. 참고로 글로벌경제 포럼의 '글로벌 경쟁력 보고서The Global Competitiveness Report 2018'의 인프라 항목 중 '안전하지 않은 식수 노출'에서 싱가포르는 전 세계 25위, 한국은 26위, 말레이시아 69위였다. 반면 같은 아세안 5개국에 속하는 베트남은 82위, 인도네시아는 92위, 필리핀은 101위, 태국은 105위로 말레이시아와 큰 차이가 난다. 다만 한국도 그러했듯이 빠른 경제 성장과 도시화에 비해 아직 노후화된 상수도관이 많아 정수기 없이 살 수 있는 도시 인프라를 갖출 때까지는 꽤 오랜 시간이 필요할 것으로 보인다.

[자료 1-3] 안전한 식수와 위생 시설 접근 가능한 인구수 비율, 2017년 기준

국가	말레이시아	싱가포르	인도네시아	필리핀	태국	베트남
안전한 식수 접근성	97%	100%	72%	92%	98%	98%
위생시설 수준	96%	100%	68%	74%	93%	82%

출처 : 동남아시아국가연합(ASEAN), ASEAN Statistical Yearbook 2018

택시기사와도 영어로 대화가 되는 나라

언어의 장벽은 타국에서 생활할 때 생각보다 삶의 만족도에 큰 영향을 미친다. 외국에서 살다 보면 커뮤니케이션의 어려움을 느낄 때가 많다. 말레이시아는 영국의 식민지였던 과거의 잔재로 일상생활에서 편하게 영어로 의사소통을 할 수 있는 나라다.

국가의 공식어는 말레이시아어Malay로 영어는 제2외국어이기는 하나, 영어가 일상생활에서 통용어로 보편적으로 사용되고 있다. 또한, 인구 특성으로 인해 중국어도 통용된다. 이처럼 영어뿐만 아니라 중국어로도 수업이 진행되다 보니 이런 장점 때문에 말레이시아로 조기 유학을 보내는 한국 사람들이 많다.

해외에 살면서 그 나라의 언어를 다시 배워야 한다는 것은, 그것도 늦은 나이에 외국어를 배워야 한다는 것은 사실 그리 쉬운 일이 아니다. 새로운 문화와 사람들에게 적응해야 하는 부담감이 있는 상황에서 새로운 언어까지 배워야 하는 부분은 해외 이민을 주저하게 만드는 이유가 아닐 수 없다.

이처럼 영어를 통한 부담 없는 의사소통으로 언어 장벽이 낮다는 것은 그 나라를, 그 도시를 외국인들에게 매력적인 정주공간으로 느끼게 하는 중요한 요인이 된다. 해외에서 일하거나 생활하는 사람들이 모여 만든 글로벌 소셜 네트워크 커뮤니티인 인터네이션InterNations에서 조사한 '엑스펫 시티랭킹Expat City Ranking 2018'에서 쿠알라룸푸르는 대만, 싱가포르, 마나마(바레인의 수도), 호찌민, 방콕 다음으로 세계에서 여섯 번째로 외국인 친화적인 도시로 손꼽혔다. 이 조사에서 쿠알라룸푸르가 다른 도시에 비해 정착하기 쉬운 이유 중의 하나가 그 나라의 언어를 따로 배울 필요 없이 영어로 의사소통이 가능하기 때문에 새로운 친구를 쉽게 사귈 수 있다는 장점 때문이었다.[7] 반면 같은 조사에서 서울은 일본, 베이징 다음 순위인 41위로 조사되었다.

[자료 1-4] 국외거주자 도시 순위

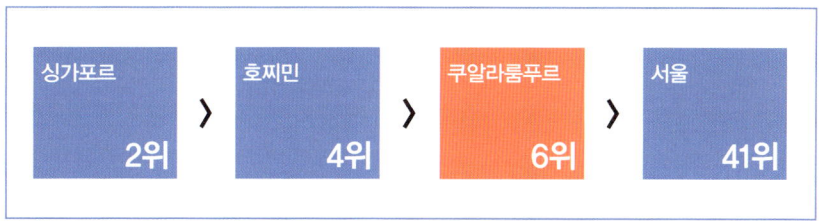

나의 경험을 돌이켜봐도 언어 소통은 그 나라에 정착하고 삶의 행복을 느낄 때 중요한 요인임을 강조하지 않을 수 없다. 지금은 그랩Grab과 같은 핸드폰 어플을 통해 별다른 대화 없이도 택시를 이용할 수 있지만, 몇 년 전 베트남에 잠깐 거주했을 때 언어의 장벽은 나를 위축시키기에 충분했다. 지리에도 익숙하지 않고, 언어 소통에도 어려움이 있던 상황에서 일상의 사소한 일들을 해결하기 위해 주변 사람들의 도움에 의지해야 했고, 언어의 장벽으로 생활의 반경이 축소되어 일상의 자유마저도 한동안 제한되어야 했다. 이러한 경험들은 큰 불편함 없이 일상의 생활에서 영어로 의사소통이 되는 말레이시아라는 나라에 대한 소중함을 깨닫게 해주었다. 물론 이제는 통역 어

---

7) 출처 : https://www.internations.org/press/press-release/expat-city-ranking-2018-reveals-the-best-and-worst-cities-for-expats-39706

플이나 택시 어플의 도움으로 과거보다는 그 불편함의 정도가 다소 나아지기는 했지만, 새로운 문화에 적응하고 친구들을 만들어가야 하는 이방인의 생활에서 언어 소통의 편리함은 매우 소중한 매력 포인트임을 강조하고 싶다.

2. 경제적 요인

저렴한 생활비로 여유로운 삶을 즐길 수 있는 나라

말레이시아에서 즐길 수 있는 다채로운 거주 환경에 비해 상대적으로 저렴한 생활비는 또 다른 매력 중의 하나다.

영국의 권위 있는 경제 전문지 이코노미스트 The Economist 산하의 연구기관인 EIU에서 발표한 보고서에 따르면, 뉴욕을 100으로 가정할 때 쿠알라룸푸르의 생활비 지수는 59로 전 세계 130개 도시들 중에 여든여덟 번째로 생활비가 비싼 도시로 선정되었다.[8] 반면 서울의 생활비 지수는 100 7위로 1인당 국민소득이 8,000만 원(약 7만 미국달러)이 넘는 뉴욕과 동일한 생활비 수준을 보였다. 참고로 전 세계에서 생활비가 가장 비싼 도시는 싱가포르와 홍콩, 파리로 생활비 지수가 107로 평가되었다. 생활비 지수가 설명하듯이 서울이나 뉴욕에서 누릴 수 있는 생활 수준을 쿠알라룸푸르에서는 약 40% 절감된 비용으로 즐길 수 있다는 것이다. 물론 실제로 내국인이 아닌 외국인

---

8) 출처 : 이코노미스트 인텔리전스 유닛(Economist Intelligence Unit), Worldwide Cost of Living 2019.

으로 쿠알라룸푸르에 살면서 느껴지는 물가 수준은 생활비 지수보다는 조금 높은 서울의 3분의 2 정도의 수준일 것이다.

또한, 서울의 한강 정도 폭의 좁은 바다를 사이에 두고 떨어져 있는 말레이시아와 싱가포르가 1.8배 수준의 생활비 차이를 보인다는 것도 매우 흥미로운 사실이다. 실제로 나도 싱가포르와 조호 바루를 여행하며 사소하게는 망고 주스 한 잔을 마셨을 때도 이러한 수준의 가격 차이를 보며 놀라워했던 기억이 난다.

[자료 1-5] 생활비 지수

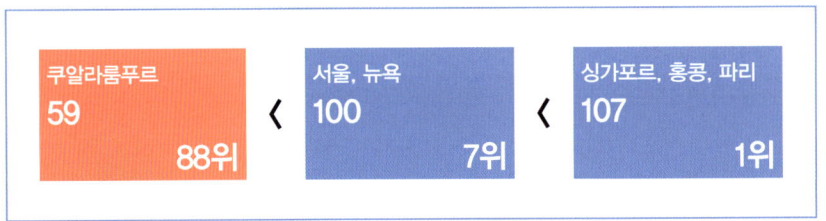

해외 주재원과 동반가족들의 생활비 수준에 대한 정보를 제공해주는 세계적인 경영 컨설팅 기업인 머서Mercer의 순위를 봐도 서울에 비해 쿠알라룸푸르의 물가가 매우 저렴하다는 것을 알 수 있다.[9] '2019 생활비 순위2019 Cost of Living City Ranking'에서 서울은 홍콩, 도쿄, 싱가포르 다음으로 전 세계에서

---

9) 머서(Mercer)의 해외 주재원 생계비 조사는 세계에서 가장 광범위한 조사 범위를 자랑하는 생계물가 지표로 다국적 기업과 정부 기관이 해외 파견 직원의 보상 정책을 운영할 때 객관적인 적용 지표로 활용되고 있다. 전 세계 5개 대륙 209개 도시에서 주거, 교통, 음식, 의류, 생필품, 및 여가비 등 200여 개 품목의 가격을 비교해 뉴욕(미국 달러)을 기준으로 세계 주요 도시들의 물가를 비교한다. 서울의 경우 대중교통비는 저렴하나 식료품 가격이 높은 것으로 나타났다(출처 : https://www.mercer.co.kr/newsroom/2017-cost-of-living-korea.html).

네 번째로 생활비가 비싼 도시로 조사되었다. 반면 쿠알라룸푸르는 141위로 상대적으로 그 순위가 낮았다. 이는 1인당 국민소득을 고려할 때 같은 아세안 5개국인 태국의 방콕40위이나 인도네시아의 자카르타105위, 필리핀의 마닐라109위, 베트남의 호찌민120위보다도 낮은 생활비 수준이다. 미국 달러로 분석되다 보니 다소 각국의 환율 변동에 영향을 받기는 하나, 말레이시아의 물가가 상대적으로 매우 저렴한 물가 수준임을 객관적으로 보여준다.

[자료 1-6] 생활비 순위(높은 순)

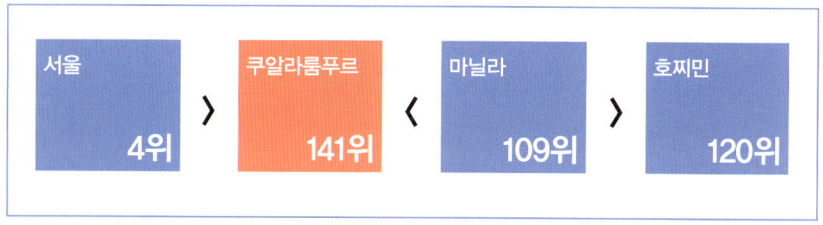

[자료 1-7] 삶의 질 순위(높은 순)

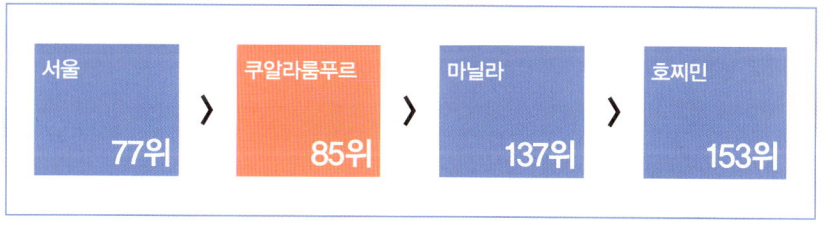

특히 같은 기관에서 발표한 생활환경의 수준을 보여주는 '2019 삶의 질 도시 순위2019 Quality of Living City Ranking'를 보면, 단순히 생활비가 낮다는 측면보다 쿠알라룸푸르가 저렴한 생활비로 높은 삶의 질을 영위할 수 있는 도

시임을 알 수 있다. 전 세계에서 가장 살기 좋은 도시 순위에서 쿠알라룸푸르는 85위로 서울의 77위보다는 다소 순위가 떨어지나 대만의 타이베이(84위)와는 겨우 한 계단 차이로, 부산(94위)보다도 살기 좋은 도시로 조사되었다. 이는 같은 아시아 국가 중 싱가포르(25위)나 도쿄(49위), 홍콩(71위)에 비해 낮은 순위라고 볼 수 있으나 생활비 수준이 더 높았던 방콕(133위)이나 마닐라(137위), 자카르타(142위), 호찌민(153위)에 비해서는 상대적으로 매우 높은 순위다. 특히 말레이시아의 조호 바루도 삶의 질 도시 순위에서 101위로 다른 아세안 5개국의 수도들보다도 높았다.

말레이시아의 저렴한 생활비는 다른 기관의 조사를 통해서도 확인할 수 있다. 글로벌 도시통계 비교 사이트인 넘비오Numbeo에 따르면 2019년 6월 기준, 말레이시아의 생활비는 한국보다 약 47.7% 낮았다. 특히 임대료의 경우 말레이시아가 한국보다 약 49.4% 낮은 것으로 조사되었다. 쿠알라룸푸르의 생활비 지수도 42.09로 서울(82.81)의 약 2분의 1 수준이었다. 임대료의 경우는 쿠알라룸푸르가 서울보다 40.53% 낮은 수준으로 말레이시아의 전체 평균치보다 조금 높게 조사되었다. 이는 동남아시아에서 이민 선호국으로 손꼽히는 필리핀의 마닐라(40.7)나 베트남의 호찌민(38.39)보다는 조금 높은 수준이나, 말레이시아가 중소득 국가임을 고려하면 상대적으로 저렴한 생활비임을 알 수 있다. 물론 넘비오Numbeo가 제공하는 정보는 해당 사이트 이용자의 데이터에 근거한 분석 결과이기 때문에 객관적인 정확성을 담보할 수는 없으나 상대적인 도시별 비교 자료로는 참고할 수 있겠다. 참고로 같은 조사에서 4인 가구는 임대료를 제외하고 약 7,340링깃(약 205만 원)의 생활비가 필요하고, 1인 가구는 임대료를 제외하고 약 2,060링깃

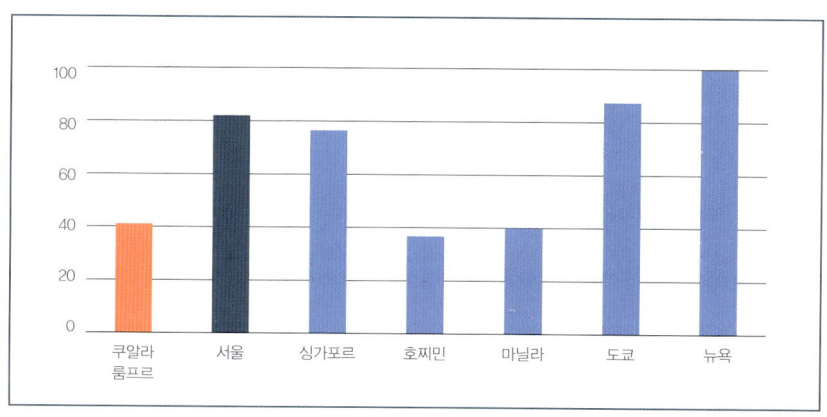

[자료 1-8] 생활비 지수

출처 : 넘비오(https://www.numbeo.com), 저자 작성

(약 58만 원)이 필요한 것으로 추정되었다.[10]

구체적인 예를 들어 설명하면, 산유국인 말레이시아의 유류비(고급 휘발유 포함)는 리터당 2.0~2.8링깃(560~790원)으로 한국의 2분의 1 수준 이하로 매우 저렴하다. 다만 산유국임에도 불구하고 자동차 가격은 비싼 편이다. 승용차 구입 시 국내 소비세Excise Duties가 75%(1,800cc 이하)에서 105%(2,500cc 이상), 한국의 부가가치세에 해당하는 판매세Sales Tax가 10%로 세금 부담이 크다.[11] 이는 자동차 제조 생산의 역사가 짧은 말레이시아에서 외국산 자동차 구매율이 높음에 따라 자국의 자동차인 프로톤Proton을 외국 경쟁업체로부터 보호하기 위한 정책적인 조치이기 때문에 다른 각도에서

---

10) 출처 : https://www.numbeo.com/cost-of-living/in/Kuala-Lumpur
11) 출처 : http://www.maa.org.my/pdf/duties_taxes_on_motor_vehicles.pdf

이해할 필요가 있다. 다만 한국과는 달리 자동차세는 없다.

호텔 숙박비도 중소득 국가임을 고려할 때 다른 동남아시아 국가들에 비해 저렴한 편이다. 도시별로 일평균 숙박비인 **판매객실 평균요금**ADR을 구체적으로 비교해보면, 2018년 기준 쿠알라룸푸르의 호텔 객실료ADR는 345링깃(약 9만 7,000원)으로 10만 원이 안 된다.[12] 반면 필리핀 마닐라의 호텔 ADR은 5,200페소(약 11만 4,000원), 태국 방콕의 ADR은 3,487바트(약 13만 2,000원), 베트남 호찌민의 ADR은 267만 동(약 13만 3,000원)으로, 1인당 국민소득이 낮은 다른 아세안 5개국들보다도 저렴하다. 특히 인근 싱가포르의 호텔 ADR이 272싱가포르달러(약 23만 4,000원)로 2배 이상 비싸고, 서울의 호텔 ADR도 12만 원으로, 쿠알라룸푸르의 숙박비가 상대적으로 저렴하다는 것을 알 수 있다.[13] 최근 '블레저Bleisure'라고 출장으로 방문한 도시에서 자신만의 여행을 즐기는 트렌드가 전 세계적으로 유행인데, 말레이시아를 출장 또는 여행으로 방문했을 때 최고급 호텔을 상대적으로 저렴한 가격에 이용하는 즐거움도 함께 누려볼 수 있어 좋다.

> 판매객실 평균요금(ADR, Average Daily Rate)은 전 세계 호텔 산업에서 호텔의 평균 객실요금을 분석할 때 사용되는 전문용어로 이 책에서는 한국호텔업협회에서 번역한 '판매객실 평균요금'이란 용어를 사용했다. 1년 동안 판매된 총객실 수를 1년 동안의 총객실매출액으로 나누어 산출되는(객실매출액/판매객실 수) 일일 평균 숙박비로 실제 소비자가 지불하는 호텔 객실료와는 차이가 있다.

---

12) 출처 : HVS, Market Snapshot : Asia Pacific 2018.
13) 각 국가들의 환율 기준은 다음과 같다. 1페소=22원, 1바트=38원, 1000동=50원, 1싱가포르달러=860원.

금융소득이 기대되는 선진화된 금융 시장 환경

동남아시아 대부분의 국가들이 경제 발전에 비해 안정적인 금융 시스템을 구축하지 못하고 있는 것과는 달리, 말레이시아는 풍부한 자금력을 바탕으로 선진화된 금융 시장 시스템을 갖추고 있다. 특히 말레이시아는 다른 나라로부터 자금을 이체할 때 제한이 없는 것으로도 유명하다. 이러한 개방적인 금융 시장 환경 덕분에 다른 나라에 비해 말레이시아 은행들은 외국인 대출에도 적극적이다.

말레이시아의 기준금리는 우리나라의 한국은행에 해당하는 중앙은행인 네가라 은행Bank Negara Malaysia에서 관리한다. [자료 1-9]에서 보듯이 지난 10년 동안 2.0~3.25%로 매우 안정적인 금리 수준을 보였다. 이는 같은 시기 한국의 기준금리와 비교해봐도 안정적인 금융 시장을 유지하고 있음을 알 수 있다. 특히 한국의 기준금리가 2019년 9월 기준 1.5%라면 말레이시아의 기준금리는 3.0%로 최근 금리도 높다.

[자료 1-10]에서 볼 수 있듯이 2018년 기준 1년 만기 정기예금Fixed Deposit의 이자율도 말레이시아는 3.33%로 한국의 2.02%보다 높다. Chapter 3에서 살펴볼 장기체류 비자인 MM2H 비자를 유지하기 위해서는 현지의 정기예금통장에 일정 금액을 비자 만료 시까지 예치해야 하는데, 한국 대비 높은 예금금리는 상대적으로 높은 이자 소득을 기대하게 한다.

[자료 1-9] 기준금리 비교

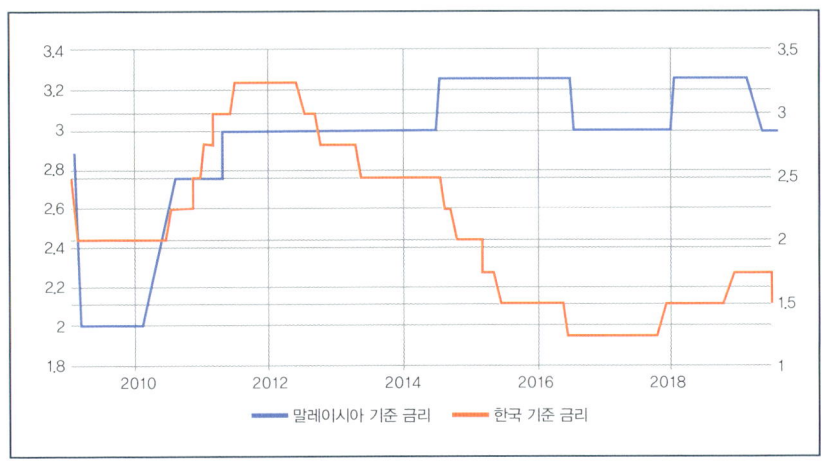

출처 : https://tradingeconomics.com (검색일 : 2019. 08. 12)

[자료 1-10] 정기예금(1년) 금리 비교

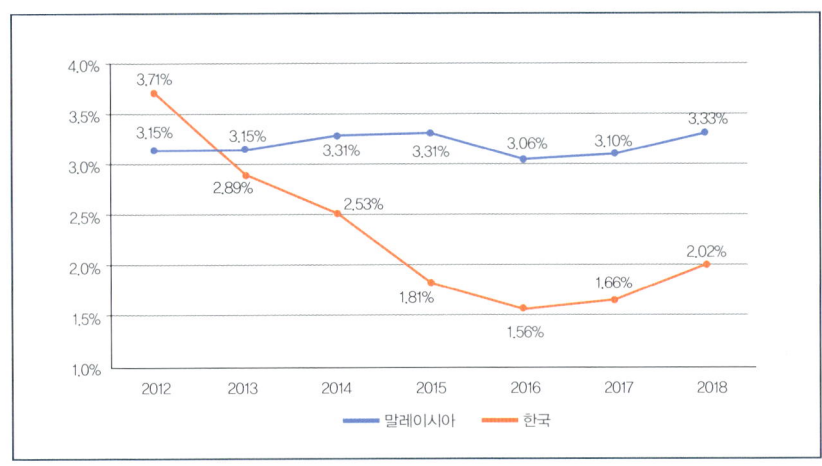

출처 : Bank Negara Malaysia, 한국은행 경제통계시스템, 저자 작성

말레이시아의 금융 기관을 살펴보면, 19개의 외국계 상업 은행을 포함해 27개의 상업 은행과 11개의 투자 은행, 18개의 이슬람계 은행이 있다. 말레이시아 금융 자산의 약 3분의 2를 이들 상업 은행과 중앙 은행, 이슬람 은행 등이 소유하고 있으며, 나머지는 저축 은행, 벤처캐피털, 보험회사 등이 관리하고 있다. 말레이시아에서 통장 개설이나 주택담보대출을 진행하기 위해서는 말레이시아의 은행들을 이해할 필요가 있는데, 이 파트에서 대표적인 은행들을 간단히 소개하겠다.

1960년에 설립된 메이뱅크Maybank : Malayan Banking Berhad는 말레이시아에서 가장 규모가 큰 은행이자 동남아시아에서 네 번째로 규모가 큰 은행이다. 또한, 자산 규모면에서도 이슬람계 은행 중 가장 규모가 크다.

최고의 이슬람계 은행으로 알려진 CIMB 은행CIMB Group Holdings은 말레이시아에서 두 번째로 규모가 큰 은행이다. 말레이시아 국부펀드인 카자나 내셔널Khazanah Nasional이 은행의 30% 지분을 가지고 있어 정부의 적극적인 지원하에 다른 은행들과 마찬가지로 인도네시아나 태국 등 해외 시장에도 적극적으로 진출 중이다. 그 외에도 퍼블릭 은행Public Bank과 RHB 캐피털 은행RHB Capital Bank, 홍룽 금융그룹Hong Leong Financial Group, 이슬람 말레이시아 은행Bank Islam Malaysia Bhd (BIMB) 등이 있다.

[자료 1-11] 말레이시아 대표 은행

은행	메이 뱅크	CIMB 은행	퍼블릭 은행
로고	Maybank 출처 : www.maybank2u.com.my	CIMB 출처 : www.cimb.com	PUBLIC BANK 출처 : www.pbebank.com
설립연도	1960년	1924년	1966년
총자산규모	RM 765.3 billion (2017년 12월 기준) 약 214조 원	RM 522.9 billion (2018년 9월 기준) 약 146조 원	RM 395.3 billion (2017년 12월 기준) 약 110조
자기자본이익률(ROE) (2017년 12월 기준)	10.62%	9.52%	15.28%

출처 : https://asia.nikkei.com

은행의 자산규모 면에서 한국의 대형 상업은행들과 비교할 때 은행의 규모는 작을 수 있다. 그러나 싱가포르를 비롯해 인도네시아와 태국 등 동남아시아 국가에 적극적으로 진출 중인 말레이시아 은행들의 시장 확장 전략은 자산규모 이상의 경쟁력으로 평가된다.

브랜드 평가 기관인 '브랜드 파이낸스Brand Finance'가 발표한 2018년 기준 글로벌 500대 금융브랜드Banking 500 2018 보고서에서 말레이시아의 메이뱅크는 83위로 조사되었다. 한국의 KB은행58위과 신한은행67위을 제외하고 중국과 일본, 러시아, 싱가포르, 인도, 인도네시아 다음으로 아시아 국가 중에서 여덟 번째로 높은 순위다. 국가별 국내총생산GDP 규모나 인구수를 고려하면 말레이시아의 금융 기관들이 상대적으로 높은 브랜드 가치를 가지고 있음을 알 수 있다.

한편 Chapter 2에서 살펴볼 이슬람 채권인 수쿠크Sukuk의 최대 발행 국가 중의 하나인 말레이시아는 풍부한 이슬람 자본의 유입으로 싱가포르만큼이나 금융 시장이 발달되어 있다. 그러나 아쉽게도 말레이시아에는 일반인들이 은행거래를 할 수 있는 한국계 은행은 찾아보기 어렵다. 다만 우리은행이 쿠알라룸푸르에 싱가포르 지점 소속 사무소 한 곳만을 운영하고 있을 뿐인데, 실제로 일반인들의 금융 거래에는 다소 한계가 있다.[14]

'금융 한류'의 바람을 타고 베트남 54곳과 인도네시아 25곳를 비롯한 아세안 국가들에 한국의 금융회사들이 적극적으로 진출한 것과는 다소 대조되는 모습이다.[15] 그러나 여기에는 또 다른 이유가 있다. 베트남과 같은 몇몇 신흥 국가들이 외국 자본에 자국의 금융 시장을 개방하는 것과는 달리 태국과 말레이시아는 1990년대 말 금융 위기 이후 자국의 금융 시스템과 은행들을 보호하기 위해 외국 자본의 진출을 규제하고 있다. 이로 인해 아세안 회원국들을 제외하고 해외 금융 기관의 법인이나 지점 설립 시 조건을 까다롭게 제한하고 있기 때문에 수출입 관련 기업여신을 고려하더라도 한국의 은행들이 쉽게 진출하지 못하고 있다. 예를 들어, 상업은행 또는 투자은행을 설립할 때 최소 자본금으로 현지법인 외국계 은행Locally-incorporated Foreign Bank은 3억 링깃(약 840억 원)이 필요하나 현지법인이 아닌 외국계 은행은 20억 링깃(약 5,600억 원)의 자본금이 필요하다.[16]

이는 단순히 금융 기관의 진출만 어려운 것이 아니다. 외국인 개인도

---

14) 쿠알라룸푸르에 '우리투자증권'의 사무소가 있었으나, 2015년 NH투자증권으로 통합된 후 철수했다. 현재 말레이시아에는 쿠알라룸푸르의 우리은행 사무소와 조세피난처인 라부안에 손해보험회사인 코리안리재보험의 지점으로 2개의 금융회사만 있을 뿐이다.
15) 출처 : 금융 중심지 지원센터('19년 3월 말 현재 국내 금융회사의 해외 진출 현황)
16) 출처 : Bank Negara Malaysia, Capital Funds 2017

MM2H와 같은 공식적인 비자나 현지 보증인이 없는 경우 은행에 통장을 개설하는 것은 그리 쉽지 않다. 한국도 명의도용 등의 악용 사례가 늘어나면서 몇 년 전부터 신규로 은행에 통장을 개설하는 것이 까다로워졌다. 이는 그만큼 말레이시아 금융 시장이 안정적으로 통제되고 있음을 보여주는 방증이 아닐까 한다.

세계가 인정하는 말레이시아의 글로벌 성적표

행복은 성적순이 아니라고 하지만 여러 전문기관에서 발표하는 국가 간의 성적표를 살펴보면 말레이시아의 선진화된 사회·경제 시스템을 엿볼 수 있다. 한 나라의 채무 상환 능력을 등급으로 표시한 국가신용 등급이 가장 대표적인 예로 말레이시아의 국가신용 거래의 안정성을 확인할 수 있다.[17] [자료 1-12]와 같이 세계 3대 신용평가기관인 미국의 무디스Moody's와 스탠더드 앤드 푸어스S&P, 영국의 피치Fitch사의 신용 등급을 비교해보면, 말레이시아가 한국보다는 신용 등급이 다소 낮지만, 다른 아세안 5개국보다는 상대적으로 높은 정치적, 경제적인 안정성을 갖추고 있음을 알 수 있다.

[자료 1-12] 주요 국가별 국가신용 등급 비교

은행	무디스 (Moody's)	S&P	피치 (Fitch)	비고
말레이시아	A3	A-	A-	신용 상태 중상급 (Upper medium grade)
한국	Aa2	AA	AA-	신용 상태 상급 (High grade)
인도네시아	Baa2	BBB	BBB	신용 상태 중하급 (Lower medium grade)
필리핀	Baa2	BBB+	BBB+	신용 상태 중하급 (Lower medium grade)
태국	Baa1	BBB+	BBB	신용 상태 중하급 (Lower medium grade)
베트남	-	-	BB	투자 부적격 (Non-investment grade speculative)

출처 : https://countryeconomy.com/ratings(검색일 : 2019. 07. 31)

---

17) 국가신용등급은 국제금융시장에서 차입금리나 투자 여건을 판단할 때 사용되는 기준이다. 국가신용등급을 매기는 요소로 국가안보상 위험요인과 같은 정치적인 요소와 공공채무 부담, 외환 보유고 수준 등의 경제적 요소로 나눠볼 수 있다(출처 : 네이버 지식백과(매일경제)).

세계경제포럼World Economic Forum에서 발표한 지난 3년간의 글로벌 경쟁지수Global Competitiveness Index를 봐도 경제 규모에 비해 한국 대비 말레이시아의 경쟁력은 상대적으로 높다. 이를 세부 평가 항목으로 살펴보면 2018년 기준 거시경제 안정성Macroeconomic Stability은 한국과 마찬가지로 1위였으나, 금융 제도Financial System 분야는 말레이시아가 15위로 한국의 19위보다 높았다. 특히 금융 제도의 하위 항목인 은행의 건전성Soundness of Banks 분야에서 말레이시아는 38위로 한국의 74위보다 매우 높았다. 앞서 설명한 것과 같이 말레이시아의 안정적이고 선진화된 금융 시장 시스템을 인정하게 되는 이유가 여기에 있다.[18]

글로벌 부동산 컨설팅기업인 존스랑라살JLL과 라살자산운용LaSalle Investment Management이 2년마다 발표하는 글로벌 부동산 투명도 지수Global Real Estate Transparency Index를 봐도 말레이시아 부동산 시장의 성숙도를 확인할 수 있다. 2016년과 2018년 각각 말레이시아의 부동산 투명도 지수는 28위와 30위로 한국40위, 31위보다 높게 평가되었다. 특히 도시별 시장 기반City-Level Market Fundamentals 순위에서도 쿠알라룸푸르는 세계 25위로 홍콩10위, 싱가포르18위, 상하이23위 다음으로 아시아에서 네 번째로 높게 평가되었다.

---

18) 최근 해외 부동산의 투자 관심도가 높은 베트남의 성적표를 살펴보면, '글로벌 경쟁지수'는 77위, '거시경제 안정성'은 64위, '금융 제도'는 59위, '은행 건전성'은 113위로 말레이시아 대비 국가 경쟁력이 떨어짐을 알 수 있다.

[자료 1-13] 말레이시아와 한국의 글로벌 지수 비교

항목	국가	2016년	2017년	2018년
글로벌 경쟁지수	말레이시아	18위	25위	25위
	한국	26위	26위	15위
글로벌 부동산 투명도지수	말레이시아	28위	–	30위
	한국	40위	–	31위
경제 자유도	말레이시아	29위	27위	22위
	한국	27위	23위	27위

출처 : World Economic Forum, http://greti.jll.com/greti, 헤리티지 재단

한편 미국의 헤리티지 재단은 해마다 경제 자유도 Index of Economic Freedom를 발표하는데, 2018년 말레이시아는 22위로 한국 27위보다 높았다. 호주를 포함한 아시아퍼시픽 지역에서는 말레이시아가 6위로, 투자 자유도는 한국이 말레이시아보다 다소 높았지만, 조세 부담 면에서 말레이시아의 지수가 훨씬 높아 세금 절세 환경이 매우 매력적임을 보여주었다. 말레이시아의 조세 환경에 대한 구체적인 설명은 뒤에서 자세히 설명하겠다. [자료 1-14]의 말레이시아와 한국의 경제 자유도 점수 추이에서 볼 수 있듯이, 1997년 아시아 금융 위기 이후 급격히 하락된 지수가 지난 20여 년 동안 한국의 경제 자유도 수준으로 꾸준히 회복하며 선진화된 경제 시스템을 구축하고 있다.

[자료 1-14] 경제 자유도 점수 추이, 1995~2018년

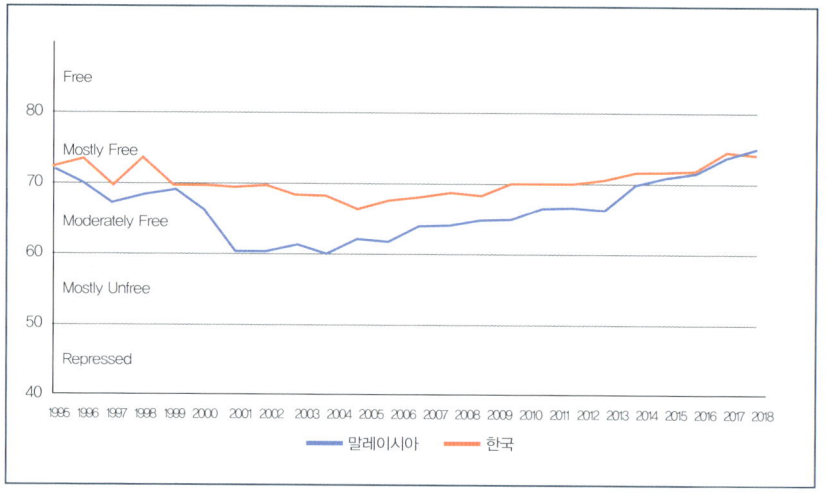

출처 : 헤리티지 재단(https://www.heritage.org)

미국 뉴스&월드 리포트The U.S. News & World Report가 매년 조사하는 '2019 최고의 투자국The Best Countries to Invest In'에서도 말레이시아는 13위로 선정되었다.[19] 아시아 국가 중에는 말레이시아가 인도5위와 베트남8위 다음으로 세 번째로 선호되는 투자국이었다. 특히 말레이시아는 2017년에는 같은 조사에서 가장 선호하는 투자국 1위로, 2018년에도 4위로 선정되면서 전 세계적으로 꾸준하게 투자 선호국으로 큰 관심을 모으고 있다.

---

19) 미국 뉴스&월드 리포트는 8개의 항목(부패수준, 역동성, 경제적 안정, 기업가정신, 유리한 조세 환경, 혁신성, 숙련된 노동력, 기술적 전문성)을 기준으로 7,000여 명 이상의 전문가들의 설문을 통해 매년 투자 선호국을 조사한다. 참고로 같은 조사에서 싱가포르는 14위, 인도네시아 18위로 선정되었다.

3. 문화적 요인

은퇴자들의 천국, 아시아 최고의 은퇴 선호국

'인터내셔널 리빙International Living'은 해마다 기후, 비자와 거주환경, 헬스케어, 임대료, 부동산, 엔터테인먼트 등 세부 항목별로 평가해 **글로벌 은퇴지수**Global Retirement Index를 발표하고 있다. [자료 1-15]에서 볼 수 있듯이, 말레이시아는 지난 몇 년 동안 꾸준히 10위권에 이름을 올렸고, 아시아 국가 중에는 가장 선호하는 은퇴 희망 1위국으로 연속해서 선정되었다.[20]

그렇다면 말레이시아가 은퇴 선호국으로 세계적인 관심을 받는 이유는 무엇일까? 이는 파나마를 비롯한 다른 국가들이 그러하듯이, 아름다운 자연환경에 저렴한 생활비로 경제적으로나 문화적으로 여유로운 삶을 영위할 수 있기 때문일 것이다. Chapter 1에서 다양한 측면으로 설명하듯이 말레이시

---

20) 은퇴 선호국을 조사하는 또 다른 기관인 'Live and Invest Overseas'는 국가보다는 도시 개념으로 은퇴 희망 지역을 조사하는데, 순위의 결과는 서로 다르다. 사실 은퇴 희망국 조사는 서로 다른 문화 환경과 소득 수준을 가진 개인들의 주관적인 판단이 반영된 것으로 국가와 도시 차원에서도 차이가 날 수 있다.

[자료 1-15] 글로벌 은퇴 지수

순위	2019년	2018년	2017년	2016년	2015년	2014년
1위	파나마	코스타리카	멕시코	파나마	에콰도르	파나마
2위	코스타리카	멕시코	파나마	에콰도르	파나마	에콰도르
3위	멕시코	파나마	에콰도르	멕시코	멕시코	말레이시아
4위	에콰도르	에콰도르	코스타리카	코스타리카	말레이시아	코스타리카
5위	말레이시아	말레이시아	콜롬비아	말레이시아	코스타리카	스페인
6위	콜롬비아	콜롬비아	말레이시아	콜롬비아	스페인	콜롬비아
7위	포르투갈	포르투갈	스페인	태국	콜롬비아	멕시코

출처 : https://internationalliving.com, 저자 작성

아는 영어로 의사소통이 가능한 거주 환경에 수준 높은 의료 서비스도 받을 수 있다 보니 전 세계 은퇴 희망자들에게 '은퇴자들의 천국'으로 칭송받고 있다. 여기에 여자 혼자 여행해도 위험하지 않은 정도로 안전한 치안 상태는 말레이시아를 다른 나라들에 비해 돋보이게 하는 매력이 아닐 수 없다.

말레이시아의 안전한 치안 상태를 객관적으로 설명하기 위해 '글로벌 평화 지수 Global Peace Index'를 먼저 살펴보자. 말레이시아는 163개국 중에 25위로, 아시아 국가 중에는 싱가포르 8위와 일본 9위 다음으로 세 번째로 안전한 나라로 평가되었다. 한국은 북한과의 대치 상황으로 다소 낮은 순위인 49위 아시아 국가 중 7위로 평가되었다. 물론 이 지수는 일반인이 일상에서 느끼는 안전보다는 살인과 같은 범죄나 내전, 무기수입 등 다소 심각한 국가 수준의 안전을 측정하는 지수이기는 하나 말레이시아가 얼마나 안전한 국가인지를 보여준다. 특히 세부 평가항목인 '사회 안전 및 보안 Societal Safety and Security' 항목

에서 말레이시아는 아시아 국가 중에는 싱가포르와 일본, 한국, 부탄, 대만 다음인 여섯 번째로 안전한 나라로 평가되었다.[21]

이는 여행자들을 위해 전 세계 100여 개국을 대상으로 안전 지수를 발표하는 세이프어라운드Safearound의 수치를 봐도 알 수 있다. 말레이시아의 안전 지수는 69%로 한국84%보다는 낮지만 다른 아세안 5개국인 베트남64%이나 인도네시아58%, 태국49%, 필리핀48%보다는 안전하다고 하겠다.[22] 이처럼 안전한 말레이시아의 치안 상태는 은퇴 이민 선호국으로의 매력을 높여준다.

---

21) 출처 : Institute for Economics & Peace(IEP), Global Peace Index 2018
22) 출처 : 세이프어라운드 홈페이지(https://safearound.com)

쇼핑의 천국, 쿠알라룸푸르

쿠알라룸푸르 최고의 번화가로 **빈탕 워크**Bintang Walk라고도 불리는 **부킷 빈탕**Bukit Bintang은 서울의 명동과 같은 쇼핑의 중심지다. 도시생활의 즐거움 중의 하나인 쇼핑은 일상의 삶에 만족을 주는 중요한 활동 중의 하나로, 쇼핑센터는 이제 그저 물건을 거래하는 장소를 넘어서 다양한 목적으로 사람들이 만나고 교류하는 장소로 변화되고 있다.[23] 특히 말레이시아와 같은 동남아시아 국가들은 아열대의 더운 날씨로 인해 일찍부터 **몰링**Malling이 발달되었고, 사람들은 놀이와 문화, 사교활동을 위해 쇼핑센터에서 많은 시간을 보내고 있다.

몰링(Malling)이란 대형 복합쇼핑몰에서 외식이나 쇼핑, 영화감상 등의 여가활동 등을 동시에 해결하는 것을 말하는데, 여가시간 및 소득의 증가, 한곳에서 쇼핑과 여가선용을 하려는 욕구의 증가로 몰링을 추구하는 소비자가 늘고 있다(출처 : 네이버 지식백과(한경 경제용어사전)).

말레이시아에서 누릴 수 있는 삶의 즐거움 중의 하나는 풍부한 쇼핑문화를 경험할 수 있다는 것이다. 한국과 비교할 때 미국이나 일본 브랜드 외에도 영연방의 영향으로 영국이나 호주 등 다양한 나라들의 브랜드들을 손쉽게 접할 수 있는 특징이 있다.

쇼핑센터의 시장 규모 면에서도 말레이시아는 2015년 기준 총 924개(쇼핑센터 면적 1,350만 ㎡)로 전 세계에서 아홉 번째로 쇼핑센터가 많은 쇼핑의 천국이다. 쇼핑의 메카로 불리는 프랑스[10위], 746개보다도 쇼핑센터가 많

---

23) 출처 : 유현선(2015), 《해외 부동산 투자&개발 바이블》, 매일경제신문사.
24) 출처 : 유현선(2018), KB 골든라이프 2018-6월호.

으며, 아시아에서는 일본 다음으로 쇼핑센터가 많은 나라다.[24] 인구수나 1인당 국내총생산GDP을 고려할 때 이는 매우 이례적인 수치로, 풍부한 외국인 관광객의 유입이나 정부의 인프라 투자에 기인한다고 하겠다. 실례로 2018년에 쿠알라룸푸르에 1,258만 명이 방문했을 정도로 아시아에서는 방콕1위과 싱가포르5위 다음으로 세 번째로, 전 세계에서는 일곱 번째로 외국인 관광객들이 선호하는 쇼핑 관광의 중심지이기도 하다. 참고로 서울은 전 세계 10위아시아권 5위로 같은 해 954만 명이 방문했다.

[자료 1-16] 주요 국가들 쇼핑센터의 수, 2015년 기준

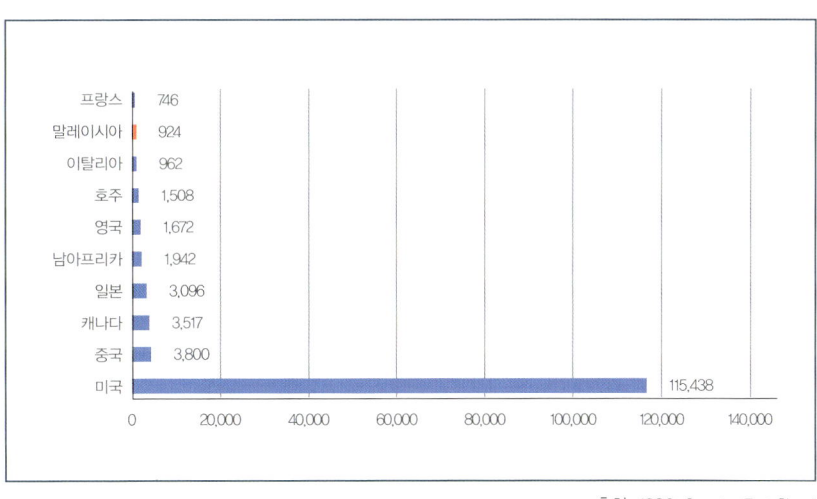

출처 : ICSC, Country Fact Sheet

한국의 스타필드 쇼핑몰이나 여의도 IFC 몰에서 경험할 수 있는 서구의 몰링Malling 문화가 말레이시아에는 좀 더 이른 시기에 도입되어 정착되었

다. 쿠알라룸푸르의 대표적인 쇼핑센터로 쇼핑의 중심지인 부킷 빈탕에 위치한 '파빌리온Pavilion KL 몰'과 페트로나스 트윈타워 내 '수리아Suira KLCC 몰'을 들 수 있다. 특히 쿠알라룸푸르 도심에 위치한 최고급 쇼핑센터들은 중상위층 내국인 고객들 외에 인구수의 80%에 달하는 외국인 관광객들이 소비의 중심축으로 시장을 이끌고 있다. 반면 입지상 외국인 관광객보다는 중산층 내국인들에게 세련되고 다양한 쇼핑공간을 제공하는 규모 있는 쇼핑센터들도 주거지역에서 쉽게 찾아볼 수 있다. 원우타마 쇼핑몰One Utama Shopping Mall과 더 가든 몰The Gardens Mall, 미드밸리 메가몰Mid Valley MegaMall, 퍼블리카 쇼핑갤러리Publika Shopping Gallery 등이 대표적인 예다.

특히 세계에서 일곱 번째로 규모가 크고 말레이시아에서도 가장 규모가 큰 쇼핑센터인 원우타마 쇼핑몰은 대표적인 가족 중심의 쇼핑센터다. 약 52만㎡ 규모로 700개 이상의 매장과 3개의 백화점Aeon, Parkson, Isetan, 2개의 슈퍼마켓Aeon, Giant, 2개의 멀티플렉스 극장TGV, GSC이 있는 대규모 복합문화공간이다. 한국에서 가장 규모가 큰 복합쇼핑몰 중의 하나인 '스타필드 하남'(연면적 약 46만㎡)과 비교해봐도 인구수 대비 쇼핑센터의 규모가 얼마나 큰지 가늠해볼 수 있다. 특히 2019년 말에는 원우타마 쇼핑몰의 증축 신관에 약 5,000만㎡ 규모로 한류 프랜차이즈 클러스터인 'K-디스트릭트K-District'가 개관될 예정이라 더욱 관심이 크다.[25]

---

25) 출처 : 코트라 해외시장뉴스(http://news.kotra.or.kr)

[자료 1-17] 대표적인 쿠알라룸푸르 쇼핑센터

| 파빌리온 KL 몰 (2007년) | 원우타마 쇼핑몰 (1995년) | 더 가든 몰 (1999년) |

해외 이민 생활에서 중요한 주거 환경 중의 하나는 생필품이나 필요한 물건들을 자국에서처럼 편리하게 적정한 가격으로 구매할 수 있느냐이다. 이러한 점에서 쿠알라룸푸르는 다양한 수입품들을 손쉽게 구매할 수 있어 별다른 불편함 없이 생활할 수 있는 최적의 이민 선호 도시라 평할 수 있다.

특히 오래전부터 한국인들에 대한 호감이 컸던 말레이시아는 최근 한류의 영향으로 한국에 대한 관심과 한국 브랜드에 대한 선호도가 더욱 커지면서 한국 기업들이 적극적으로 말레이시아 시장에 진출하고 있다. 예를 들어, 한국의 대표적인 화장품 브랜드인 아모레퍼시픽은 2006년 라네즈를 시작으로 에뛰드 하우스2008년, 설화수2013년, 이니스프리2014년, 마몽드2016년까지 지속적으로 말레이시아에 브랜드를 확장 진출시키고 있다. 화장품뿐만 아니라 커피전문점과 레스토랑, 패션, 미용실, 가전제품 브랜드 등 다양한 한국 브랜드 기업들이 진출하고 있어 타국 생활에도 큰 불편함이 없다. 물론 한국 식품을 살 수 있는 한국계 슈퍼마켓(예 : 프레쉬한, 케이마트)도 있다.

[자료 1-18] 쿠알라룸푸르에 있는 한국계 브랜드 매장

달콤커피	네네치킨	이가자 미용실
다멘 몰(Da Men Mall)	미드밸리 메가몰 (Mid Valley MegaMall)	로빈손(Robinsons) KL 백화점

잠깐 쇼핑센터의 월 임대료 수준을 살펴보자. 글로벌 부동산 컨설팅기업인 세빌스Savills의 보고서에 따르면, 쿠알라룸푸르에서 가장 비싼 임대료로 알려진 수리아 KLCC 몰은 2017년 1층 기준 평방피트당 220링깃(RM 2,368/㎡)으로 3.3㎡당 약 220만 원 수준이었다. 파빌리온 KL 몰도 평방피트당 110링깃(RM 1,184/㎡)으로 3.3㎡당 약 110만 원 수준이어서 서울과 비교해도 물가수준 대비 최고급 쇼핑센터의 임대료가 매우 높았다.[26][27] 실례로 같은 해 서울의 명동 지역 중대형 상가 1층의 평균 임대료가 3.3㎡당 91.6만 원으로, 물론 명동 최고 입지의 임대료는 3.3㎡당 300만 원이었으나,

---

26) 출처 : Savills, Asian Cities Report Kuala Lumpur Retail 1H 2018
27) 평균 임대료 수준으로 보면 2019년 1분기 기준, 수리아 KLCC 몰의 평균 월 임대료는 평방피트당 35링깃(약 RM 377/㎡)으로 3.3㎡ 당 약 35만 원, 파빌리온 KL 몰도 평방피트당 28링깃(약 RM 301/㎡)으로 3.3㎡ 당 약 28만 원이었다(출처 : 나이트 프랭크(Knight Frank), Real Estate Highlights 1st Half 2019).

쿠알라룸푸르 쇼핑센터의 임대료가 낮지 않다는 것을 알 수 있다.[28] 결국 쇼핑센터의 매출이 임대료에 반영된다고 볼 때 쿠알라룸푸르의 리테일 시장의 규모와 성장성을 엿볼 수 있다.

이처럼 몰링 문화를 경험할 수 있는 대형 쇼핑센터 외에도 말레이시아의 다양한 로컬 음식 문화를 경험할 수 있는 곳도 많다. 특히 더운 아열대 날씨로 낮보다는 밤에 좀 더 활기차게 살아나는 말레이시아는 비교적 안전한 치안 환경으로 다양한 음식과 함께 밤 문화를 즐길 수 있다는 장점이 있다. 대표적으로 부킷 빈탕에 있는 쿠알라룸푸르 최대의 야시장인 '잘란 알로Jalan Alor'와 차이나타운에 있는 '페탈링 야시장Petaling Street Market'은 길거리 로컬 푸드를 맛보고 싶은 사람들에게 천국과 같은 곳이다. 동남아시아 특유의 흥겨운 클럽과 펍Pub 문화를 경험할 수 있는 한국의 이태원이라 불리는 '잘란 창캇Jalan Changkat' 지역도 유명하다.

잘란 알로(Jalan Alor)

---

28) 출처 : 세빌스(Savills), 스포트라이트 한국 리테일 마켓 2017 하반기.

내국인 수만큼 외국인 방문객 수가 많은 나라

앞서 말레이시아의 쇼핑 문화를 소개했는데 말레이시아의 소비 경제를 이끄는 외국인 관광 시장은 부동산 투자 측면에서도 관심 있게 살펴볼 필요가 있다.

우리나라 국토 면적의 3배인 말레이시아의 인구수는 약 3,240만 명으로 한국보다 약 2,000만 명이 적다. 그러나 외국인 방문객 수는 2018년 기준 내국인 수의 80% 수준인 약 2,583만 명으로 한국의 약 1,535만 명(내국인 수의 약 30%)보다 훨씬 많다.[29] 2019년에도 8% 이상 증가한 약 2,810만 명의 외국인 관광객이 방문할 것으로 기대하고 있다. 관광수입 측면에서도 2018년 기준 약 841억 링깃(약 24조 원)으로 전년 대비 2.5%의 증가세를 보였고, 2019년에는 약 922억 링깃(약 26조 원)을 예상하고 있다.

말레이시아 인구수의 약 80%에 달하는 많은 외국인 관광객들이 말레이시아의 경제를 견인하고 있다고 하겠다. 풍부한 관광수요를 기반으로 호텔업을 비롯한 관광 산업이 말레이시아의 경제 성장을 이끌고 있다. 아세안 5개국 중 외국인 관광객 수가 가장 많은 태국의 경우도 인구수의 약 50% 수준으로 싱가포르를 제외하고는 아세안 국가들 중에서 말레이시아가 인구수 대비 외국인 관광객의 비중이 가장 높다.

---

29) 출처 : 말레이시아 관광청(www.tourism.gov.my)

[자료 1-19] 말레이시아 인구수와 외국인 방문객 수 비교 (단위 : 천 명)

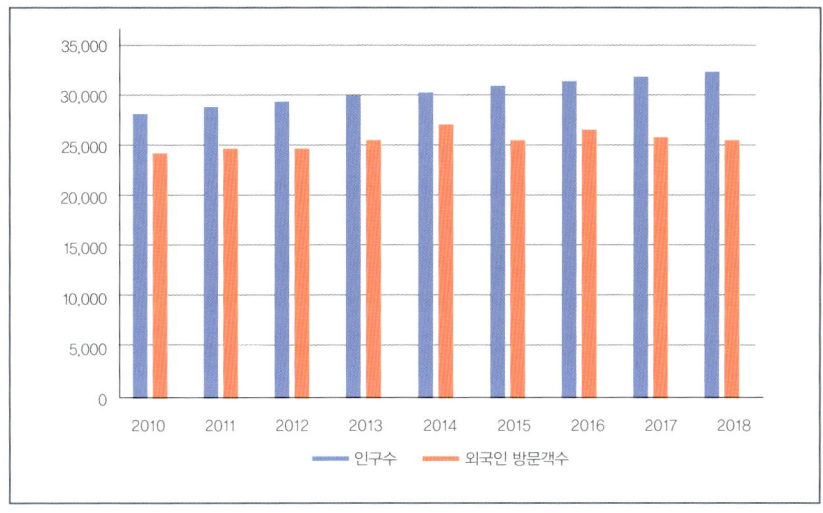

출처 : 말레이시아 관광청(www.tourism.gov.my)

[자료 1-20] 아세안 주요국 외국인 방문객 수 추이 (단위 : 천 명)

출처 : ASEAN Statistical Highlights 2018

Chapter 1. 나는 왜 말레이시아를 선택했을까?

말레이시아를 방문하는 외국인 관광객을 국적별로 살펴보면, 인근 싱가포르에서 방문하는 관광객의 비중이 전체 방문객 수의 약 40%로 그 수가 줄어들고는 있으나 비중이 매우 높은 편이다. 아세안 전체를 하나의 국가 단위로 보면 전체 방문객 수의 75% 수준으로 아세안 국가들 간의 교류가 얼마나 빈번한지를 알 수 있다. 또한, 전 세계 관광 시장을 주도하고 있는 중국인 관광객의 수도 해마다 증가하고 있는데, 2018년에는 약 294만 명이 방문하면서 전년 대비 29%의 증가세를 보였다. 한국인 관광객 수도 2018년에는 전년 대비 27% 증가한 약 61만 명으로 해마다 증가하고 있다.

[자료 1-21] 국적별 외국인 관광객 수 추이 (단위 : 천 명)

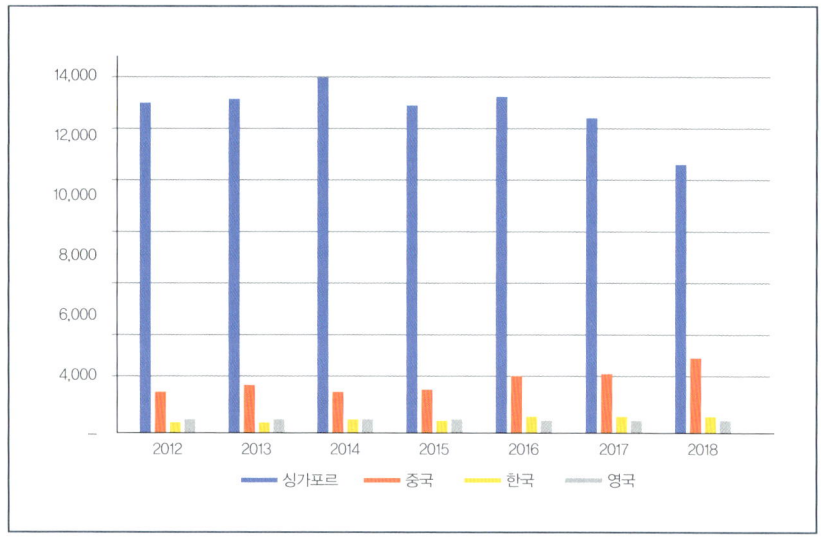

출처 : http://mytourismdata.tourism.gov.my

한국의 관광시장과 비교할 때 말레이시아 관광시장의 또 다른 특징은 외국인 방문객 수가 성수기와 비수기의 구분 없이 매월 약 200만 명으로 비슷한 추세를 보인다는 것이다. 이는 계절적인 날씨 요인에 큰 영향을 받는 한국의 관광 및 호텔 시장과는 큰 차이점이다. 다시 말해 사계절 따뜻한 아열대 기후로 인해 말레이시아 호텔들은 안정적인 매출을 기대할 수 있다는 장점이 있다.

이는 말레이시아 부동산에 투자하는 투자자들에게 어떠한 의미가 있을까? 외국인 방문객이 많은 쿠알라룸푸르에서 콘도미니엄을 투자 목적으로 구입하는 경우 에어비앤비 Air B&B와 같은 단기 숙박자들의 수요는 임대수익률을 높이는 데 큰 도움이 될 수 있다. 이 경우 풍부한 외국인 관광 수요에 월별로 큰 변동성이 없는 일정한 숙박 수요는 임대 운영 관리 시 좀 더 유리한 측면이 있기 때문에 더욱 매력적일 수밖에 없다. 실제로 가족 단위의 그룹 관광객들이 선호하는 에어비앤비 사이트에는 서비스드 레지던스나 브랜디드 레지던스 등의 풀퍼니시드 Fully-furnished로 분양된 주택들이 올라와 있다. 이에 대한 설명은 앞으로 Chapter 3과 Chapter 4에서 좀 더 자세히 살펴보겠다.

글로벌 브랜드에게 열린 개방적인 소비 문화

말레이시아의 포용적인 다문화 특성은 글로벌 리테일 브랜드의 진출 현황을 봐도 알 수 있다. 말레이시아의 유명 대기업인 버자야Berjaya그룹이 1998년에 쿠알라룸푸르에 스타벅스 매장을 처음 오픈한 이래로 2018년 9월 기준 268개의 스타벅스 매장이 말레이시아에서 운영 중이다.[30] '커피전문점의 천국'인 한국이 1999년 이대점을 시작으로 같은 시기 1,231개의 매장을 운영하는 것과 비교해보면 적은 수치라고 볼 수도 있지만, 말레이시아의 인구수나 스타벅스의 글로벌 프라이스 정책에 따른 커피 가격 등을 고려해보면 상당히 높은 수치다. 무엇보다 1997년 아시아 금융위기로 힘들었던 말레이시아에서 한국보다 먼저 스타벅스 브랜드가 진출했다는 것은 큰 의미가 있다.

또 다른 예로 스타벅스와 함께 글로벌 브랜드 진출의 상징으로 대표되는 맥도널드를 들 수 있다. 맥도널드는 빅맥 지수Bic Mac Index가 있을 정도로 그 나라의 물가 수준을 대변하는 글로벌 브랜드다.[31] 1982년 쿠알라룸푸르 부킷 빈탕에 맥도널드 1호점이 처음 오픈했다면, 한국에는 7년 뒤인 1989년 서울 압구정동에 맥도널드가 처음으로 진출했다. 이러한 글로벌 브랜드의 빠른 시장 진입은 세계적인 가구업체인 이케아 브랜드의 진출에서도 엿볼 수 있다. 이케아 브랜드가 2014년에 한국에 처음으로 진출한 반면, 말레

---

30) 출처 : https://www.statista.com/statistics/306915/countries-with-the-largest-number-of-starbucks-stores-worldwide

31) 빅맥 지수는 영국의 경제 주간지 이코노미스트가 1986년에 고안한 구매력을 평가하는 경제 지표로 '같은 물건은 어디서나 값이 같아야 한다'는 일물일가(一物一價)의 원칙을 전제로, 각국의 통화가치가 적정 수준인지 살펴보는 데 활용된다(출처 : 네이버 지식백과(상식으로 보는 세상의 법칙)).

이시아에는 18년 전인 1996년 원우타마 쇼핑몰1 Utama Shopping Mall에 1호점을 오픈했고, 현재까지 4개의 매장을 운영 중이다. 이케아나 맥도널드 모두 스타벅스와 유사하게 전 세계에서 유사한 가격 수준을 유지하고 있다고 볼 때 1인당 국민소득 대비 내수 시장의 소비력을 가늠해볼 수 있다.

한편 한국에 진출했던 프랑스계 대형 슈퍼마켓인 까르푸Carrefour나 미국계 월마트Walmart가 한국 시장에서 현지화에 실패하며 철수한 것과는 달리, 말레이시아에는 까르푸 외에도 일본계 이온AEON이나 한국에는 홈플러스로 알려진 영국계 테스코Tesco, 싱가포르계 콜드 스토리지Cold Storage와 같은 글로벌 브랜드의 대형 슈퍼마켓들도 쉽게 찾아볼 수 있다.[32]

물론 말레이시아의 자국 기업들이 운영하는 로컬 브랜드의 대형 슈퍼마켓들도 많으며 그 수준 또한 높다. 대표적으로 1944년에 설립된 자이언트Giant를 비롯해 B.I.G.Ben's Independent Grocer나 자야 그로서Jaya Grocer 등이 그 예다. 특히 한국을 비롯해 미국이나 유럽 등지에서 '그로서란트Grocerant'라는 복합식품매장 컨셉이 최근 유행인데, B.I.G. 슈퍼마켓은 '먹고 마시고 쇼핑한다Eat, Drink, Shop'는 콘셉트로 일찍부터 라이프스타일 개념의 쇼핑 문화공간을 선보였다.[33] 이처럼 글로벌 브랜드와 로컬 브랜드가 함께 경쟁하며 공존하는 모습을 주변에서 많이 찾아볼 수 있다.

---

32) 1985년에 말레이시아에 진출한 일본계 대형 마트인 이온은 주스코(JUSCO)' 브랜드로 운영되다가 2012년에 이온(AEON)으로 이름이 리뉴얼되었다.
33) 그로서란트(Grocerant)는 식료품점인 그로서리(Grocery)와 레스토랑(Restaurant)의 합성어로 구입한 농축수산물을 그 자리에서 먹을 수 있게 한 신개념의 복합식품매장으로 장보기와 식사를 한 번에 해결할 수 있다(출처 : 네이버 지식백과(시사상식사전)).

[자료 1-22] 말레이시아의 유명 슈퍼마켓

콜드 스토리지 슈퍼마켓	B.I.G 슈퍼마켓

다양한 라이프스타일을 경험할 수 있는 말레이시아의 개방적인 비즈니스 문화는 멀티플렉스 극장에서도 찾아볼 수 있다. 말레이시아에서 가장 규모가 큰 골든 스크린 시네마Golden Screen Cinemas는 1987년에 첫 선을 보인 복합 영화관이다. 골든 스크린 시네마GSC는 해외 자본의 유입이 활발한 말레이시아에서 홍콩의 영화제작사인 골든하베스트Golden Harvest와 말레이시아의 최고 갑부인 로버트 쿠옥Robert Kuok이 소유한 PPB 그룹이 합작회사JV를 설립해 만든 말레이시아의 멀티플렉스 극장 브랜드다.[34] 반면 한국에서 멀티플렉스 극장의 개념을 처음 선보인 곳은 10여 년 후인 1998년 강변 CGV 극장이었다.

또 하나의 흥미로운 글로벌 브랜드의 진출 사례는 아마도 이슬람교를 국교로 하는 다소 보수적인 국가에서 글로벌 유명 란제리 브랜드의 입성일 것이

---

34) 출처 : https://en.wikipedia.org/wiki/Golden_Screen_Cinemas

다. 국내에는 아직 정식 매장이 오픈되지 않은 대표적인 미국계 여성 속옷 브랜드인 빅토리아 시크릿Victoria's Secret이 2018년에 1호점을 오픈한 이래로 현재 20개의 매장을 운영 중이다. 이처럼 경제 수준이나 종교적인 문화 환경 등을 고려해봐도 다인종 다문화 국가인 말레이시아가 글로벌 시장에서 얼마나 일찍부터 개방적이고 적극적인 자세로 교류하며 성장해왔는지를 알 수 있다.

돼지고기와 알코올을 즐길 수 있는
글로벌 할랄(HALAL)의 허브

　이슬람국가인 말레이시아에 대한 편견 중의 하나는 돼지고기 레스토랑이나 술집이 없을 것이라는 우려다. 실제로 지인 중의 한 분은 평소에 삼겹살에 소주 한 잔을 즐기는데 말레이시아는 이슬람국가이니 이민 가고 싶지 않다며 비호감을 표시하는 얘기를 들은 적도 있다. 물론 이슬람교는 돼지고기를 불결한 것으로 인식해 돼지고기가 함유된 모든 식품의 섭취를 금하며, 음주도 금하고 있다. 그러나 무슬림이 아니라면 우리와 같은 외국인들은 자유롭게 돼지고기 음식도 즐기고 멋진 야경을 보며 술도 마실 수 있다.

　이러한 음식문화는 말레이시아, 특히 수도인 쿠알라룸푸르의 인구통계를 살펴봐도 짐작할 수 있다. Chapter 2에서 좀 더 자세히 설명하겠지만, 말레이시아 통계청에 따르면 2010년 기준 이슬람교인은 전체 인구의 61.3%, 불교인은 19.8%, 기독교인은 9.2%, 힌두교인은 6.3%로 이슬람교인의 비중이 높은 것은 사실이다. 그러나 반대로 얘기하면 말레이시아 인구의 약 39%는 원한다면 돼지고기와 음주를 즐기는 사람들인 것이다.

　특히 쿠알라룸푸르는 같은 해 기준 말레이계 부미푸트라가 45.9%, 중국계가 43.2%, 인도계가 10.3%의 인구 구성으로, 이슬람신자의 비중도 46.4%로 말레이시아 전체 평균(61.3%)에 비해 낮았다. 다시 말해, 돼지고기를 좋아하는 중국계의 인구 비중이 다른 도시에 비해 상대적으로 높아 이슬람 문화의 영향력도 상대적으로 작을 수밖에 없다.[35] 결국, 이슬람 신자가 아니라면 다민족 다종교 사회인 말레이시아에서 돼지고기와 알코올을 금기시하는 할랄 음식과 비할랄 음식이 대등하게 공존하기 때문에 큰 불편함 없이 생활할 수 있다.

음식문화에 불편함은 없지만, 헌법상 이슬람교를 국교로 채택하고 있는 말레이시아를 이해하기 위해서는 이슬람 율법에 따른 **할랄**HALAL의 개념을 이해할 필요가 있다. 할랄HALAL은 이슬람 법인 샤리아에 의해 무슬림이 먹고 쓸 수 있는 제품을 총칭하는 것으로, 아랍어로 '허용된 것'이라는 뜻을 가지고 있다.[36] 할랄은 식품이나 제약, 화장품을 비롯한 다양한 분야에서 적용되는 용어이기는 하나 주로 식품 산업에서 많이 언급되고 있다. 대표적으로 돼지고기와 동물의 피, 주류 및 알코올, 이슬람법에 따라 도살되지 않은 육류, 파충류와 곤충 등을 먹지 못하도록 금지하고 있다.[37]

1994년 말레이시아 이슬람개발부Department of Islamic Development Malaysia 자킴JAKIM이 공식적으로 할랄 인증 발급을 시행한 이후 할랄 인증에 있어 말레이시아는 국제적으로 권위 있는 인증 국가로 인정받고 있다. 미국이나 유럽의 식품업체에 비해 글로벌 시장 경쟁력이 크게 떨어지는 말레이시아의 식품 기업들이 전 세계 무슬림 시장을 겨냥한 수출산업으로 성장할 수 있었던 것도 자킴JAKIM의 할랄 인증 브랜드의 공신력에 기인한다.[38] 특히 무슬림 단체와 같은 민간 조직에서 인증하는 다른 나라들과는 달리 말레이시아는 정부가 규제하고 관리한다는 점에서 큰 신뢰를 얻고 있다.

---

35) 출처 : https://en.wikipedia.org/wiki/Demographics_of_Malaysia
36) 출처 : 네이버 지식백과(시사상식사전).
37) 출처 : 한식진흥원, 할랄 레스토랑 인증 가이드북.
38) 출처 : 오명석 외(2017년), 《인도네시아와 말레이시아의 소비 문화》, 진인진.

말레이시아는 2011년부터 상품표시법에 따라 모든 수입 식품은 자킴 JAKIM으로부터 할랄 인증을 받거나 자킴JAKIM이 인정하는 외국의 할랄 인증기관으로부터 할랄 인증을 받아야 말레이시아 내에서 판매가 가능하다. 특히 할랄 인증 마크가 부착된 할랄 식품과 비할랄 식품이 서로 섞이는 것을 방지하기 위해 물리적으로 공간을 분리하도록 규제하고 있어, 말레이시아 슈퍼마켓에서는 별도의 비할랄 식품 코너를 찾아볼 수 있다.

[자료 1-23] 말레이시아의 할랄 시장

| 할랄 인증받은 일식 레스토랑 | 비할랄 식품 코너 |

그렇다면 글로벌 할랄 시장의 규모는 얼마나 될까? 전 세계 무슬림 인구가 2014년 17억 명으로 세계 인구의 23.4%를 차지했다면, 2020년에는 19억 명으로 세계 인구의 24.9%, 2030년에는 22억 명으로 세계 인구의 26.4%를 차지할 것으로 예상된다.[39]

---

39) 출처 : 한국할랄인증원(http://www.koreahalal.kr/sub/a2.asp)

말레이시아는 세계적인 할랄의 허브Hub로 할랄 제품의 연간 수출액이 354억 링깃(약 9.9조 원)으로 전체 말레이시아 수출의 약 5.1%를 차지한다.[40] 특히 리서치앤마켓ResearchAndMarkets의 보고서에 따르면, 할랄 제품 중 가장 대표적인 할랄 푸드의 시장 규모는 2017년 기준 1.4조 달러로 2023년에는 11% 이상의 연평균 성장률로 2.6조 달러에 이를 것으로 전망되었다.

최근에는 종교적인 이유가 아닌 건강을 위해 무슬림은 아니지만, 할랄 음식을 즐기는 사람들이 늘어나고 있다. '좋은' 또는 '완전한'을 뜻하는 토이반Toyyiban의 의미를 덧붙인 '할랄 토이반'이라는 새롭게 해석된 소비 문화가 관심을 모으고 있다. 할랄 식품에 건강 식품이라는 이미지를 부여해 친환경적인 유기농법, 동물 복지적 축산업을 지향하는 윤리적 소비 태도를 연계해 중산층을 중심으로 유행하고 있다.[41] 한국에서도 색다른 음식이나 건강에 관심이 많은 젊은 층들을 중심으로 할랄 음식점이 인기를 끌고 있다.[42] 이러한 착한 소비에 기반한 할랄 시장의 성장이 단순히 종교적인 범주를 떠나 지속적으로 성장할 것이며, 이는 말레이시아의 경제 성장에 긍정적인 영향을 미칠 것으로 기대된다.

최근에는 할랄 식품의 선두주자인 네슬레Nestle를 비롯해 맥도날드McDonald's나 유니레버Unilever, 카길Cargill과 같은 유명 글로벌 브랜드들이 할랄

---

40) 출처 : 말레이시아 이슬람 관광센터(https://itc.gov.my/tourists/discover-the-muslim-friendly-malaysia/malaysia-the-worlds-leading-halal-hub)
41) 출처 : 오명석 외(2017년), 《인도네시아와 말레이시아의 소비 문화》, 진인진.
42) 서울의 대표적인 쇼핑 공간인 코엑스에 위치한 '케르반(Kervan)'과 인천공항 내 아워홈에서 운영하는 '니맛(Nimat)'이 대표적인 할랄 인증 레스토랑이다.

시장에 적극적으로 투자하고 있어 공급 측면에서도 시장의 성장성이 높다. 한국도 삼양의 불닭볶음면을 비롯해 농심신라면과 신세계푸드대박라면, 오리온초코파이, 롯데제과꼬깔콘, 남양유업, CJ제일제당, 풀무원, 대상NFC 등이 할랄 인증을 취득해 말레이시아를 포함한 이슬람 국가들에 수출하고 있다. 또한, 이러한 할랄 식품 외에도 화장품이나 의약품 등 다양한 분야로 한국 기업들이 진출하고 있다. 아모레퍼시픽 화장품이 말레이시아 조호 바루에 연구생산센터를 건립하고자 토지를 매입한 것도 이러한 할랄 시장에 대한 관심 때문일 것이다. 말레이시아는 글로벌 할랄의 허브답게 할랄 인증 마크가 붙은 식품이나 음식점을 손쉽게 찾아볼 수 있다. 건강한 음식에 관심이 있다면 종교에 대한 편견 없이 말레이시아에서 누릴 수 있는 새로운 경험을 즐겨보길 바란다.

할랄 인증 받은 한국 라면

골프 클럽과 테마파크에서 삶의 재미를 즐기다

골프의 천국, 말레이시아

말레이시아는 '골프의 천국'답게 200개가 넘는 골프 클럽들이 있다. 서말레이시아에서는 쿠알라룸푸르26개와 말라카4개, 조호르10개 주가 대표적인 골프 여행지이며, 동말레이시아에서는 코타키나발루5개가 대표적이다. 특히 쿠알라룸푸르에는 스무 개 이상의 다양한 가격대의 골프장이 있어 도심 내에서 삶의 여유를 부담 없이 즐길 수 있다. 이렇듯 도심의 편의시설과 함께 다양한 골프 코스를 저렴한 가격으로 즐길 수 있는 환경 때문에 국내의 골프 마니아들 사이에서 인기가 높다. 특히 말레이시아는 오래전부터 자녀들의 조기 골프 유학지로도 선호되어 왔다.

다른 동남아 국가들처럼 18홀 주중 그린피가 100링깃(약 28,000원)에서 200링깃(약 56,000원) 수준으로 부담 없는 가격의 대중적인 골프 클럽들도 손쉽게 찾아볼 수 있다. 예를 들어, 세리 셀랑고르 골프클럽Seri Selangor Golf Club이나 부킷 케뮤닝 골프 CCBukit Kemuning Golf & Country Club, 임피안 골프 CCImpian Golf & Country Club가 대표적인 예다.

이렇듯 한국에 비해 저렴한 그린피로 편안하게 즐길 수 있는 골프장도 많지만, 다른 한편으로는 한국보다 일찍 골프 문화가 시작된 나라답게 국내 최고급 골프장에 견주어 손색이 없는 저명한 골프 클럽들도 많이 있다.

아시아에서는 최초이자 유일하게 PGA 투어가 열리는 TPCTournament Players Club 네트워크가 연계된 TPC 쿠알라룸푸르 골프 클럽이 대표적이다. 특히 회원제로만 운영되는 TPC 쿠알라룸푸르는 말레이시아의 유명 디벨로퍼인 '사임 다비 프라퍼티Sime Darby Property(213페이지 참조)'가 소유하고 운영하는 골프 클럽으로 'KLGCC 리조트'라는 골프 빌리지 개념의 대규모 복합 주거단지도 골프장 인근에 개발 중이다.

또한, 말레이시아 최초의 골프 클럽으로 120년 이상의 전통을 자랑하는 로얄 셀랑고르 골프 클럽Royal Selangor Golf Club은 회원제로만 운영되는 쿠알라룸푸르의 대표적인 최고급 골프 클럽이다. 이외에도 마인즈 리조트&골프클럽The Mines Resort & Golf Club, 술탄 압둘 아지즈 샤 골프 CCSultan Abdul Aziz Shah Golf & Country Club, 사우자나 골프 CCSaujana Golf & Country Club, 글렌메리 골프 CCGlenmarie Golf & Country Club, 팜가든 골프클럽Palm Garden Golf Club 등 고급 시설을 자랑하는 유명한 골프 클럽들이 쿠알라룸푸르에 많이 있다.

[자료 1-24] 쿠알라룸푸르의 유명 골프 클럽

명칭	TPC 쿠알라룸푸르	로얄셀랑고르골프클럽	마인즈 리조트&골프클럽
전경	출처 : www.simedarbyproperty.com	출처 : www.golfinmalaysia.com	출처 : www.golfscape.com/worldwide
오픈	1991년	1893년	1994년
규모	36홀	36홀	71홀
그린피	주중 RM 424 / 주말 RM 717	주중 RM 450	주중 RM 400

쿠알라룸푸르에서 즐기는 테마 파크

쿠알라룸푸르에 살면서 가족들과 도심 속에서 삶의 여유와 즐거움을 즐길 수 있는 여러 장소들이 있겠지만, 부동산 투자 측면에서 테마파크 두 군데를 소개하려 한다. 하나는 남자들의 놀이터이자 가족들도 함께 즐길 수 있는 말레이시아 최고의 카지노 테마파크인 **겐팅 하이랜드**Genting Highlands이며, 다른 하나는 동남아시아 최고의 워터파크인 **썬웨이 라군**Sunway Lagoon이다.

    이슬람교는 도박을 금지하기 때문에 이슬람국가인 말레이시아에는 카지노가 없을 것이라 생각하기 쉽다. 그러나 수도인 쿠알라룸푸르에서 차로 1시간 정도 거리(약 35km)에 세계적으로 유명한 카지노 테마파크인 겐팅 하이랜드Genting Highlands가 있다. 티티왕사 산맥Titiwangsa Mountains의 1,800m 고지대에 위치한 겐팅 하이랜드는 아열대 더운 날씨인 말레이시아에서 15~26℃ 온도의 서늘한 기후를 즐길 수 있는 도심 속 고산 휴양지로 또 다른 매력을 지닌다.[43]

    '고원 위 라스베이거스'로 불리는 겐팅 하이랜드에서 가장 큰 카지노는 1965년에 개장한 리조트 월드 겐팅Resorts World Genting으로 카지노 면적만 19,000㎡에 달하는 대규모 카지노다. 카지노 외에도 3성급과 4성급, 5성급의 다양한 스타일의 7개의 호텔은 총객실수 10,466실로 그 규모 또한 놀랍다. 특히 겐팅 하이랜드의 퍼스트 월드 호텔First World Hotel은 객실수 7,351개의 3성급 호텔로 세계에서 규모가 가장 큰 호텔로 기네스북에도 기록될 정도로 놀라운 규모를 자랑한다.[44][45] 특히 겐팅 하이랜드를 개발한 겐팅 그룹

---

43) 출처 : http://www.gentinghighlands.info
44) 출처 : https://en.wikipedia.org/wiki/First_World_Hotel_%26_Plaza
45) 가족들을 위한 테마파크는 21세기 폭스사와 월트 디즈니사와의 법적 분쟁으로 2020년으로 오픈이 지연되고 있다.

은 영국 최대의 카지노 소유 기업으로 싱가포르와 홍콩, 필리핀, 미국, 중국에서도 카지노를 운영하고 있다.

쿠알라룸푸르 교외 지역인 수방 자야Subang Jaya에 위치한 썬웨이 라군 Sunway Lagoon은 88에이커(0.356㎢) 대지면적에 1992년에 개장한 가족 중심의 워터파크다. 썬웨이 라군도 Chapter 3(216페이지 참조)에서 소개하는 썬웨이Sunway 그룹이 소유하고 운영하는 대표적인 부동산 자산 중의 하나다.

전 세계 워터파크 순위에서 한 해 방문객이 130만 명으로 12위[아시아퍼시픽에서 4위]에 손꼽힐 정도로 방문객 수가 많은 세계적인 워터파크다.[46] 아시아퍼시픽 지역 내 1위에서 3위의 워터파크가 모두 중국에 위치한 놀이시설이었다는 사실을 견주어 볼 때 인구수 대비 썬웨이 라군의 방문객이 매우 많다는 것을 알 수 있다. 참고로 한국의 대표적인 워터파크인 오션월드와 캐리비안 베이는 2018년에 각각 126만 명, 120만 명의 방문객을 기록하며 15위와 17위에 순위를 올렸다.

[자료 1-25] 쿠알라룸푸르의 유명 테마파크

겐팅 하이랜드	썬웨이 라군

출처 : https://news.worldcasinodirectory.com

---

46) 출처 : AECOM&TEA, Global Attractions Attendance Report 2018

선진국 수준의 의료 서비스를 즐기다

　몇 년 전 동남아시아 어느 도시에서 우연히 눈을 다쳐 유명하다는 어느 국제병원에 간 적이 있다. 그 당시 눈을 만지던 의사의 비위생적인 행동과 병원의 다소 허름했던 시설들을 보며 느꼈던 불안감은 아직도 기억이 난다. 해외 생활에서, 그것도 병원 갈 일이 많아지는 중년 이후의 늦은 나이에 낯선 나라에서 살 때 우려되는 것 중의 하나는 의료 서비스 수준이다. 미국과 같은 선진국에서 생활할 때는 비싼 의료비가 큰 부담으로 다가온다면, 동남아시아와 같은 신흥 국가에서 생활할 때는 한국만큼의 의료 서비스를 기대할 수 있을까에 대한 걱정이 크기 마련이다. 말레이시아는 이러한 점에서 매력적인 장점이 있다.

　Chapter 2에서 다시 설명하겠지만, 식민 통치 당시 영국은 자국의 경제 발전을 위해 필요했던 고무 농장의 생산력을 높이기 위한 일환으로 열대성 질병의 발병률을 줄이기 위해 공공의료시설의 확대에 노력했다.[47] 이러한 역사적인 배경으로 인해 말레이시아 의료진들은 영국 유학 출신들이 많으며 수준 높은 의료 실력을 갖추고 있다.

　말레이시아의 의료수준은 앞에서 살펴본 글로벌 은퇴지수 Global Retirement Index의 세부 항목인 헬스케어 분야에서 100점 만점에 95점으로 의료관광 대국인 태국을 이기고 1위로 선정될 정도로 수준이 높다.[48] 대표적인 의료기관

---

47) 출처 : https://www.britannica.com/place/Malaysia/The-impact-of-British-rule
48) 출처 : https://internationalliving.com/countries-best-healthcare-world

인증제도인 미국의 국제의료기관평가위원회(Joint Commission International (JCI)) 인증을 받은 병원이 13개나 되며, 대부분의 의사들이 영국이나 미국, 호주에서 유학해 영어도 매우 유창하다.[49] 참고로 한국도 2007년 연세대학교 신촌 세브란스 병원이 최초로 인증을 받은 이래로 JCI 인증 병원이 20개가 있다. 의료 선진국인 싱가포르에는 19개, 의료 관광 대국인 태국에는 62개, 인도네시아에는 30개, 필리핀에는 5개, 베트남에는 4개의 JCI 인증 병원이 있다.

특히 말레이시아의 많은 민간병원들은 국제적인 보건의료 기업의 소유이거나 파트너십을 맺고 있어 우수한 의료진들이 많아 선진국 수준의 의료 서비스를 제공하고 있다.[50] 예를 들어 한국어 통역 서비스를 받을 수 있어 한국 교포들이 선호하는 글렌이글스 쿠알라룸푸르Gleneagles Kuala Lumpur 병원이 대표적이다. 세계에서 두 번째로 큰 의료그룹인 IHH 헬스케어IHH Healthcare의 자회사인 파크웨이 판타이Parkway Pantai가 글렌이글스 병원의 지분을 보유하고 있다.[51] 개인 병실 외에도 개인 의료 서비스가 잘 되어 있어 말레이시아의 부유층들도 선호하는 대표적인 외국인 전문 민간 종합병원이다.[52]

심장병 분야에서 말레이시아 의료 수준의 전문성은 다른 선진국들

---

49) 쿠알라룸푸르에서 JCI 인증을 받은 병원은 Gleneagles Kuala Lumpur과 Pantai Hospital Kuala Lumpur, KPJ Ampang Puteri Specialist Hospital, International Specialist Eye Centre, The Tun Hussein Onn National Eye Hospital로 총 5개의 병원이 있다.(출처 : https://www.worldhospitalsearch.org/hospital-search/?F_All=Y&F_Country=Malaysia)
50) 출처 : 한국보건산업진흥원(2016), 한국의료 동남아 3개국 진출가이드.
51) 아시아 최대 규모의 종합 사립 의료 그룹 중의 하나인 파크웨이 판타이는 말레이시아에 10개의 Pantai Hospitals, 4개의 Gleneagles Hospitals 등을 운영하고 있다(출처 : 한국보건산업진흥원(2016), 한국의료 동남아 3개국 진출가이드)
52) 출처 : 한국보건산업진흥원(2016), 한국의료 동남아 3개국 진출가이드.

과 비교해도 뒤처지지 않는다고 평가받는다. 국립 심장 병원The National Heart Institute은 1992년에 개원한 말레이시아 최고의 심장센터이자 국가 심혈관계 질환 센터로 외국인 환자를 위해 별도로 국제환자센터International Patient Centre를 운영하고 있다. 그 외에도 쿠알라룸푸르 종합병원General Hospital Kuala Lumpur과 푸스라위 병원Hospital Pusrawi, 삼다비 헬스케어SIME Darby Healthcare 등 우수한 병원들이 많이 있다. 한국의 유명 병원들과 마찬가지로 이들 종합병원도 의료 관광객 수요를 충족시키기 위해 공항 마중 서비스나 통역 서비스, 숙박시설 제공이나 여행 관련 지원 등 다양한 서비스를 제공하고 있다.

[자료 1-26] 대표적인 쿠알라룸푸르 종합병원

명칭	프린스 코트 메디칼 센터 (Prince Court Medical Center)	글렌이글스 쿠알라룸푸르 (Gleneagles Kuala Lumpur)
전경	출처 : www.princecourt.com	
홈페이지	https://www.princecourt.com	http://gleneagleskl.com.my
개원	2007년	1996년
병상수	270 베드	372 베드
특징	말레이시아 최고의 건강검진센터로 2017년, 2018년, 2019년 세계 최고의 의료관광 10대 병원으로도 선정됨.	의료관광객 수요를 충족시키기 위해 통역 서비스 제공.

이러한 저력을 바탕으로 말레이시아는 의료관광국으로의 명성도 높이고 있다. 2017년에 100만 명의 의료 관광객이 방문했다면, 2020년에는 의료비에 대한 세금면제 혜택 등을 통해 200만 명의 의료관광객 유치를 기대하고 있으며, 28억 링깃(약 8,000억 원)의 높은 관광수입도 기대하고 있다. Chapter 2에서 자세히 살펴보겠지만, 고령화라는 측면에서 말레이시아는 이제 곧 고령화 사회에 진입하는 아직은 젊은 국가다. 그러나 인구 구조의 변화에 대비하고 아시아 최고의 은퇴 이민국이라는 명성에 견주어 고령자들을 위한 헬스케어 산업도 최근 빠르게 성장하고 있다.[53] 참고로, 말레이시아에도 병원과 연계해 숙박과 식사 서비스를 비롯한 전문 의사의 진료와 24시간 간호 서비스를 받을 수 있는 전문 노인요양시설들이 있다. LYC 시니어 리빙LYC Senior Living이 대표적인 노인전문시설 중의 하나다.

---

53) 출처 : https://www.mhtc.org.my/mof-expects-2m-healthcare-travellers-by-2020

TIP 주요 아시아 국가들의 의료 서비스 가격 비교

국제의료관광협회 Medical Tourism Association에서 발표한 의료 관광에서의 참조용 의료 서비스 가격을 주요 관심 국가별로 비교해보면 [자료 1-27]과 같다. 개략적인 가격 수준으로 실제 그 나라의 개별병원에 따라 차이가 날 수 있으며, 환율에 따라서도 달라질 수 있다. 또한 항공 요금과 숙박 비용은 제외되어 있다. 다만 한국을 비롯해 의료 관광의 경쟁국인 태국이나 싱가포르의 의료 서비스 비용과 비교해볼 때, 말레이시아의 의료비 부담이 대체로 낮다는 것을 알 수 있다.

[자료 1-27] 주요 의료 서비스 가격 비교

(단위: 미국달러)

시술명	말레이시아	한국	싱가포르	태국
심장 우회술	$12,100 (약 1,430만 원)	$26,000 (약 3,070만 원)	$17,200 (약 2,030만 원)	$15,000 (약 1,770만 원)
혈관 성형술	$8,000 (약 950만 원)	$17,700 (약 2,090만 원)	$13,400 (약 1,590만 원)	$4,200 (약 500만 원)
심장판막 치환술	$13,500 (약 1,600만 원)	$39,900 (약 4,710만 원)	$16,900 (약 2,000만 원)	$17,200 (약 2,030만 원)
전고관절 대치술	$8,000 (약 950만 원)	$21,000 (약 2,480만 원)	$13,900 (약 1,650만 원)	$17,000 (약 2,010만 원)
고관절 치환술	$12,500 (약 1,480만 원)	$19,500 (약 2,310만 원)	$16,350 (약 1,930만 원)	$13,500 (약 1,600만 원)
슬관절 치환술	$7,700 (약 910만 원)	$17,500 (약 2,070만 원)	$16,000 (약 1,890만 원)	$14,000 (약 1,660만 원)
척추 고정술	$6,000 (약 710만 원)	$16,900 (약 2,000만 원)	$12,800 (약 1,520만 원)	$9,500 (약 1,130만 원)
자궁 절제술	$4,200 (약 500만 원)	$10,400 (약 1,230만 원)	$10,400 (약 1,230만 원)	$3,650 (약 440만 원)
코성형	$2,200 (약 260만 원)	$3,980 (약 470만 원)	$2,200 (약 260만 원)	$3,300 (약 390만 원)
얼굴주름제거 성형술	$3,550 (약 420만 원)	$6,000 (약 710만 원)	$440 (약 60만 원)	$3,950 (약 470만 원)
지방 흡입술	$2,500 (약 300만 원)	$2,900 (약 350만 원)	$2,900 (약 350만 원)	$2,500 (약 300만 원)
라식 (양쪽 눈)	$3,450 (약 410만 원)	$1,700 (약 210만 원)	$3,800 (약 450만 원)	$2,310 (약 280만 원)

출처: https://www.medicaltourism.com(검색일: 2019. 06. 30)

우수한 국제학교 인프라를 갖춘 나라

이민이나 해외 부동산 투자를 고민하는 많은 사람들이 말레이시아를 선택하는 이유 중의 하나는 무엇보다도 국제학교로 대변되는 우수한 교육 환경 때문이다. 말레이시아는 2017년 기준 아시아 국가들 중 여섯 번째로 국제학교가 많은 나라로 조사되었다. 내국인 인구수를 고려할 때 이는 놀라운 숫자가 아닐 수 없다. 영어로 의사소통이 수월하고 생활비가 저렴한 다문화의 열린 사회인 말레이시아는 유학하기 좋은 환경으로 국제학교가 계속 증가하고 있다.

[자료 1-28]에서도 볼 수 있듯이 말레이시아의 국제학교 수는 한국의 약 1.8배로 홍콩을 제외하고 주변 아시아 국가들의 인구수에 견주어 볼 때 놀라운 교육 인프라 환경을 보여준다.

[자료 1-28] 국제학교가 많은 아시아 국가 순위, 2017년

순위	국가	국제학교 수	순위	국가	국제학교수
1위	중국	567	6위	말레이시아	170
2위	일본	257	7위	캄보디아	114
3위	인도네시아	190	8위	베트남	111
4위	태국	181	9위	싱가포르	110
5위	홍콩	177	10위	한국	93

출처 : ISC Research

한국의 부동산 시장에서 학군이나 초등학교와 같은 교육 시설까지의 거리가 주택 가격에 영향을 미친다고 알려져 있는데, 이는 비단 우리나라만의 현상은 아닐 것이다. 특히 2012년 말레이시아 정부가 국제학교에서 내국인 입학 정원에 대한 제한을 폐지하면서 말레이시아에서도 외국인 수요뿐만 아니라 중상위층 내국인들의 국제학교에 대한 선호도가 빠르게 증가하고 있다. 이를 증명이라도 하듯 국제학교 학생 수의 40%가 말레이시아 내국인이고, 9%가 영국인, 6%가 한국인, 4%가 미국인이라는 조사도 있었다.[54] 이러한 국제학교에 대한 관심은 인근 부동산 가격이나 임대 수요에 영향을 미치는데, Chapter 4에서 살펴볼 몽키아라Mont'Kiara 지역이 대표적인 예일 것이다.

170개가 넘는 국제학교의 수가 대변하듯, 말레이시아에는 [자료 1-29]에서 소개하는 국제학교들 외에도 좀 더 저렴한 학비가 드는 영국계나 미국계 국제학교들도 많이 있다. 국제학교마다 다양한 커리큘럼이나 교육 시설들로 차별화된 특징들이 있겠으나, 공통적으로 한국 부모들에게 선호되는 장점은 교사당 학생 수가 적어 더욱 집중된 교육을 받을 수 있고, 따로 사교육을 받을 필요 없이 예체능 교육을 포함한 다양한 적성 개발의 기회가 주어진다는 것이다. 그러나 무엇보다도 창의적이고 자유로운 놀이 중심의 교육 환경에서 유아 때부터 영어와 중국어를 함께 배울 수 있는 글로벌한 교육 환경이 제공된다는 장점이 가장 클 것이다. 특히 고학년으로 갈수록 학습 강도가 높아지는데, 영연방 국가의 유명 대학들로 진학할 수 있는 폭넓은 기회가 주어진다는 것도 한 가지 매력이다.

---

54) 출처 : https://www.imoney.my/articles/10-most-expensive-international-schools-in-the-klang-valley

[자료 1-29] 말레이시아 유명 국제 학교

국제학교	쿠알라룸푸르 국제학교 (International School of Kuala Lumpur)	몽키아라 국제학교 (Mont'Kiara International School)	말보로칼리지 말레이시아 (Marlborough College Malaysia)
로고			
홈페이지	https://www.iskl.edu.my	https://www.mkis.edu.my	http://www.marlboroughcollegemalaysia.org
위치	No. 2, Lorong Kelab, KL	22 Jalan Kiara, Mont Kiara	Jalan Marlborough, Iskandar Puteri
설립연도	1965년	1994년	2012년
커리큘럼	미국계	미국계	영국계
학비 (초등학생 기준, Y3)	8.1만 링깃 (약 2,300만 원)	8.6만 링깃 (약 2,400만 원)	8.1만 링깃 (약 2,300만 원)

출처 : http://www.malaysia-education.com, https://www.edarabia.com

    국제학교와 관련해 말레이시아의 실리콘밸리로 불리는 사이버자야 Cyberjaya에 위치한 2016년에 설립된 '말레이시아 한국국제학교'를 소개할까 한다. 유치원부터 초등학교까지의 교육과정을 운영 중인데 수업료는 1년에 24,000링깃(약 672만 원, 2019년 기준)으로 10%를 지원해주며, 특히 두 자녀 이상 동시에 재학 시 둘째 자녀부터는 입학금도 면제되고 수업료도 50%를 지원해준다.[55] 다만 다른 국제학교들이 학생 비자Student Pass를 통한 가디

---

55) 출처 : 말레이시아한국국제학교(Korean School of Malaysia) 홈페이지(http://ksmy.kr)

언 비자Guardian Visa로 입학할 수 있는 것과는 달리, 부모가 MM2H 비자나 고용 비자Employment Pass와 같은 정식 비자가 있어야 자녀가 입학할 수 있다. 한국의 교육부에서 교사를 직접 파견하기 때문에 교육 수준을 신뢰할 수 있으며, 한국어 외에도 영어와 중국어를 배울 수 있기 때문에 한국어에 아직 익숙하지 않은 어린 자녀를 둔 주재원이나 MM2H 소지자들이 선호하고 있다. 사이버자야에 위치하지만, 한국인들이 많이 거주하는 암팡이나 몽키아라 지역으로 통학버스를 운행하고 있다.[56]

말레이시아의 일반적인 교육 체계는 크게 고등교육 이전Pre-tertiary 단계와 고등교육Tertiary 단계로 나뉘며, 고등교육 이전 단계는 다시 3단계로 나눌 수 있다. 한국의 유치원과 유사한 프리스쿨Preschool은 취학 전 연령인 3~6세가 다니는 교육과정이며, 초등교육Primary은 한국의 초등학교와 동일하게 7세에서 12세가 다니는 6년 과정이다. 한국의 중학교와 고등학교 과정에 해당하는 중등교육Secondary Level은 13~17세로 5년으로 구성된다. 초등학교와 중·고등학교는 교육부Ministry of Education에서 관장하며, 대학교에 해당하는 고등교육은 별도로 고등교육부Ministry of Higher Education에서 관장한다.

유치원인 프리스쿨은 의무 교육 과정이 아니나, 초등교육과 중등교육 과정은 한국과 마찬가지로 의무 교육으로 교육비는 무료다. 중등교육 과정 졸업 후 11학년Form 5은 우리나라의 고등학교 2학년 수준으로 Sijil Pelajaran MalaysiaSPM이라는 한국의 수능 시험과 같은 대학입학 시험을 치르고 고등

---

56) 출처 : 말레이시아한국국제학교(Korean School of Malaysia) 홈페이지(http://ksmy.kr)

교육인 대학에 진학하게 된다. 말레이시아의 교육 체계를 간단히 표로 정리해보면 다음과 같다.

[자료 1-30] 말레이시아 교육 체계

레벨	취학 전 교육 (Pre-school/Kidergarten)	초등교육 (Primary)	하급중등교육 (Lower Secondary)	상급중등교육 (Upper Secondary)	예비대학/6학년 (Pre-University/Sixth Form)
학년	다양	Standard 1-6	Form 1-3	Form 4-5	Form 6
소요 기간	다양	6	3	2	1-1.5
연령	3-6세	7-12세	13-15세	16-17세	18-19세
국가시험		UPSR (Ujian Pencapaian Sekolah Rendah)	PT3 (Form 3 Assessment)	SPM (Malaysian Certificate of Education)	STPM (Malaysian Higher School Certificate)

출처 : http://www.malaysia-education.com

세계에서 여덟 번째로 해외 유학을 많이 보내는 나라

유네스코UNESCO 조사에 따르면, 말레이시아는 전 세계에서 여덟 번째로 해외 유학을 많이 보내는 국가다. 국민소득이나 인구수를 고려할 때 한국 못지않은 말레이시아의 높은 교육열을 엿볼 수 있는 대목이다.

이는 영국계 금융 기관인 HSBC 홀딩스에서 2017년에 조사한 말레이시아의 '교육의 가치The Value of Education'라는 소비자 연구 보고서를 봐도 알 수 있다. 설문에 응한 부모들의 72%가 자녀 교육을 위해 소득의 일정 금액을 저축하고 있으며, 부모들의 51%가 자녀를 해외에 유학 보내려고 한다고 대답했을 정도로 자녀의 미래를 위해 준비하는 말레이시아 부모들의 높은 교육열을 엿볼 수 있다.

말레이시아에서 가장 많이 유학을 보내는 나라는 영국이다. 영국으로 약 17,360명이 유학을 갔으며, 그다음으로 호주15,113명, 미국8,446명, 이집트4,556명, 일본2,245명순이며, 이들 국가가 유학 대상국으로 선호되었다.[57] 한국에도 약 680명이 유학을 가는 것으로 조사되었다. 한편 HSBC 홀딩스의 소비자 조사에서는 부모들의 67%가 호주를 가장 최적의 유학지로 뽑았고, 그다음으로 영국38%, 미국24% 순으로 선호하기도 했다.[58]

---

57) 출처 : http://uis.unesco.org(검색일: 2019. 06. 30)
58) 출처 : HSBC Holdings(2017), The Value of Education Higher and Higher

[자료 1-31] 해외 유학하는 학생들 출신 국가

순위	출신 국가	학생수(명)	순위	출신 국가	학생수(명)
1	중국	694,400	6	프랑스	62,400
2	인도	189,500	7	미국	58,100
3	한국	123,700	8	말레이시아	55,600
4	독일	117,600	9	베트남	53,800
5	사우디아라비아	62,500	10	이란	51,600

출처 : 유네스코(UNESCO)

과거 130여 년 동안 지속된 영연방 국가들 간의 우호적인 관계로 지금도 중상위층 학생들이 영국과 호주로 유학을 가고 있다. 짧게는 교환학생 프로그램을 통해 인적 교류를 확대하고 있으며, 이들이 지속적으로 말레이시아를 이끌고 있다.

한국 사람들이 말레이시아의 국제학교를 선호하는 이유도 이러한 영연방 국가들 간의 우호적인 교육 교류 시스템으로 상대적으로 영국이나 호주로 유학 가기가 수월하기 때문일 것이다. 이렇듯 한국에서 말레이시아로 해마다 약 1,500명 정도가 유학을 가면서 미국60,454명, 일본12,951명, 호주8,316명, 영국5,024명, 캐나다4,743명, 프랑스 다음으로 일곱 번째로 선호되는 유학 대상국이 되었다.

Malaysia Real Estate

Chapter 2
숫자로 들여다본 말레이시아

들어가기 전에

Chapter 1에서 마치 여행 가이드북처럼 다소 감성적인 얘기를 풀어냈다면, Chapter 2에서는 말레이시아의 부동산 시장을 설명하기 전에 숫자 위주의 다소 딱딱하고 재미없을 수 있는 얘기들을 풀어내려 한다.

부동산은 그 나라의 역사를 포함해 정치·경제·사회 제도나 지표와 무관할 수 없다. 특히 조세나 주택공급과 같은 국가 정책은 그 나라의 주거용 부동산에 큰 영향을 미친다. 국내총생산GDP 성장률이나 이자율, 실업률과 같은 거시경제지표도 부동산의 가치에 큰 영향을 미치는 것으로 알려져 있다. 특히 해외 부동산은 환헤지Foreign Exchange Hedge와 같은 환율 변동에 대비한 위험관리 전략이 투자 수익률에 중요한 영향을 미친다. 이처럼 부동산 투자를 결정하기에 위해서는 현지 시장 환경에 대한 정확한 정보를 확보하고 이를 이해할 필요가 있다.

Chapter 2에서는 말레이시아의 특성과 말레이시아 부동산 시장을 이해하기 위해 부동산에 영향을 미치는 주요한 지표들을 객관적인 데이터를 바탕으로 살펴보고자 한다. 국내 부동산 투자에서와 마찬가지로 주요한 거시경제지표를 분석하고, 부동산 수요자의 인구통계학적 특성이나 시장의 트렌드 변화 등을 살펴보겠다. 이를 통해 말레이시아에 대한 저평가나 오해들, 부정적인 시선들에 대해 새로운 시각을 전해줄 수 있길 바란다. 객관적인 관점에서 말레이시아를 서술하고 독자의 이해를 돕고자 하는 마음에 수많은 보고서의 숫자들을 제시하고 그 지표들의 시간적인 추이를 그래프로 도식화했다.

　미래는 그 누구도 예측할 수 없는 불확실성이 강하며, 더구나 지금처럼 급변하는 정세에서 과거의 통계치가 미래를 설명해주지는 않는다는 것을 안다. 그러나 국가 간의 비교를 통해, 특히 한국을 포함한 인근 아세안 5개국 ASEAN-5과의 비교를 통해 말레이시아를 이해하고 그 가능성을 읽을 수 있길 바란다.

1. 말레이시아 역사·지리·정치 환경

전략적 요충지이자 천연자원의 낙원

말레이반도는 13세기부터 해상 실크로드의 동방의 거점으로 해상 무역의 전략적 요충지였다. 무역을 통해 번성하기도 했지만 다른 한편으로 호시탐탐 말레이반도를 노리는 강대국들의 관심으로 오랜 식민지 지배를 받아야 했다. "말라카 반도는 무척 중요하고 전 세계적으로 비견할 데가 없을 정도로 이윤이 많이 나는 곳"이라고 극찬했던 포르투갈 약재상의 말처럼 일찍이 '황금으로 부유한 땅'이라는 명성은 말레이반도를 뒤흔들었다.[1] 1511년부터 1641년까지 포르투갈이 해상 무역 독점을 위해 **말라카**Malacca를 처음으로 식민통치한 것을 시작으로 말레이시아는 무역항구를 독점하고자 했던 유럽 강대국들에게 약 450여 년 동안 식민 지배를 받게 된다.

영국은 1826년부터 싱가포르와 말라카, 페낭을 해협식민지의 핵심 요충지로 관리하면서 1957년까지 약 130년 동안 말레이반도 전역을 식민 통

---

1) 출처 : 마하티르 빈 모하마드(2012), 《마하티르 : 수상이 된 외과의사》, 동아시아.

치했다. 그 당시 한국을 비롯한 여러 아시아 국가들이 그러했듯이 식민 과정에서 말레이시아도 근대화의 변화를 겪게 된다. 이러한 오랜 식민통치 기간에 말레이시아와 영국 간의 긴밀한 유대관계는 두 나라를 오가던 양국의 엘리트 지도층 간의 지속적인 교류로 더욱 공고해진다. 구舊영제국의 유대를 유지하며 그들 간의 다양한 채널을 통해 상호 우호적인 혜택을 주고받으며 지속적인 관계를 유지하고 있다. 과거 해상 무역이 발달하던 시기에 말레이시아가 아시아와 유럽의 가교역할을 하는 전략 국가였다면, 한국에게 말레이시아는 인구 약 6억 5,000만 명의 아세안경제공동체AEC를 이어주는 중요한 연결고리가 되지 않을까?[2]

과거 강대국들의 관심은 단순히 지리적인 이점 때문만은 아니었다. 말레이시아는 원유나 천연가스와 같은 풍부한 에너지자원과 함께 비옥한 영토에 풍부한 천연자원을 가진 축복받은 나라다. 제1차 세계대전 동안 전쟁 무기 제작을 위한 주석Tin과 자동차 생산을 위한 고무가 대량으로 필요했던 영국이 식민통치 당시 고무와 주석의 생산량을 늘리기 위해 중국인과 인도인들을 말레이반도에 불러들일 정도였다. 대영제국의 주요한 국가 재원이기도 했던 천연자원의 개발은 비단 영국만의 관심은 아니었다. 1942~1945년까지 제2차 세계대전 동안 잠시나마 일본의 식민 지배를 받게 된 것도 경제성장을 위해 고무와 주석, 석유 등의 천연자원이 필요했던 일본이 말레이시아

---

2) 아세안경제공동체(ASEAN Economic Community)로 대변되는 AEC는 라오스를 포함한 인도네시아, 말레이시아, 필리핀, 베트남, 태국, 캄보디아, 브루나이, 싱가포르, 미얀마 등 아세안 10개 회원국이 참여하는 아시아판 EC(European Community)로 GDP 2조 4,000억 달러 이상의 거대 경제 블록을 형성한다(출처 : 네이버 지식백과(KOTRA)).

에 눈독을 들였기 때문이다.

말레이시아는 중국인과 인도인의 유입을 이끈 양질의 천연고무와 주석 외에도 열대목재와 팜유$^{Palm\ Oil}$ 등 천연자원이 넘쳐난다. 특히 대체 에너지로 각광받는 팜유는 세계 제2의 생산국으로 팜유 생산이 국가 농업 부문의 3분의 1을 차지할 정도로 대내·외적으로 중요하다. 이러한 풍요로운 자원의 축복은 아이러니하게도 말레이시아의 성장을 저해하는 요인으로 지적받기도 했다. 마하티르 수상이 그의 저서 《말레이 딜레마$^{Dilema\ Melayu}$》에서 천연자원의 혜택으로 토착민인 말레이계가 안주하는 삶을 살다 보니 도전과 시련을 경험하지 못해 그들의 게으름이 경제성장을 저해한다고 우려했을 정도다.[3] 세상사 모든 일에는 음과 양이 공존한다는 깨달음이 이를 두고 하는 말일까? 그러나 좁은 국토에 자원도 부족한 우리나라 사람들에게 이러한 풍요로운 천연자원은 부러울 따름이다.

여기서 우리가 주목해야 되는 말레이시아의 저력 중의 하나는 (마하티르 수상의 우려와는 달리) 말레이시아가 천연자원의 단순한 1차적인 생산에만 머무르지 않고 이를 고부가가치 산업으로 발전시켜 왔다는 것이다. 말레이시아가 천연자원이 풍부했던 태국과 같은 인근 동남아시아 국가들과는 달리 중소득 국가로 성장할 수 있었던 배경에는 R&D 연구지원과 같은 정부의 노력이 있었기 때문이라고 본다. 예를 들어 말레이시아에서 고무 재배는 1896년에 시작되었는데, 1925년에 말레이시아 고무연구소$^{Rubber\ Research}$

---

[3] 출처 : 양승윤 외(2010), 《말레이시아》, 한국외국어대학교출판부.

Institute of Malaysia가 설립되었을 정도로 천연고무 분야에서 오랜 R&D 역사가 있다.[4] 고무를 이용해 단순히 자동차 타이어를 생산하는 수준에서 벗어나 전 세계 의료용 고무장갑 시장의 60% 이상을 차지하는 기술력으로 천연자원에 신기술을 접목해 부가가치를 올리는 말레이시아의 저력은 눈여겨볼 필요가 있다.

---

4) 출처 : Kawano M.(2019), Changing Resource-Based Manufacturing Industry(《Emerging States at Crossroads》 책 일부)

대륙과 해양을 잇는 동남아시아의 중심지

말레이시아는 크게 말레이반도의 남부에 위치한 **서West말레이시아**와 보르네오섬 북부에 위치한 **동East말레이시아**로 나뉜다. 서말레이시아는 국토 면적의 약 40%를 차지하며 북쪽으로는 태국, 남쪽으로 싱가포르, 서쪽으로는 인도네시아와 국경을 맞대고 있다. 한편 동말레이시아는 석유 부국인 브루나이와 함께 인도네시아를 국경으로 접하고 있다. 이처럼 말레이시아는 지리적인 전략적 요충지답게 동남아시아 국가들 사이에서도 중심에 위치해 있다. 특히 한때 말레이시아 연방 소속으로 같은 나라에 속했던 싱가포르와는 한강보다 조금 넓은 폭의 조호르 해협을 사이에 두고 1.2km 정도 길이의 다리로 두 나라가 연결될 정도로 지리적으로 인접해 있다.

이렇듯 아세안 주요 국가들을 이어주는 전략적 요충지에 위치한 말레이시아는 지정학적 전초기지로 과거 영국이나 일본을 비롯해 이제는 중국까지, 말레이시아를 새로운 무역 항로나 아세안 시장 개척을 위한 요충지로 삼고자 하는 국가들 사이에서 여전히 관심이 높다.[5] 또한, 이슬람경제권인 말레이시아는 이슬람 협력기구OIC 회원국으로, 중동 국가들과도 긴밀한 협력관계를 유지하고 있어 말레이시아와의 경제협력을 통해 중동진출의 기회도 모색할 수 있다.[6]

---

5) 코트라(대한무역투자진흥공사)의 한 관계자도 말레이시아를 "동남아 시장의 테스트 베드이자 중동 시장의 게이트웨이"로 평가하기도 했다(출처 : 중기이코노미(http://www.junggi.co.kr)).
6) 출처 : 신민금·신민이(2018), 말레이시아 신정부의 경제정책과 신남방 정책에 대한 시사점.
이슬람협력기구(Organization of Islamic Cooperation: OIC)는 1969년에 창설, 57개 회원국으로 구성된 세계 최대 규모의 이슬람 회의기구로, 동남아 국가 중에서는 말레이시아와 인도네시아, 브루나이가 OIC 회원국이다.

그럼 말레이시아의 지리적인 특징을 잠깐 살펴보자. 말레이시아의 국토면적은 약 330,290㎢로 세계에서 예순여섯 번째로 크다. 이는 한국(100,210㎢)의 약 3.3배로 베트남과 유사한 면적이다.[7] 또한, 국토면적의 약 67%(2016년 기준)가 정글로 덮여 있을 정도로 아직 개발의 손길이 미치지 않은 지역이 많아 다양한 측면에서 성장의 잠재력도 높다.[8] 한국에는 코타키나발루로 유명한 사바Sabah와 사라왁Sarawak 주가 있는 동말레이시아는 한국의 약 2배 크기로 말레이시아 국토면적의 약 60%를 차지할 정도로 광대하다. 그러나 인구는 말레이시아 전체 인구의 20% 수준인 약 680만 명 남짓으로 적다. 거주환경이 적합하지 않아 인구가 적다고 볼 수도 있지만, 이는 바꾸어 말하면 '아직 개발되지 않았기 때문에' 앞으로 열대우림의 관광 개발 등 다양한 잠재성을 가지고 있다고 해석할 수도 있다.[9]

말레이시아는 북부 지역과 센트럴 지역, 남부 지역, 동부 연안, 사바 주, 사라왁 주로 크게 6개 지역으로 구분할 수 있다. 공식적인 행정단위로 보면 서말레이시아인 말레이반도에 11개 주, 동말레이시아인 보르네오섬에 사바와 사라왁 2개 주로, 총 13개의 광역 행정단위인 주State로 구성된다. 특히 수도인 **쿠알라룸푸르**Kuala Lumpur와 **푸트라자야**Putrajaya, 보르네오섬의 **라부안**Labuan이라는 총 3개 지역은 마치 한국의 서울특별시나 제주특별자치도처럼

---

7) 출처 : https://www.worldatlas.com/articles/which-are-the-10-largest-asian-countries-by-area.html
8) 출처 : 세계은행(https://data.worldbank.org)
9) 출처 : 말레이시아 통계청, Malaysia Statistical Handbook 2018

연방직할령Federal Territory으로 따로 분리되어 연방정부가 이원화해 직접 관할하고 있다.

[자료 2-1] 말레이시아 지도

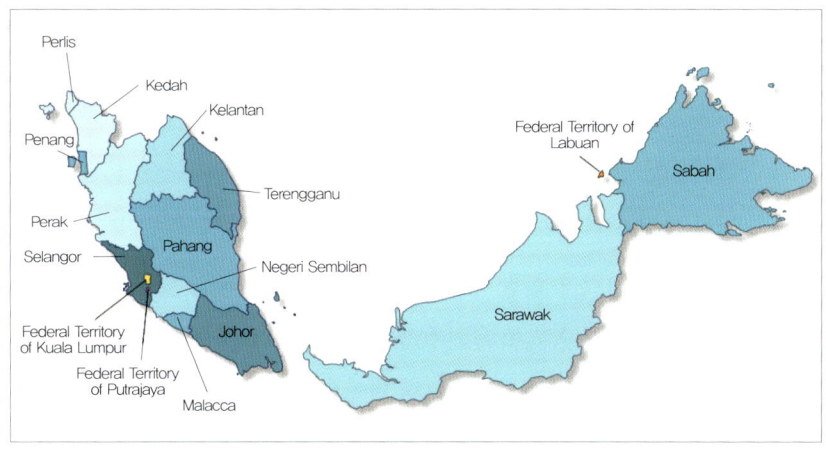

출처 : 말레이시아 통계청

정치·경제의 허브이자 부동산의 중심지인 센트럴 지역

국가의 중심 허브 지역인 **센트럴 지역**은 수도인 쿠알라룸푸르Kuala Lumpur를 포함해서 2020년 완공을 목표로 여전히 개발 중인 신행정 도시인 푸트라자야Putrajaya, 그리고 한국의 경기도와 유사한 셀랑고르Selangor를 아우르는 지역을 말한다. 쿠알라룸푸르의 토지 면적은 243㎢, 푸트라자야는 49㎢인 반면, 셀랑고르의 토지 면적은 7,931㎢으로 센트럴 지역에서는 셀랑고르의 면적이 가장 크다.

특히 센트럴 지역은 클랑 강Klang River을 따라 위치하는 쿠알라룸푸르를 비롯한 셀랑고르의 페탈링 자야Petaling Jaya와 수방 자야Subang Jaya 등의 주요 지역을 묶어서 **클랑 밸리**Klang Valley라는 권역으로 불리기도 한다. 이는 마치 한국의 수도권과 유사한 광역적인 시장 개념으로, 최근에는 클랑 밸리와 함께 'Greater Kuala Lumpur'라는 단어도 자주 사용되고 있다.[10] Chapter 4에서 부동산 시장을 분석할 때 클랑 밸리라는 쿠알라룸푸르 인근 대도시권을 중심으로 살펴볼 예정이다. 한국에서 부동산 시장을 분석할 때 서울을 중심으로 한 수도권을 분석하는 것과 같은 이치라고 보면 되겠다.

---

10) 출처 : https://en.wikipedia.org/wiki/Klang_Valley

[자료 2-2] 쿠알라룸푸르 인구 증가 추이

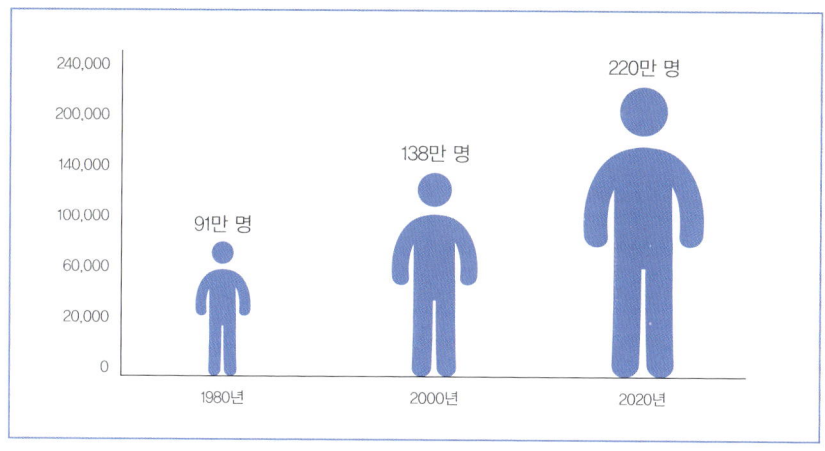

출처 : 쿠알라룸푸르 시 홈페이지(http://www.dbkl.gov.my)

    말레이시아 통계청에 따르면 2018년 기준 셀랑고르의 인구는 약 648만 명, 쿠알라룸푸르는 약 180만 명, 푸트라자야는 약 9만 명으로 센트럴 지역의 총인구수는 약 836만 명이다. 이는 전체 말레이시아 인구의 약 25.8%에 해당하는 높은 비중이다. 특히 한국의 경기도에 해당하는 셀랑고르는 말레이시아 총 16개의 행정 광역지역 중에서 인구수가 가장 많다.

    한편 센트럴 지역은 말레이시아에서 가장 빠르게 성장하는 지역 중의 하나다. 2000년 센트럴 지역의 인구수는 쿠알라룸푸르가 약 138만 명, 셀랑고르가 약 419만 명으로 총 557만 명이었다.[11] 그러나 불과 18년 사이에 인구수가 50% 이상 증가하면서 급격한 도시화와 인구 성장 추세를 보였다. 2020

---

11) 출처 : Usman Yaakob 외(2010), Ninety Years of Urbanization in Malaysia: A Geographical Investigation of Its Trends and Characteristics

년 쿠알라룸푸르의 인구는 약 220만 명으로 증가할 것으로 예상되고 있다.

또한, 센트럴 지역은 말레이시아의 전국 평균 국내총생산GDP 성장률인 5.9%보다 높은 경제 성장률을 보인다. 국내총생산GDP 측면에서도 쿠알라룸푸르(푸트라자야 포함)와 셀랑고르가 말레이시아 전체 GDP에서 차지하는 비중은 각각 약 16%와 23%로 국가 경제의 40% 가까운 큰 비중을 차지하는 핵심 지역이다. 특히 삶의 질을 보여주는 1인당 국민소득의 경우 2017년 기준 쿠알라룸푸르는 약 111,321링깃(약 3,120만 원)으로 말레이시아 전체 평균인 42,448링깃(약 1,190만 원)보다 2.6배나 높다. 이는 인근 셀랑고르 지역의 1인당 국민소득인 48,091링깃(약 1,350만 원)보다도 2.3배 높은 수치다.

[자료 2-3] 센트럴 지역별 특성 비교, 2017년 기준

(환율 : 1RM=280원 기준)

지역	쿠알라룸푸르	푸트라자야	셀랑고르
주기(주의 깃발)			
면적(km²)	243	49	7,931
인구수(천 명)	1,793	88	6,380
인구 성장률(%)	0.2	3.6	1.4
1인당 국민소득 GDP (RM)	111,321 (약 3.1천만 원)	–	48,091 (약 1.3천만 원)
GDP 성장률(%)	7.4		7.1
GDP 비중(%)	15.6	1.5	23.0
실업률(%)	3.1		2.8

출처 : 말레이시아 통계청

쿠알라룸푸르의 공식적인 명칭은 'Federal Territory of Kuala Lumpur'이나 축약한 영어 표현인 'KL'이 보다 대중적으로 사용된다. 동남아시아에서 빠르게 성장하고 있는 도시 중의 하나인 쿠알라룸푸르는 필리핀의 마닐라와 싱가포르 다음으로 빠르게 지하철(MRT/LRT)을 도입했을 정도로 전반적인 인프라 수준도 뒤떨어지지 않는다. 쿠알라룸푸르에 대한 구체적인 설명은 Chapter 4에서 좀 더 자세히 살펴보겠다.

셀랑고르는 수도인 쿠알라룸푸르와 신행정도시인 푸트라자야를 둘러싸고 있는 우리나라의 경기도와 유사한 행정구역으로, 말레이시아에서 가장 큰 경제 규모(GDP 기준)와 가장 많은 인구수(전체 인구의 약 20%)를 가지고 있다. 우리나라의 분당과 같은 신도시인 페탈링 자야Petaling Jaya와 수방 자야Subang Jaya가 대표적인 셀랑고르의 하위 지역으로 Chapter 4에서 수방 자야는 좀 더 관심 있게 살펴볼 예정이다.

다른 한편, 신행정도시인 푸트라자야Putrajaya는 여의도 면적(8.35㎢)의 약 6배에 달하는 현대적인 모던미와 이슬람교의 전통이 결합된 대규모 신도시로 도시개발의 과정 또한 흥미롭다. 1980년대 후반과 1990년 초반 쿠알라룸푸르가 빠르게 성장하면서 대도시들이 그러하듯 교통 체증 등으로 새로운 행정 도시가 필요해졌다. 쿠알라룸푸르 국제공항과의 접근성을 고려해 기존에 팜유 나무Palm Tree 농장지대였던 완만한 경사지를 그 당시 7억

푸트라자야

링깃에 매입했고, 말레이시아의 초대 총리이자 말레이시아의 아버지로 추앙받는 압둘 라만 푸트라Abdul Rahman Putra의 이름을 따서 1993년 푸트라자야Putrajaya라는 신도시 개발을 시작했다.[12]

푸트라자야는 말레이시아 무슬림의 리더십을 강화시키기 위한 마하티르의 유토피아로 개발되었다고 한다. 프랑스의 샹젤리제를 본뜬 중앙의 넓은 대로에 약 30만 명의 계획인구를 가진 신도시로 설계된 푸트라자야는 성공적인 행정도시로 평가받고 있으며, 2012년 거의 모든 정부기관들이 이전했다.[13] 무슬림 인구의 비중이 총인구 수의 97.4%(2010년 기준)로 무슬림 비중이 가장 높은 행정구역이기도 하다.

흥미로운 사실 중의 하나는 신행정도시인 푸트라자야를 개발할 때 국영에너지기업인 페트로나스Petronas가 개발 제안서를 제출하고 개발을 주도했다는 사실이다. 이런 이유로 공식적인 정부 기관은 아니지만, 페트로나스가 푸트라자야의 30%의 토지 지분을 가지고 있다. 이는 마치 미국 캘리포니아주의 어바인Irvine이라는 도시가 1960년대 어바인 컴퍼니Irvine Company라는 민간 개발 회사에 의해 신도시로 계획되고 개발된 것과 다소 유사하다고 하겠다.

---

12) 출처 : 마하티르 빈 모하마드(2012), 《마하티르 : 수상이 된 외과의사》, 동아시아.
13) 출처 : 한국보건산업진흥원(2016), 한국의료 동남아 3개국 진출가이드.

정치적 안정 속에 새롭게 조명받는 동방정책

말레이시아는 약 130년 동안의 영국 식민 지배의 영향으로 의회제도나 사법제도, 교육 시스템 등 사회 전반에서 영국의 제도를 기반으로 하고 있다. 정치제도도 영국식 입헌군주제와 양원제를 채택하고 있다. 다만 영국이나 태국처럼 세습 군주가 아닌 5년 기한의 임기제로 각 주의 술탄들이 순번에 따라 선출된다는 것이 다른 점이다. 국왕은 헌법상의 국가 수반으로 정치 체제는 의회민주주의로 양원제로 운영되며 실제적인 내각의 수반은 수상이다. 무엇보다 모든 권력이 중앙정부인 연방정부에 집중되어 있으나, 토지 문제는 해당 주State 정부의 고유 권한으로 관할권을 행사한다는 것은 부동산 투자 측면에서 기억해둘 필요가 있다.

말레이시아의 정치 환경을 객관적인 지표로 비교해보기 위해 세계은행에서 발표하는 정치 안정성 지수Political Stability Index를 살펴보면, 말레이시아는 0.16점으로 전 세계에서 89위, 아시아권에서는 18위다.[14] 이는 한국0.29점이 전 세계에서 76위, 아시아권에서 15위로 조사된 것과 비교해볼 때 정치적인 안정성이 한국과 큰 차이가 나지 않음을 보여준다. 참고로 싱가포르는 전 세계 3위, 베트

[자료 2-4] 정치 안정성 지수 순위

국가	말레이시아	한국
세계 순위	89위	76위
아시아 순위	18위	15위

출처 : 세계은행

---

14) 출처 : https://www.theglobaleconomy.com

남은 74위, 인도네시아는 135위, 태국은 157위, 필리핀은 173위로 인도네시아나 태국, 필리핀에 비해 말레이시아의 정치적인 안정 수준이 높다는 것을 알 수 있다.

이를 세계은행에서 발표하는 세계 거버넌스 지표Worldwide Governance Indicators(WGI)의 하위 평가항목인 '정치적 안정 및 폭력의 부재'와 '정부 효과성'에서 살펴봐도 말레이시아가 한국과 비교할 때 정치적 안정성이 크게 떨어지지 않음을 확인할 수 있다.[15]

[자료 2-5] 말레이시아 거버넌스 지표

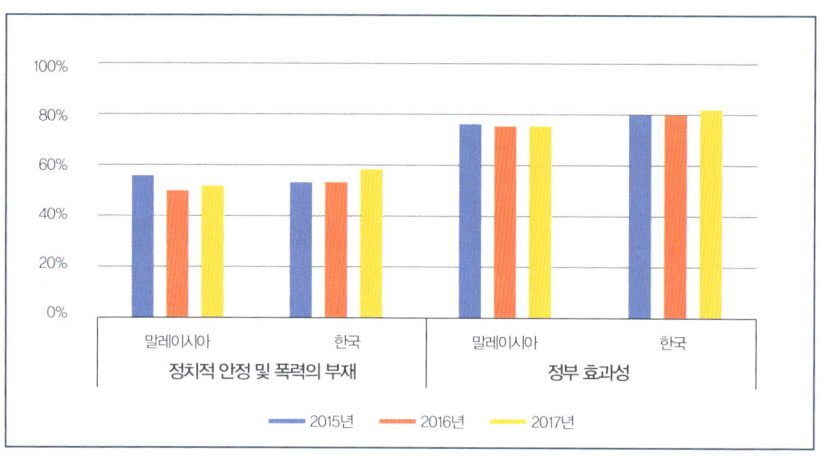

출처 : 세계은행

---

15) 세계 거버넌스 지표(WGI)는 전 세계 200개국 이상을 대상으로 1996년부터 6개 분야, 즉 (1) 참여 및 책임성(Voice and Accountability), (2) 정치적 안정 및 폭력의 부재(Political Stability and Absence of Violence), (3) 정부 효과성(Government Effectiveness), (4) 규제의 질(Regulatory Quality), (5) 법치주의(Rule of Law), (6) 부패 통제(Control of Corruption)에 대해 각각 국가별 지표를 발표하고 있다(출처 : 세계은행(httpsː//info.worldbank.org/governance/wgi/#home)).

[자료 2-5]에서 볼 수 있듯이 2017년 기준 '정치적 안정 및 폭력의 부재' 점수를 백분위 수(값이 클수록 높은 점수)로 표시했을 때 말레이시아는 52.4%로 한국의 58.6%와 큰 차이가 나지 않았다. 공공서비스의 질이나 정치적 압력으로부터의 독립 정도를 평가하는 '정부 효과성' 항목에서도 말레이시아는 76.4%로 한국의 82.2%와 큰 차이가 나지 않았다. 참고로 같은 조사에서 싱가포르는 98.57%, 베트남은 59.52%, 인도네시아는 29.05%, 태국은 19.05%, 필리핀은 10.95%로 각각 조사되었다.

2018년 5월 총선에서 말레이시아는 1957년 영국으로부터 독립한 이후 최초로 61년 만에 정권교체를 이루었다. 새롭게 출범한 마하티르 정부는 누적된 국가부채를 감축하고 민생 부담을 줄이기 위해 정책 방향의 개혁을 적극적으로 추진하고 있다.[16] 이를 위해 대형 인프라 건설사업을 중단하고 지출 삭감 등의 조치도 취하고 있다. 또한, 과도한 대對중국 의존도를 축소하고 대신 한국과 일본과의 경제협력을 확대하는 등 아세안을 기반으로 한 동아시아 국가와의 협력을 강화하는 방향으로 대외경제정책을 추진 중이다.[17]

이와 관련해서 새롭게 조명받고 있는 말레이시아의 국가정책 사업이 있다. 말레이시아가 국가 발전을 위해 시행한 정책으로 한국에도 비교적 널리 알려진 **동방정책**Look East Policy이 그것이다. 아시아의 동쪽 나라 한국과 일

---

16) 정권교체의 배경으로 국영투자기업 1MDB를 둘러싼 나집(Najib Razak) 전 총리의 수조 원대 비리스캔들 확산에 따른 반감 고조와 물품용역세(GST) 도입 이후 물가 상승에 따른 민생 악화, 22년간 총리로서 경제 성장을 주도한 마하티르 총리에 대한 기대감 등을 들 수 있다(출처 : 신민금·신민이(2018), 말레이시아 신정부의 경제정책과 신남방정책에 대한 시사점).
17) 출처 : 신민금·신민이(2018), 〈말레이시아 신정부의 경제정책과 신남방정책에 대한 시사점〉, 대외경제정책연구원.

본을 국가발전의 모델로 삼자는 동방정책은 최초의 비유학파 총리이자 지금의 현 총리인 마하티르 빈 모하마드가 1982년에 발표한 정책이다.

마하티르 총리는 실용주의 외교를 바탕으로 종속적인 대영 관계에서 더욱 대등한 관계로의 변화를 추구하기 위해 일본과 한국, 대만 등 동아시아 국가들과의 관계를 강화함으로써 다변화를 추구하고자 했다. 이는 단순히 '선진 아시아 국가를 배우자'라는 경제적인 측면보다는 사회·문화적인 개혁정책의 성격이 컸다. 급속히 산업화를 이룬 한국인들과 일본인들의 근면하고 희생적인 일하는 방식과 제조업 성장의 사회문화 기반을 배워서 모방하자는 것이었다. 또한, 근대화를 위해 서구화가 아닌 아시아에서 급속한 성장을 보인 한국과 일본을 답습해 시장의 다변화를 꾀하고자 하는 의도도 있었다. 말레이시아가 조립 자동차 수준을 넘어서 말레이시아의 국민차인 프로톤Proton 자동차를 선보일 수 있었던 것도 이러한 동방정책을 통해 일본의 미쓰비시Mitsubishi 기업으로부터 자동차 기술을 이전받은 영향이 컸다.[18] 결과적으로 말레이시아는 아세안 국가들 중에는 유일하게 프로톤과 페르두아Perodua라는 2개의 자동차 제조 기업을 통해 자국산 자동차를 생산하는 국가가 되었다.

특히 다시 선출된 마하티르 정권이 중국 의존도를 축소하기 위해 과거 집권 시 입안했던 동방정책을 다시 구체화해 교육, 산업, 과학기술 분야 등

---

18) 1985년 초기에는 미쓰비시의 '미라지(Mirage)' 차종을 '프로톤 사가(Proton Saga)'로 브랜드를 바꿔 판매하는 수준이었으나, 오랜 R&D 노력을 통해 2000년에는 처음으로 '프로톤 와자(Proton Waja)'라는 자국산 자동차를 생산하게 되었다. 1996년에는 영국의 스포츠카 회사인 '로터스(Lotus)'를 인수하기도 했다(출처 : Suehiro Akira 외 (2019), Responses to the Middle-Income Trap in China, Malaysia, and Thailand).

에서 한국과의 경제협력 강화를 모색하고 있다. 이런 환경변화가 두 국가 간의 미래 경제 협력의 기회를 넓히면서 자연스럽게 한국의 부동산 투자자들에게도 긍정적인 마중물 효과를 줄 것으로 기대된다.

TIP 말레이시아의 이모저모

말레이시아 국기   출처 : https://en.wikipedia.org

말레이시아의 화폐 단위는 RM Ringgit Malaysia으로 표기되는 링깃Ringgit이다. 2019년 7월 기준 월평균 매매기준 환율은 1링깃당 285원, 1 미국 달러당 약 4.12링깃이다.[19]

말레이시아 국기는 1963년 '말레이시아 연방' 결성 직후 채택되었다. 국기에 있는 14개의 적백횡선은 연방정부와 13개 주가 평등한 구성원, 좌측 상단의 감색은 단결, 초승달은 이슬람교를 각각 상징한다.[20]

국기에서도 알 수 있듯이 말레이시아는 헌법상 이슬람교를 국교로 채택한다. 그러나 온건적인 이슬람 실용주의 노선을 표방함에 따라 중국계와 인도계 국민을 위해 종교의 자유를 보장하고 있다. 이러한 말레이시아의 다문화적인 특성은 국가 공휴일에서도 엿볼 수 있다. 크리스마스나 석가탄신일인 '와이삭Wesak 또는 베삭Vesak' 외에도 '하리 라야 하지Hari Raya Haji'와 같은 이슬람 명절과 힌두교의 신년 명절인 '디파발리Deepavali'를 모두 공휴일로 지정하고 있다.

한국과 말레이시아의 외교는 1960년 2월부터 시작되었다. 말레이시아

---

19) 출처 : 서울외국환중개 홈페이지(http://www.smbs.biz/ExRate/MonAvgStdExRate.jsp)
20) 출처 : 주 말레이시아 대한민국대사관 홈페이지(http://overseas.mofa.go.kr/my-ko/index.do)

의 국제적인 위상은 한국과 비교해도 뒤떨어지지 않는다. 그 실례로 말레이시아는 임기 2년으로 선정되는 국제연합UN의 안전보장이사회 비상임이사국으로 2015년과 2016년에 선출되었다. 또한, 유엔안전보장이사회 진출 횟수도 말레이시아는 4회(1965년, 1989~1990년, 1999~2000년, 2015~2016년)로 우리나라의 진출 횟수인 2회(1996~1997년, 2013~2014년)보다 많다.

말레이시아에서 거주 시 일상생활에서 느끼는 작은 불편함이 한 가지 있다면 전자제품 플러그와 콘센트의 차이일 것이다. 전압은 220-240V에 50Hz로 한국의 220-220V에 60Hz와 다소 차이가 나는데, 무엇보다 한국에서 사용하던 전자제품의 플러그 모양과는 다르게 3홀 구조라서 소위 돼지코라고 하는 별도의 장치가 필요하다.

시차는 우리나라보다 1시간 늦으며, 서울에서 쿠알라룸푸르까지의 비행시간은 약 6시간 30분으로 대한항공과 말레이시아항공, 에어아시아 X항공이 직항으로 운행 중이다. 조호 바루도 2018년 6월부터 세나이 공항Senai International Airport에 진에어 항공이 직항으로 운행을 시작했다. 조호 바루의 경우는 특이하게 싱가포르의 창이공항Changi Airport을 통해 국경을 넘어 출입국하는 경우도 많다. 참고로 한국인들이 선호하는 휴양지인 코타키나발루KK는 약 5시간 비행시간에 대한항공과 아시아나항공, 진에어, 제주항공, 이스타항공, 에어서울이 직항으로 운항 중이다. 다만 '동양의 진주'로 불리우는 페낭에는 아직 직항이 없다.

2. 말레이시아 경제·금융 시장 환경

고소득 국가 진입을 목전에 둔 말레이시아

말레이시아는 아세안ASEAN 초창기 회원국이자 아세안 5개국으로 정치적인 안정과 낮은 부패지수를 바탕으로 독보적인 경제 성장을 이루어냈다. 여기에는 아세안 자유무역지대AFTA와 아세안 국가 간의 활발한 수출입 거래가 성장의 밑바탕이 되었다. 특히 싱가포르를 제외한 다른 아세안 회원국들에 비해 안정적인 통화 정책과 선진화된 금융 시스템은 말레이시아를 돋보이게 하는 강점 중의 하나다. 또한, 비교적 투명한 정치·사회 환경과 상대적으로 경쟁력 있는 인건비로 높은 교육 수준을 갖춘 우수한 인력을 공급받을 수 있는 노동 환경, 소득 수준의 향상에 따른 내수 시장의 활성화 등은 말레이시아의 꾸준한 성장을 기대하게 하는 장점들로 손꼽힌다.

2017년 5.9%, 2018년 4.9%의 국내총생산GDP 성장률을 보인 말레이시아는 2019년에도 4.8%의 성장률, 2023년까지는 평균 4.6%의 경제성장률을 보일 것으로 예측된다.[21] 말레이시아도 지금의 캄보디아나 미얀마처럼 1988년부터 아시아 금융위기 전인 1996년까지 10여 년간은 9%에서 10%의 높은 경제성장률을 보이며 고도의 경제 성장을 이루어냈다. 그러나 베트남과 같은 일부 국가를 제외한 대부분의 국가들이 그러했듯 2008년 글로벌 금융위기로 인해 크나큰 경제적 타격을 입게 된다. 그러나 말레이시아는 2010년에 한국과 유사하게 빠르게 경제를 회복시켰고, 지난 몇 년간 4%에서 6%대의 비교적 높은 경제 성장세를 꾸준히 유지해오고 있다.

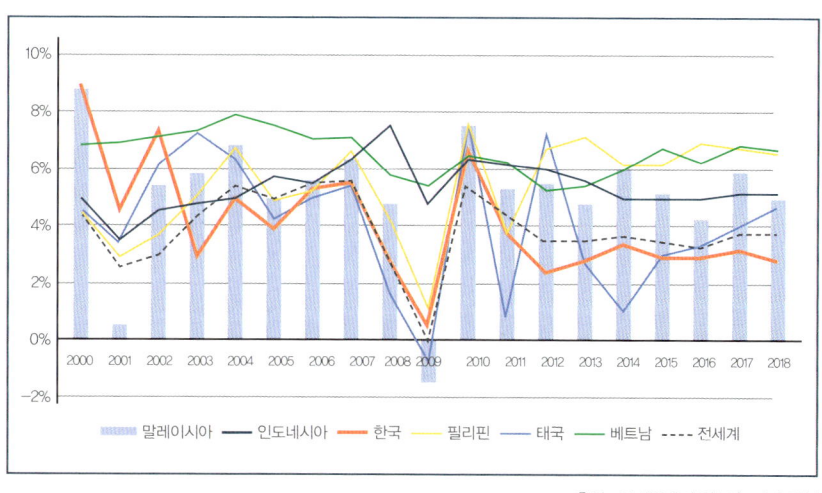

[자료 2-6] 실질 GDP 성장률, 2000년~2018년

출처 : 국제통화기금(IMF), 저자 작성

말레이시아의 국내총생산GDP은 인구수가 작아 경제 규모가 작다 보니 2018년 기준 3,543.5억 미국달러(약 419.7조 원)로 아세안 국가들 중에는 인도네시아와 태국 다음으로 세 번째로 국가 경제 규모가 크다.[22]

---

21) 출처 : OECD Development Centre, Economic Outlook for Southeast Asia, China and India 2019
22) 출처 : 국제통화기금(IMF, https://www.imf.org/external/datamapper/NGDPD@WEO/OEMDC/ADVEC/WEOWORLD/SAQ)

[자료 2-7] 아세아 5개국 1인당 명목 GDP

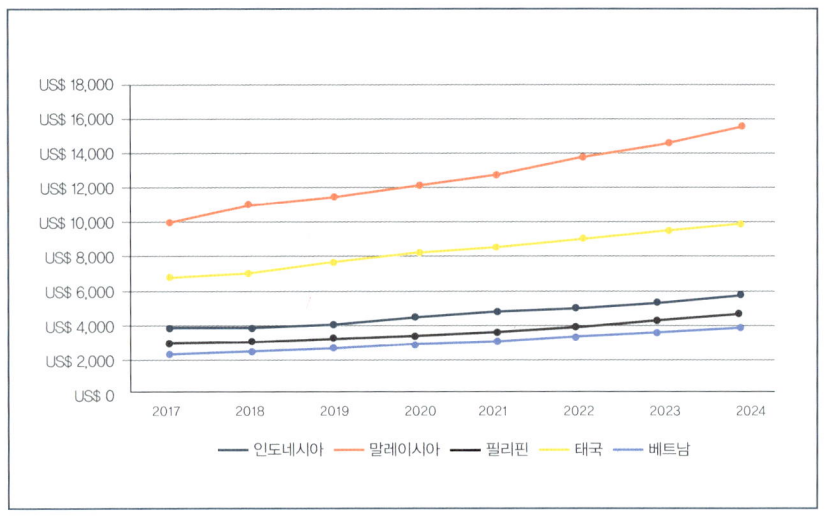

출처 : 국제통화기금(IMF), 저자 작성

반면 1인당 국민소득 측면에서는 싱가포르와 브루나이 다음으로 세 번째로 부유한 국가다. 말레이시아의 1인당 국내총생산GDP은 2019년 상반기 기준 11,390 미국달러(약 1,340 만 원)로 아세안 5개국 중에는 유일하게 1인당 국민 소득이 1만 달러가 넘는 중소득 국가다.[23] 같은 시기 인도네시아의 1인당 국민소득은 4,120만 달러(약 486만 원), 필리핀은 3,280만 달러(약 387만 원), 태국은 7,610만 달러(약 898만 원), 베트남은 2,730만 달러(약 322만 원)로 큰 격차가 있다.

그 나라의 물가수준을 고려한 구매력평가지수Purchasing Power Parity (PPP)로

---

23) 출처 : 국제통화기금(IMF, https://www.imf.org)

살펴봐도 2017년 기준 말레이시아의 1인당 국민소득은 29,511 미국달러(약 3,480만 원)로 한국의 38,824 미국달러(약 4,580 만 원)와 비교할 때 크게 차이가 나지 않는다.[24] 또한, 세계은행은 2020년에서 2024년 사이에 말레이시아가 1인당 국민총소득GNI이 12,056 미국달러(약 1,420만 원)이상이 되는 고소득High-income 국가로 진입할 것이라고 예상하기도 했다.[25] "중진국 함정에 빠진 동남아, 선진국으로 향하는 '군계일학' 말레이시아"라는 어느 신문의 기사 카피가 와 닿는 이유도 여기에 있다.[26]

[자료 2-8] 말레이시아 주요 경제 지표

항목	단위	연도		
		2016년	2017년	2018년
총인구수	천 명	31,633.5	32,049.7	32,385.0
인구 성장률	%	1.4	1.2	1.1
국내총생산(GDP)	RM	1,108,935	1,174,329	595,377
GDP 성장률	%	4.2	5.9	4.5
명목 1인당 GNI	RM	37,822 (약 1,059만 원)	41,128 (약 1,151만 원)	42,937 (약 1,202만 원)
실업률	%	3.4	3.4	3.3
소비자물가지수		115.2	119.5	131.1
인플레이션율	%	2.1	3.7	0.7

출처 : 말레이시아 통계청(https://www.dosm.gov.my)

---

24) 출처 : 세계은행(https://data.worldbank.org)
25) 출처 : 세계은행(https://datahelpdesk.worldbank.org)
26) 출처 : 아시아투데이(http://www.asiatoday.co.kr/view.php?key=20181223010014578)(기사 2018.12.23)

여기서 한 가지 말레이시아의 경제를 설명할 때 강조하고 싶은 특징 중의 하나는 중소득 국가이지만, 소득의 불평등이 상대적으로 크다는 것이다. 글로벌 트렌드를 소비할 수 있는 중산층의 비중이 크고 개인소비가 말레이시아의 국가 경제 성장에 중요한 견인 역할을 하는 것은 사실이나, 말레이시아는 개인별, 지역별, 인종별로 빈부차가 큼에 따라 경제학자들에게 비판을 받기도 한다. 말레이시아가 더 이상 아시아의 **작은 호랑이**Little Tiger가 아니라고 비판받는 이유 중의 하나도 이러한 불평등한 소득 분배에 대한 우려에 기인한다.[27]

전 세계적으로 불평등의 평가 지표로 활용되는 **지니 계수**Gini Index의 경우 말레이시아는 아시아 국가들 중에서 가장 높은 수치를 보인다. 지니계수가 0이면 평등한 부의 분배가, 100이면 완전히 불평등한 부의 분배가 이루어지는 사회로 평가된다. 일반적으로 지니계수 35를 기준으로 상대적으로 평등한 나라와 그렇지 않은 나라로 구분할 수 있다.[28]

세계은행에 따르면 말레이시아는 2009년에는 44.1이었던 지니계수가 2016년에는 39.9로 점점 낮아지기는 하나 여전히 한국의 31.6이나 베트남의 35.3보다는 높은 수치를 보인다. 국제연합개발계획UNDP에서 발표한 인간개발지수 보고서를 봐도, 2010~2017년 말레이시아의 **팔마 비율**Palma Ratio은 2.6으로 한국의 1.2보다 높아 소득의 양극화가 심하다는 것을 알 수 있다.[29]

---

27) 출처 : https://www.malaysia-today.net/2019/04/01/malaysia-was-never-an-asian-tiger-says-economist 참고로 아시아의 4개의 호랑이로 한국과 싱가포르, 홍콩, 대만이 손꼽힌다.
28) 출처 : 장하준(2014), 《장하준의 경제학강의》, 부키.
29) 출처 : 국제연합개발계획(UNDP), Human Development Indices and Indicators 2018.

팔마 비율은 소득 상위 10% 인구의 소득 점유율을 하위 40% 인구의 소득 점유율로 나눈 값으로, 지니계수와 함께 소득 불평등을 나타내는 지표로 사용되는데, 팔마 비율이 클수록 소득 양극화가 심하다는 것을 뜻한다.[30] 1인당 국민총소득(GNI, PPP 기준)이 유사한 그리스나 폴란드, 헝가리와 같은 유럽 국가들과 비교해봐도 말레이시아의 팔마 비율은 상대적으로 높은 편이다.

이를 구체적으로 소득계층별 가구소득으로 살펴보면 빈부 차이가 점점 벌어지고 있음을 알 수 있다. 한국은 가계 소득을 5분위로 나누어 분석하는 데 반해, 말레이시아는 가구 소득 수준을 크게 3개의 그룹으로 나누어 분석한다. T20은 상위 20%인 소득 계층으로 월 평균소득이 13,148링깃(약 368만 원) 이상인 가구이며, M40은 중위 40% 소득계층으로 월 평균소득이 6,275링깃(약 176만 원), B40은 하위 40% 소득 계층으로 월 평균소득이 3,000링깃(약 84만 원) 수준이다.[31]

[자료 2-9]에서도 볼 수 있듯이 지난 2000년 대비 2016년 소득계층별 소득 차이가 점점 벌어지고 있다. 특히 상위층과 하위층 간의 소득 차이는 13,000링깃(약 364만 원)으로 2000년 대비 62.5% 증가했다.

---

30) 출처 : 네이버 지식백과(시사상식사전).
31) 출처 : https://www.thestar.com.my/opinion/columnists/on-the-beat/2019/04/07/middle-class-malady/#J8uXa2Hf2Pe6xALm.99

[자료 2-9] 소득계층 간 월평균 소득 차이 : 2000년 vs. 2016년

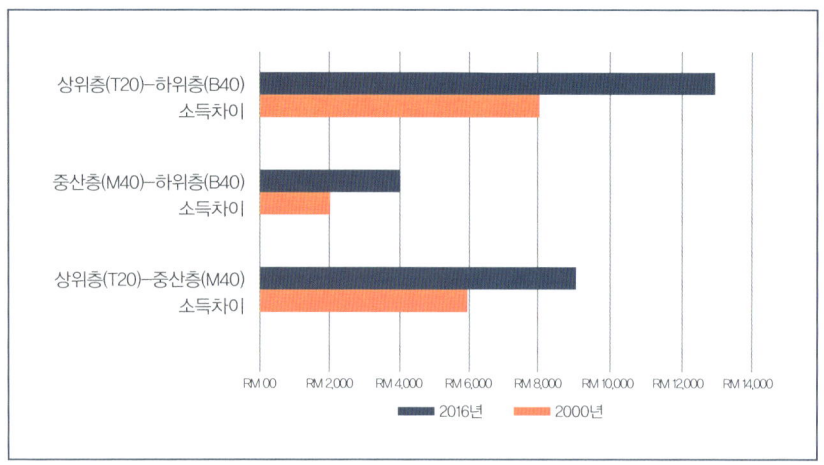

출처 : https://www.thestar.com.my, 저자 작성

그렇다면 이러한 빈부 차이가 한국의 투자자들에게 시사하는 것은 무엇일까? 물론 경제학자들의 우려처럼 장기적인 관점에서 소득의 불평등은 말레이시아의 성장에 저해 요소가 될 수 있다. 그러나 Chapter 4에서 설명하는 쿠알라룸푸르의 고급 콘도미니엄 시장의 성장세에서 볼 때 공급 시장만 적정하게 유지된다면 외국인 투자자들 외에도 구매력을 갖춘 내국인 투자자들의 수요가 시장을 떠받쳐주면서 부동산의 가치도 지속적으로 상승할 것으로 예측해볼 수 있다.

관광 산업과 지식 기반 산업의 서비스업 중심의 경제 성장

말레이시아의 경제를 좌우하는 주요 산업은 관광 산업을 중심으로 한 서비스업이다. 2017년 기준 서비스업이 국내총생산명목 GDP에서 차지하는 비중은 약 54.5%로 다른 산업에 비해 높은 영향력을 가진다.

한국의 경우 서비스업이 58.3%, 제조업이 30.4%, 건설업이 5.9%, 농림어업이 2.2%인 것과 비교해볼 때, 말레이시아의 제조업은 국가 경제의 23% 수준으로 상대적으로 그 비중이 낮다.[32] 반면 천연자원을 바탕으로 농림업의 비중은 8.1%(건설업 비중은 4.5%)로 상대적으로 그 비중이 높은 편이다.

다른 동남아시아 국가들과 유사하게 과거 말레이시아도 고무나 팜오일과 같은 풍부한 천연자원을 바탕으로 한 제조업이 국가 경제의 성장을 이끌었다.[33] 이후 경제 성장기를 거치면서 전자제품 수출 중심의 제조업으로 경제구조가 개편되었고, 이에 따라 원유나 천연가스 등 원자재 수출 구조에서 전자제품 중심의 제조업 비중이 커졌다. 그러나 [자료2-10]에서 볼 수 있듯이 최근 경제구조가 다시 서비스업 중심으로 개편되고 있다. 특히 호텔업과 레스토랑업으로 대표되는 관광 산업이 말레이시아의 서비스 분야에서 가장 중요한 산업으로 Chapter 1에서 설명한 것과 같이 외국인 관광객이 국가의 경제성장을 이끌고 있다.

---

32) 출처 : 통계청.
33) 출처 : Kawano M.(2019), Changing Resource-Based Manufacturing Industry(《Emerging States at Crossroads》 책 일부)

[자료 2-10] 국내총생산 주요 항목 비중 2010년 vs. 2020년

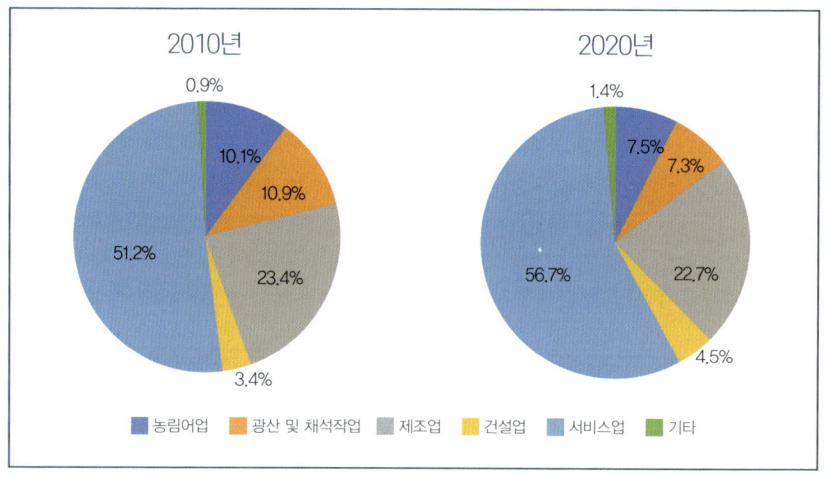

출처 : 재무부, Mid-term Review of the Eleventh Malaysia Plan 2016-2020, 저자 작성

한편 고소득 국가로 도약하고자 하는 2016~2020년까지의 제11차 말레이시아 계획Eleventh Malaysia Plan에서는 지식 기반 산업의 서비스업의 중요성이 강조되고 있다.[34] 보고서에 따르면 2020년까지 디지털 자유무역지대Digital Free Trade Zone(149페이지 참조)와 같은 다양한 지원 정책을 통해 서비스 산업을 연평균증가율 6.3%로 성장시키는 것을 목표로 하고 있다. 이는 같은 시기 제조업 분야에서 4.5%의 성장을 목표로 하는 것과 비교된다. 민간 소비도 연평균 6.8%의 성장을 보이며 2020년에는 소득의 증가로 민간 소비가 GDP 대비 56.9%의 기여도를 가질 것으로 예상하고 있다.

---

34) 출처 : Mid-term Review of the Eleventh Malaysia Plan 2016~2020년.

부동산 투자와 관련해 말레이시아의 가계 대출을 살펴보면, 2018년 기준 국내총생산**명목 GDP** 대비 가계부채 비율은 82.1%로 가계 부채액은 약 2,652억 미국달러(약 313조 원)였다. 물론 한국도 94.6%로 가계부채 비율이 높은 편이나, [자료 2-11]에서 보는 것과 같이 말레이시아는 다른 아시아 국가들에 비해 높은 가계부채 비율을 보인다. 특히 말레이시아의 가계 대출에서 주택담보대출이 차지하는 비율은 평균 53.2%이다.[35] 소득 수준이 높아질수록 투자 여력이 커지면서 주택담보대출 비율도 함께 높아질 수 있는데, 이러한 레버리지 비율의 증가는 국가 경제에 다소 부담으로 작용할 수 있다.[36]

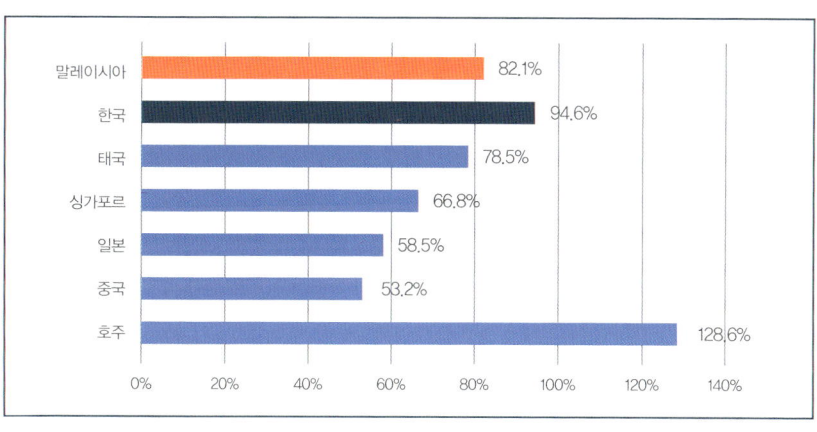

[자료 2-11] 주요 국가별 GDP 대비 가계 대출 비교, 2018년

출처 : https://www.ceicdata.com, 저자 작성

---

35) 출처 : Moody's Analytics(2019), Some Rising Pressure Points in Global Debt
36) '레버리지 비율(Leverage Ratio)'이란 부채성 비율이라고도 하는데, 기업 또는 개인이 타인자본에 의존하고 있는 정도와 타인자본이 기업 또는 개인에 미치는 영향을 측정하는 것으로 재무위험을 측정하는 방법이다(출처 : 네이버 지식백과(NEW 경제용어사전)).

[자료 2-12] GDP 대비 가계 대출 비교

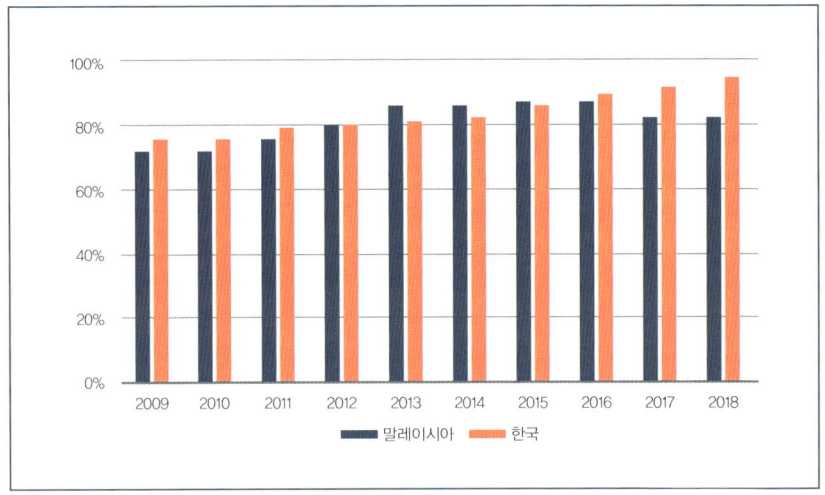

출처 : https://www.ceicdata.com, 저자 작성

아세안 시장 공략의 전초기지

말레이시아는 다른 아세안 국가들에 비해 인구수는 적으나, 대외 교역 규모가 상대적으로 크고 비즈니스 환경도 양호해 각 산업 분야의 글로벌 기업들이 아세안 시장을 공략할 때 전초기지로 선호하고 있다. 1980년대 중반 이후 적극적인 외국인 투자 유치 정책으로 약 5,000여 개의 다국적 기업들이 진출해 말레이시아 제조업의 선진화를 주도하고 있다.[37] 예를 들어 진공청소기로 유명한 영국계 가전업체인 다이슨Dyson 공장이 2004년부터 진출해 있고, 세계 최대 할랄 식품업체인 네슬레Nestle는 1962년에 페탈링자야에 처음으로 공장을 오픈한 이후 현재까지 7개의 공장을 운영 중이다.

한국은 말레이시아의 여덟 번째로 큰 무역 교역국이자 열세 번째로 큰 외국인 투자국이다. 2018년 기준 말레이시아 수출량의 3.4%, 수입량의 4.4%의 비중을 차지하면서 한국은 수출과 수입 모두에서 여덟 번째로 큰 교역국이었다.[38] 참고로 같은 해 말레이시아의 최대 무역 교역국은 중국16.7%으로 싱가포르12.9%, 유럽연합9.8%, 미국8.3%, 일본7.1%이 그 뒤를 따랐다.[39] 반면 한국무역협회에 따르면 말레이시아는 2018년 기준 한국의 열세 번째 무역 교역국으로 수출은 11.7%, 수입은 17.1%의 증가율을 보였다.

---

37) 출처 : 한국무역협회 국제무역연구원, 아세안 할랄 시장 허브로서의 말레이시아의 잠재력과 한국의 대응방안 연구.
38) 2018년 기준 말레이시아 수출 비중이 가장 큰 나라는 싱가포르(13.9%)이며, 그다음으로 중국(13.9%), 미국(9.1%), 홍콩(7.5%), 일본(6.9%), 태국(5.7%), 인도(3.6%), 베트남(3.4%)순으로 높았다. 같은 해 수입 비중이 가장 높은 나라는 중국(19.9%)으로, 그다음에는 싱가포르(11.7%), 미국(7.4%), 대만(7.2%), 일본(7.2%), 태국(5.5%), 인도네시아(4.6%), 인도/독일(3.0%)순이었다(출처 : 말레이시아 대외무역개발공사, http://www.matrade.gov.my).
39) 출처 : 말레이시아 통계청, Malaysia Statistical Handbook 2018.

말레이시아는 동남아시아의 주요 산유국이자 세계 최대의 액화천연가스LNG 생산국이기도 하다. 또한, 세계에서 다섯 번째로 큰 천연고무 생산국이자 수출국이다. 그러나 최근 전 세계적인 관심을 모으는 말레이시아의 천연자원은 팜유Palm Oil이다. 팜유는 세계에서 가장 많이 소비되는 식용유라는 '식량'의 개념을 넘어 이제는 저탄소 녹색성장을 위한 바이오디젤의 원료로 차세대 '바이오 에너지' 자원으로 각광을 받고 있다. 말레이시아 팜유 협의회Malaysian Palm Oil Council에 따르면 말레이시아는 인도네시아 다음으로 세계 2위의 팜유 생산국으로 전 세계 생산량의 약 39%를, 전 세계 수출량의 약 44%를 담당하고 있다.

말레이시아는 다른 아세안 국가들에 비해 인건비는 높지만, 환태평양 경제동반자협정TPP 체결로 인해 미국을 제외한 11개국 간에 관세가 철폐됨에 따라 경쟁력이 높아지고 있다.[40] 또한, 2019년에 최종 타결할 것으로 예상되는 아세아 태평양지역의 포괄적 경제 통합 협정인 **역내 포괄적 경제동반자협정**RCEP이 체결되면 말레이시아 경제 성장에 긍정적인 영향을 줄 것으로 기대된다. 이는 동남아시아 국가연합ASEAN 10개국과 한국, 중국, 일본, 인도, 호주, 뉴질랜드 등 세계 인구의 약 50%와 전 세계 국내총생산의 30%를 차지하는 16개국이 참여함에 따라 약 35억 명 규모의 통합 시장을 만들 수 있는 세계에서 가장 큰 다자간 자유무역협정이다.[41] 아세안 국가 간의 무역 장벽을 낮추기 위해 2009년에 이미 체결된 아세안 물품무역 협정ASEAN Trade

---

40) 11개 국은 말레이시아를 비롯한 일본, 캐나다, 호주, 뉴질랜드, 멕시코, 페루, 칠레, 베트남, 브루나이, 싱가포르를 말한다(출처 : 네이버 지식백과(두산백과)).
41) 출처 : 대한무역투자진흥공사(KOTRA, http://www.kotra.or.kr)

in Goods Agreement에 따라 다수의 품목에 대해 무역 거래 시 세금이 0%로 면제되고 있으며, 이에 따라 아세안 국가 간 활발한 투자가 이루어지고 있음을 봐도 알 수 있다.

2017년 기준 해외직접투자Foreign Direct Investment (FDI)의 순유입 측면에서 말레이시아의 주요 투자국은 홍콩18.2%, 중국16.9%, 싱가포르14.9%, 영국13.4%, 일본12.2%순으로 업종별로 보면 서비스업의 비중이 제조업보다 커지고 있다.[42] 또한, 2015년 일본의 투자 비중이 21.2%로 높았던 것과 비교하면 중국의 투자 비중이 눈에 띄게 커지고 있다. 이는 과도한 대對중국 의존도를 축소하고자 하는 말레이시아의 고민을 대변하는 듯하다.

한국의 말레이시아에 대한 해외직접투자FDI 규모는 [자료 2-14]에서 보듯이 2018년 기준 약 1.1억 미국달러(약 1,180억 원)로 지난 몇 년에 비해 감소했다. 2018년 기준 제조업에 투자하는 해외직접투자 비중이 약 61%로 가장 높았고, 도매 및 소매업22%, 건설업9%순이었다. 신규 법인의 수도 49개로 증가하는 추세를 보였다. 특히 말레이시아 정부의 적극적인 외국인 직접투자 유치 정책에 따라 제4차 산업을 비롯해 항공·우주산업, 제3차 국민차 프로젝트, 5G(정보통신) 등에 대한 투자가 확대되면서 해외직접투자FDI 규모는 지속적으로 성장할 것으로 전망된다.[43]

---

42) 출처 : 말레이시아 통계청, Malaysia Statistical Handbook 2018
해외직접투자(FDI)는 해외에 신규 법인·공장 설립 및 지분인수를 통해 현지 투자대상 기업의 직접 경영 및 사업관리에 참여함을 목적으로 하는 투자행위를 말한다(출처 : 산업통상자원부(2018), 해외 투자 진출 종합가이드). 다만 거주자(개인이나 법인)가 해외에 사업장을 가지지 않고 자신의 명의로 주거 또는 투자용 해외 부동산을 구입하는 것은 사업(경영)을 목적으로 한 것이 아니기 때문에 해외 직접투자(FDI) 통계에 포함되지 않으므로 구분할 필요가 있다(출처 : 국가지표체계, http://www.index.go.kr).
43) 출처 : 대한무역투자진흥공사(KOTRA, http://www.kotra.or.kr)

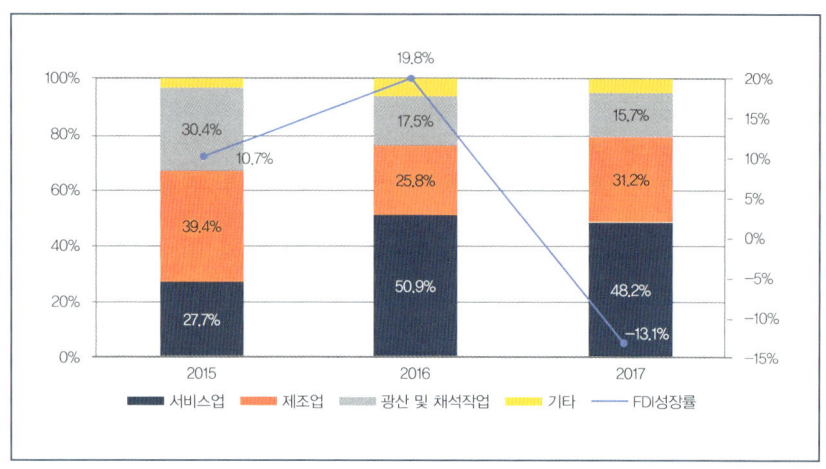

[자료 2-13] FDI 주요 산업 및 성장률

출처 : 말레이시아 통계청(https://www.dosm.gov.my)

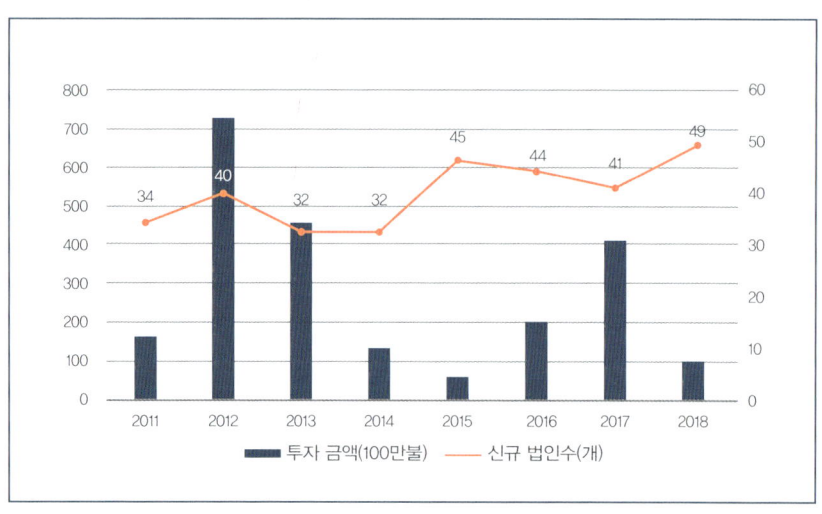

[자료 2-14] 말레이시아 FDI 투자 금액

출처 : 한국수출입은행 해외직접통계

안정적인 환율 시장

해외 부동산 투자에서 가장 우려되는 위험 요인 중의 하나가 환율 위험이다. '환율은 하늘도 모르고 신도 모른다'라는 말이 있을 정도로 환율은 예측 불가능한 외생적인 변수다. 국내 부동산과는 달리 해외 부동산은 원화가 아닌 그 나라의 화폐 단위(또는 미국달러)로 거래하기 때문에 부동산 자체만 바라보고 투자하는 것이 아니라, 그 나라 통화의 미래의 변동성을 예측해서 투자해야 한다. 쉽게 말해 부동산 자체의 투자 수익성은 좋더라도 원화와 투자 대상국 통화 간의 환율변동에 따라 그 매각차액을 원화로 환전해 실현하는 과정에서 수익을 고스란히 잃어버릴 수 있는 위험이 내재되어 있다는 것이다. 따라서 해외 부동산 투자 시 투자 대상국의 환율 추세와 변동 추이를 자세히 살펴본 후, 각자의 환율 변동에 따른 위험관리 전략을 준비할 필요가 있다. 다만 환율은 누구도 예측할 수 없는 통제 불가능한 시장 변수이기 때문에 외부의 충격 요인들에 변화하는 환율 추세를 주시하면서 되도록 무리하지 않은 레버리지 투자 전략을 세우는 것이 필요하겠다. 또한, 현지 금융 기관을 활용해 은행 대출을 실행하는 것도 한 가지 방법이 될 것이다.

말레이시아는 1997년 아시아 금융위기를 겪은 후 태국과 마찬가지로 환율을 매우 안정적으로 관리하는 편이다.[44] 말레이시아 정부는 최근 몇 년간 환율방어를 위해 다양한 방법을 적극적으로 동원했다. 덕분에 2017년 초에 링깃/달러 환율이 RM 4.50으로 최고치를 기록한 이후 2018년에는 RM

---

44) 출처 : 김성준(2018), 《주식투자 가이드북》, 스마트비즈니스.

3.96까지 링깃화의 강세를 보였으나 최근 국제정세의 변화로 다시 달러 가치가 상승하고 있다. 산유국인 말레이시아는 미국 달러의 강세 추세와 함께 세계 경기둔화로 인한 원유 수요의 감소와 감산 추세 등 원유의 가격 변동에도 영향을 받는다. 이러한 배경으로 적정한 수준에서 링깃의 약세화는 한동안 지속될 것으로 예상한다.

반면 원·링깃 환율은 비슷한 시기인 2017년 4월에 약 251원으로 최저치를 보인 이후 최근 상승세를 보인다. 물론 한국을 비롯한 아시아 국가들이 유사하게 글로벌 경기 변화에 따라 내수 경기가 민감하게 동조화되는 모습을 보이나, 한국은 저성장의 어려움 등이 내재되어 있어 원·링깃 환율은 한동안 완만하게 상승할 것으로 보인다.

[자료 2-15] 말레이시아 연도별 평균 환율 추이, 2005년~2018년

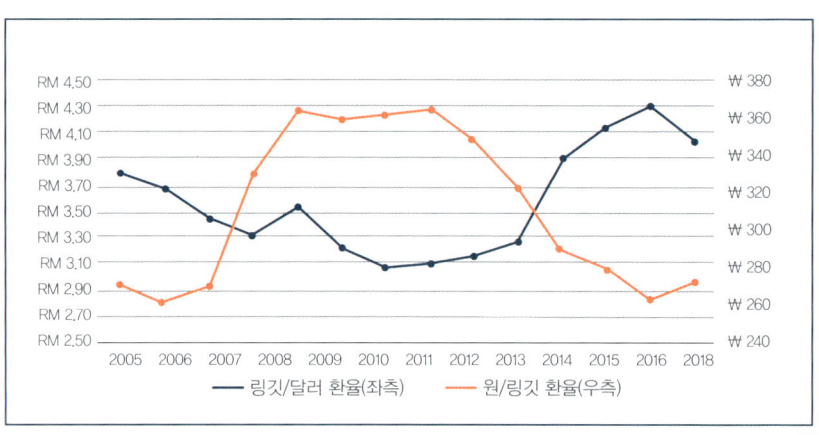

출처 : 통계청, 저자 작성[45]

---

45) '원/링깃 환율'은 연도별 '원/미국달러 환율(Won/US$)'과 '링깃/미국달러 환율(Ringgit/US$)'의 평균값을 이용해 산출했다.

그러면 이러한 환율 변동추세가 말레이시아의 콘도미니엄을 구입하고자 하는 한국의 투자자들에게 시사하는 것은 무엇일까? 일반화해 해석할 수는 없지만, 현재의 시장 환경에서 환율의 변화추세를 볼 때 단기적으로 원·링깃 환율이 계속 상승한다면 2017년에 비해 환율이 오르고는 있으나 아직은 콘도미니엄을 구입하기 좋은 시기가 아닐까 조심스럽게 추측해본다. 말레이시아의 콘도미니엄 가격이 크게 오르지 않더라도 환율 차익을 통해 투자 수익을 높일 수 있기 때문이다. 물론 예측 불가능한 환율의 변동으로 그 반대의 경우도 발생할 수 있기 때문에 결국 투자에 대한 최종 판단은 독자들에게 맡기겠다.

이슬람 금융의 허브, 세계 2위 수쿠크(Sukuk) 발행국

말레이시아는 이슬람 금융의 허브로 세계적인 금융 기관들의 관심을 받고 있다. 전 세계적으로 75개국에 300개 이상의 이슬람 은행이 있는 것으로 알려져 있는데, 말레이시아는 1983년 이슬람 은행법 Islamic Banking Act 1983에 의해 최초로 이슬람 은행이 생긴 이후 현재까지 16개의 이슬람 은행이 진출해 있다.[46] 말레이시아 이슬람 은행의 자산은 2018년 기준, 약 65.6조 미국달러로 해마다 평균 18%에서 20%의 성장률을 보이고 있으며, 이슬람 은행들이 소유한 금융 자산이 말레이시아 전체 금융 자산의 약 3분의 1을 차지할 정도로 그 영향력이 크다.[47]

이처럼 이슬람 금융이 발달한 말레이시아의 금융 시장이 가지는 매력 중의 하나는 무엇보다도 말레이시아가 이슬람 채권인 수쿠크 Sukuk의 주요 발행국이라는 점이다. 오일 머니 Oil Money로 대표되는 중동 이슬람 국가들의 풍부한 자금이 말레이시아의 금융 시장에 모이는 이유가 바로 여기에 있다.

말레이시아는 1990년에 세계 최초로 수쿠크를 발행한 국가로서 30년 가까운 오랜 시간 동안 이슬람 금융 산업을 이끌어 왔다. 2006년에 설립된 말레이시아 이슬람 국제금융센터 Malaysia International Islamic Financial Centre를 통해 이슬람 채권 시장을 주도하고 있다.

---

46) 출처 : 말레이시아 네가라 은행(http://www.bnm.gov.my)
47) 출처 : 말레이시아 네가라 은행(http://www.bnm.gov.my)

> 이슬람 율법에서 실물거래가 수반된 상업거래가 아니라 단지 금전을 대여하고 이자를 받는 것은 서비스의 제공 없이 시간의 경과만으로 금전이 스스로 증식된 것이기 때문에 기생행위 내지 부당이득으로 간주해 리바(Riba), 즉 이자를 금지한다(출처 : 이충열 외(2011), 《이슬람 금융 : 이론과 현실 및 활용방안》, 대외경제정책연구원).

수쿠크Sukuk는 아랍어로 '**리바**Riba'라고 불리는 이자를 금지하는 이슬람 율법에 따라 이슬람 국가들이 발행하는 채권으로, 부동산이나 기계 등 실체가 있는 실물 거래에 투자하는 이슬람 채권을 말한다. 도덕 경제를 표방하는 이슬람 율법에서 이자는 금지하되 이윤은 인정하는 이슬람교의 율법인 샤리아Sharia에 따라 투자자들은 이자 대신 배당금으로 수익을 받게 된다. 원금은 실물 자산을 채권자가 채무자에게 재매입하게 하거나 일반에 매각하는 방식으로 회수하는데, 이는 자산을 담보로 채권을 발행하고 자산에서 얻는 수익금을 채권 보유자에게 돌려주는 자산담보부증권ABS과도 유사하다.[48]

[자료 2-16] 수쿠크 발행 구조

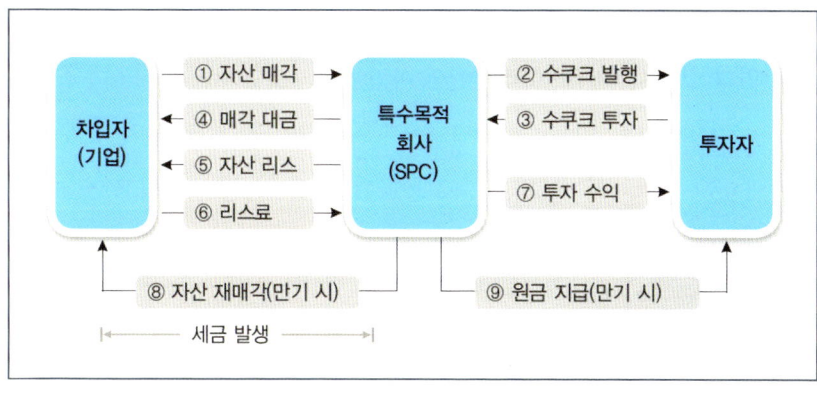

출처 : 네이버 지식백과(시사상식사전)

---

48) 출처 : 이충열 외(2011), 《이슬람 금융 : 이론과 현실 및 활용방안》, 대외경제정책연구원.

이를 [자료 2-16]과 같이 도식으로 설명하면, 먼저 자금을 얻으려는 차입자가 특수목적회사Special Purpose Company (SPC)를 설립해 투자자를 끌어모아 수쿠크를 발행한다. 채무자인 차입자는 SPC에 자신의 대지나 빌딩과 같은 실물 자산을 미리 정해진 가격에 매각하고, SPC는 매입한 자산을 차입자에게 다시 임대해주고 정기적으로 임대료를 받는다.[49] 차입자가 지불하는 임대료가 투자자에게 이자 대신 투자 수익으로 전달되고, 만기가 되면 차입자는 자신의 실물 자산을 미리 정해진 가격으로 매입함에 따라 만기 시 원소유자인 차입자에게 자산은 되돌아오게 된다. 실질적으로 정해진 이자를 받고 만기 시 원금을 되돌려 받는다는 점에서는 채권과 유사하지만, 이슬람 자본의 투자자가 얻는 수익이 명목상 이자 대신 임대료로 수익을 확보한다는 점에서 구조상 차이가 있다.

말레이시아는 2018년 기준 발행된 전 세계 수쿠크 발행액(914억 달러)의 34%를 발행한 세계 2위 수쿠크 발행국가다. 2013년에는 전 세계 수쿠크의 68%, 2016년에도 46%를 발행하며 수쿠크 최대 발행 국가로 1위의 위상을 지켰다. 그러나 사우디아라비아와 아랍에미리트 등이 포함된 6개국 협력기구인 걸프협력회의Gulf Cooperation Council(GCC)가 2017년부터 전 세계 수쿠크 발행의 43%를 차지하며 1위 국가로 등극했고 그 추세는 계속되고 있다.

---

49) 출처 : 한국경제연구원 편저(2012), '이슬람 채권법은 경제논리로 풀자(임병화)', 《한국경제, 새로운 희망을 말하다》, 북오션.

[자료 2-17] 국가별 수쿠크 발행 비율

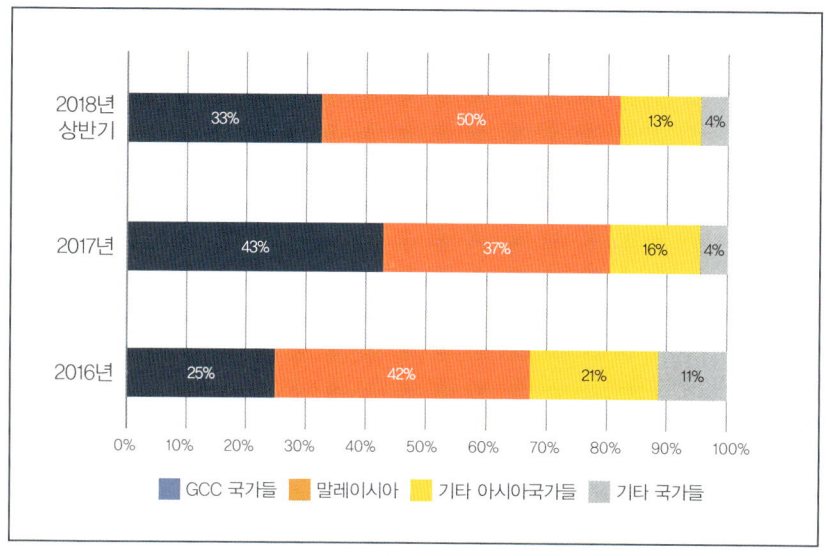

출처 : S&P Global Ratings(2018), Islamic Finance Outlook 2019

무슬림 인구가 전체 인구의 61.3%(2010년 기준)인 말레이시아는 정부 차원에서도 이슬람 금융 시장의 성장을 적극적으로 지원하고 있다. 이런 지원 하에 수쿠크 채권 시장은 수요자나 투자자 모두에게 강한 성장세를 보이고 있다. 예를 들어 말레이시아에서 수쿠크를 발행할 경우 인지세와 발행 비용에 대해 세금 면세 혜택이 주어진다. 또한, 수쿠크에 투자하는 투자자는 이자소득에 대해 면세 혜택을 받는다. 수쿠크는 원리적으로 신탁과 유사하게 서류상 소유권 변경이 수반되어야 하는데, 이로 인해 취·등록세와 양도세, 부가가치세 등이 발생하게 된다. 한국도 부동산을 신탁회사에 위탁하는 신탁등기의 경우 취·등록세를 면제시켜주는데, 한국에서 수쿠크 시장을 활성화시키기 위해서는 말레이시아를 비롯한 영국이나 싱가포르처럼 정부 차원에서의 면세 혜택이 필요하다. 한국도 오일 머니 유치를 통화 외화자금의 다각화와 중동 시장 진출 등을 위해 2011년 일반 외화표시 채권처럼 비과세 혜택을 주는 소위 '이슬람채권법'이 논의되었으나 정치계와 종교계의 반대로 채택되지 못했다.[50]

이러한 수쿠크로 대표되는 이슬람 금융 시장의 성장이 말레이시아의 부동산 투자에 시사하는 것은 무엇일까? 수쿠크는 전통적인 채권에 비해 실물 자산을 기반으로 하는 구조화 금융이기 때문에 담보력이 있다는 점에서 채권보다 안전하며, 좀 더 장기적인 투자 기간을 가지는 특징이 있다. 또한, 낮은 위험대비 높은 수익률로 연기금과 같은 글로벌 기관 투자자들이 선호함에 따라 중동 오일 머니 외에도 다양한 글로벌 자본의 유입이 가능하다. 특히 기업 부동산을 실물 자산 매개로 하는 경우 국가 경제뿐만 아니라 부동산 시장에도 풍부한 자금 유동성이 공급된다는 점에서 부동산 시장에 긍정적이라 하겠다. 이러한 대표적인 부동산 투자 사례가 쿠알라룸푸르 국제 공항의 증축공사에 활용된 수쿠크 자본의 유입이다.

---

50) 출처 : 한국경제연구원 편저(2012), '이슬람 채권법은 경제논리로 풀자(임병화)', 《한국경제, 새로운 희망을 말하다》, 북오션.

3. 말레이시아 인구 통계학 특성

지속 가능한 성장을 이끄는 인구 성장률과 도시화율

인구 통계학은 연령, 수입, 성별, 직업, 교육, 가족 규모와 같은 사회 경제적인 요소의 변동을 보여주는 지표로 인구 분포 특성은 그 나라의 국가 경제력에 큰 영향력을 미친다. 또한, 부동산의 수요 측면에서 가계소득과 함께 중요한 지표로 활용된다.

말레이시아 통계청에 따르면 2018년 기준 인구수는 약 3,238만 명으로 전년 대비 약 1.1%의 인구 성장률을 보였다. 2020년에는 인구수가 3,380만 명에 이를 것으로 전망된다. 성별로 살펴보면 남자가 약 1,672만 명, 여자가 1,566만 명으로 한국은 남성의 수(99.6:100)가 다소 적은 것에 반해, 말레이시아는 남성의 비율(106.7:100)이 조금 높다.[51] 반면 말레이시아의 가구당 인구수는 2018년 기준 4.03명(2017년 4.06명)으로 한국과 마찬가지로 점점 줄어드는 추세를 보이나 꾸준한 인구 성장세는 국가 경제의 성장이나 부동

---

51) 출처 : 국가통계포털(http://kosis.kr/index/index.do), 말레이시아 통계청.

산 투자 측면에서 매우 긍정적이라 하겠다.

2018년 기준 말레이시아의 인구 성장률은 1.1%로 그 증가세가 점차 약화되기는 하나 한국의 0.48%와 비교해보면 여전히 높은 수치다. 이는 아세안 5개국과 비교해봐도 높은 수치임을 알 수 있다. 2017년 기준 말레이시아의 인구 성장률은 1.391%로 필리핀1.535%을 제외하고 인도네시아1.095%나 태국0.252%, 베트남1.022%보다도 높은 인구 성장률을 보였다.[52] 이는 인근 싱가포르0.089%나 중국0.559%뿐만 아니라 '수퍼 코끼리'로 상징되는 인도1.127%와 비교해봐도 높은 성장률이다.[53] 호주1.685%와 같은 몇몇 국가들이 적극적인 이민 정책을 통해 노동 가능한 젊은 인구를 유입시킴으로써 높은 인구 성장률이 부동산 시장을 활성화시키고 이로 인해 해외 투자가 유입되는 선순환적인 성장을 이끄는 것을 볼 때, 전체 인구수는 적으나 꾸준한 인구 성장률을 보이는 말레이시아의 성장은 긍정적으로 평가된다.

신흥 시장들의 경제발전과 부동산 시장의 성장을 견인하는 **도시화율**도 살펴볼 필요가 있다. 도시화율이란 전체 인구수 대비 도시에 사는 인구가 차지하는 비율을 말하는데, 말레이시아 통계청에 따르면 2018년 기준 말레이시아의 도시화율은 75.6%다. 다시 말해 전체 인구 중의 75.6%가 도시에 살고 있다는 것을 의미한다. 이를 세계은행의 발표에 따라 국가별로 비교해보면, 2017년 기준 말레이시아의 도시화율은 75.45%로 같은 해 한국의 81.5%보다는 다소 낮았다. 그러나 아세안 5개국 중에는 가장 높은 수치

---

52) 출처 : 세계은행(https://data.worldbank.org/indicator/SP.POP.GROW)
53) 물론 아세안 국가들 중 캄보디아(1.7%)나 라오스(2.0%)에 비해서는 낮은 증가율이라고 할 수 있으나 경제성장 수준이 차이 나는 국가들과는 비교는 적정하지 못하다고 하겠다.

로 인도네시아는 54.6%, 필리핀은 46.7%, 태국은 49.2%, 베트남은 35.2%로 같은 해 전 세계의 도시화율 54.8%보다도 높은 수치를 보였다.[54] 도시화율이 1인당 국민소득 증가의 중요한 기폭제가 되는 사회·문화적인 지표라는 점에서도 75%가 넘는 말레이시아의 도시화율은 수준 높은 경제발전과 도시의 인프라 수준을 짐작하게 한다. 참고로 말레이시아는 2020년에는 도시화율이 80%에 이르고, 30년 후에는 85%에서 90%의 수준에 이를 것으로 전망되고 있다.[55]

---

54) 출처 : 세계은행(https://data.worldbank.org)
55) 출처 : New Straits Times(https://www.nst.com.my/news/government-public-policy/2018/03/347940/govt-prepares-rapid-urbanisation)(기사 2018.03.22)

고령화 사회조차 진입하지 않은 젊은 나라

고령화로 대표되는 한국의 인구 구조와 비교해볼 때 말레이시아의 인구 구조는 지속 가능한 성장에 대한 기대감을 높인다. 2018년 기준 한국의 중위 연령이 42.6세인 것에 반해 말레이시아의 중위 연령은 28.6세로, 이는 젊은 노동인구로 관심을 모으고 있는 베트남30.9세보다도 낮은 수준이다. 특히 한국의 지속 가능한 성장에 큰 부담으로 작용하는 출산율의 경우, 말레이시아는 2018년 기준 1.9명으로 한국의 0.97명보다 2배 가까운 높은 수준을 보인다.

세부적으로 연령별 인구 구조를 살펴보면, 노동 가능 인구인 15세에서 64세의 인구수 비중은 약 69.7%(2018년 약 2,258만 명)로 다른 아시아 국가들과 비교할 때 유사한 수준이다. 그러나 미래의 경제성장 측면에서 54세 이하 인구수의 비율을 살펴보면 2017년 기준 말레이시아는 약 86.1%로 필리핀약 88.3%과 인도네시아약 86.3% 다음으로 높다.[56] 이는 인근 싱가포르약 72.7%나 태국약 76.0%보다도 높은 수준으로, 한국의 약 71.4%보다 매우 높은 수치이다. 특히 말레이시아는 24세 이하의 젊은 인구가 차지하는 비중이 약 44.6%로 필리핀약 52.5% 다음으로 높으며 한국의 25.9%보다 1.5배 이상 높다.

---

56) 출처 : 동남아시아국가연합(ASEAN), ASEAN Statistical Yearbook 2018.

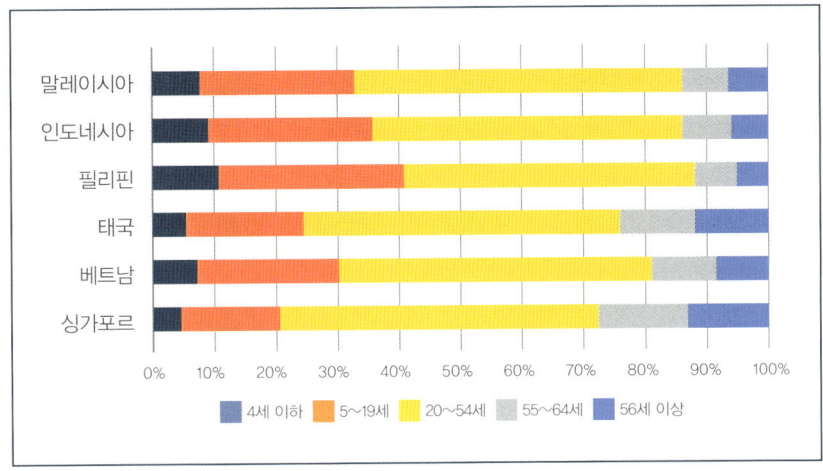

[자료 2-18] 아세안 주요 국가의 연령별 인구수 비교, 2017년 기준

출처 : 동남아시아국가연합(ASEAN), ASEAN Statistical Yearbook 2018.

　의학기술의 발달 등으로 평균 수명이 길어지고 출산율이 저하됨에 따라 전 세계가 고령화로 고민하는 것을 볼 때 말레이시아의 인구 구조가 가지는 매력은 더욱 눈에 띈다. 일반적으로 65세 이상의 노인 인구가 차지하는 비율이 7% 이상이면 '고령화 사회', 14% 이상이면 '고령 사회', 20% 이상이면 '초고령 사회' 또는 '후기 고령 사회'라고 한다.[57]

　말레이시아는 2018년 기준 65세 이상 노년층이 약 210만 명으로 전체 인구수의 6.48%(2017년 6.25%)로 아직 고령화 사회에 진입하지 않았다. 다만 60세 이상의 노인 인구 비중은 10%로, 2040년이 되면 65세 이상 인구가

---

57) 출처 : 유현선(2015), 《해외 부동산 투자&개발 바이블》, 매일경제신문사.

4,150만 명으로 고령화율이 14.5%에 이를 것으로 전망되고 있다.

아세안 5개국인 태국과 베트남은 2017년에 65세 이상의 노인 인구가 차지하는 비율이 각각 11.5%, 8.5%로 이미 고령화 사회에 진입했다. 한국도 2000년에 고령화 사회로 진입한 이후 현재 14.7%(2018년 기준)로 고령사회에 있으며, 2020년에는 초고령 사회로 진입할 것으로 예상된다.[58] 이처럼 고령화라는 인구 구조만 놓고 보면 말레이시아와 한국 간에는 약 20년의 시간적 차이가 있다고 하겠다.

---

58) 출처 : 통계청 국가통계포털.

다민족 국가인 말레이시아의 인종별 인구 구조

단일 민족의 특성을 지닌 한국과는 달리 말레이시아는 다민족 다문화 국가로, 인종별 인구 구성은 말레이시아를 이해하는 데 중요한 특성이다. 특히 이슬람교의 영향을 많이 받는 말레이계 부미푸트라의 인구 비중과 경제를 주도하는 중국계 화교들의 인구 비중은 관심을 두어야 한다. 말레이시아 헌법상 말레이는 말레이의 관습과 문화를 지키는 무슬림을 말한다. 따라서 여기서는 인구통계학적 인종 구분은 부미푸트라로 통일해 표기하겠다.

부미푸트라Bumiputera는 '부미Bumi : 땅'와 '푸트라Putera : 자손·아들'라는 단어의 합성어로 '이 땅의 자손' 또는 '자손의 땅'이라는 뜻으로 말레이인 외에도 보르네오섬의 토착 원주민들을 포함한다.[59] 말레이시아를 특징짓는 **부미푸트라 정책**은 사회 경제 전반에서 이들 말레이계 부미푸트라를 우대하는 정책으로 다양하게 영향을 미친다. 예를 들어 기업 지분율 30% 할당이나 공립학교 입학정원 할당, 국영공사 입찰과 민간 주택분양 시 우대정책, 은행 대출 시 우대 혜택 등의 다양한 지원정책들이 있다.[60] 이러한 부미푸트라 정책은 말레이시아의 국가 경쟁력을 저해할 수 있다고

> 1960년대 말레이시아는 인구의 55%를 차지하는 말레이계가 중국계 주민(20%)에 의해 경제력이 장악된 상태여서 내부의 불만이 컸다. 1969년 인종폭동 이후 이러한 민심을 누그러뜨리기 위해 말레이시아 정부는 말레이계의 교육, 사회진출, 경제력 강화를 목표로 하는 말레이계 우대 정책(부미푸트라 정책)을 1971년부터 시행했다(출처 : 네이버 지식백과(시사상식사전)).

---

59) 출처 : https://news.kotra.or.kr/user/globalBbs/kotranews/5/globalBbsDataView.do?setIdx=244&dataIdx=153156
60) 신민금·신민이(2018), 〈말레이시아 신정부의 경제정책과 신남방 정책에 대한 시사점〉, 대외경제정책연구원.

비판받기도 한다. 부동산 분야의 경우 부미푸트라 소유의 기업들이 공공발주 건설 프로젝트를 독식하는 등 건전한 건설 시장 발전을 저해한다는 것이 하나의 예일 것이다.

이러한 말레이시아의 다민족 사회의 특성을 이해하기 위해서는 중국계의 정착 과정을 먼저 살펴볼 필요가 있다. 영국 식민지 당시 토착인이었던 말레이계는 농촌과 어촌지역에서 농림업에 종사했다. 물론 그 당시에도 농경지의 지주나 고위 공직자는 말레이인들로 식민지의 전통에 따라 보호를 받았고, 술탄에 대한 권리 또한 보장되었다.[61] 반면 중국계와 인도계는 주석 광산이나 고무농장의 하층 노동자로 대부분 생계를 목적으로 이주했다. 그리고 그 당시 이들 이민자들에게 시민권 부여는 제한되어 있었다. 다만 15세기 초부터 해상 무역을 주도해왔던 몇몇 중국인들은 그 당시 말레이시아뿐만 아니라 필리핀과 인도네시아까지 이주해 유럽과 동남아시아 간의 해상 무역에서 중간 가교역할을 하는 무역상으로 그 영향력을 키워왔다. 특히 19세기 초 말레이반도에 온 중국인들은 주로 중국 남부에 살던 사람들로 이전부터 영국을 비롯한 유럽과의 차Tea 무역거래에서 중개역할을 해오던 사람들로 대부분 남자들이었다. 이러한 중국인 남성과 말레이인 여성 사이에서 태어난 사람을 **페라나칸**Peranakan이라고 부르는데, 이들은 추후 말레이반도의 뿌리가 된다.[62][63] 중국 문화와 말레이 문화가 융합되어 형성된 페라나칸 문

---

61) 매리 하이듀즈(2012), 《동남아의 역사와 문화》, 솔과학.
62) 출처 : 네이버 지식백과(두산백과).
63) 2018년에 개봉한 영화 〈크레이지 리치 아시안(Crazy Rich Asians)〉의 싱가포르 부호인 화교 주인공도 태생적으로는 말레이반도에 이주했던 페라나칸의 후예다.

화는 독특한 음식과 주거 양식을 만들어내며 동남아시아 일대의 무역을 장악해갔다.[64]

구체적으로 인종별 인구 구조를 살펴보면, 2018년 기준 말레이시아 전체 인구에서 부미푸트라의 비율은 약 69.1%, 중국계는 23.0%, 인도계 6.9%로 분포된다.[65] 여성 1인당 출산율이 높은 부미푸트라의 특성을 볼 때 2040년에는 부미푸트라의 인구 비중이 좀 더 커질 것으로 예상된다. 대조적으로 중국계의 여성 1인당 출산율은 1.4명(2010년 기준)으로 낮아 중국계의 인구 비중은 점점 줄어드는 추세다.

중국계 말레이시안의 인구 비중은 23% 수준이나 경제력 측면에서는 전체 상권의 절반 이상을 차지하고 있어 화교 중심의 경제권 내수시장이 형성되어 있다. 이는 인종별 월평균 가구소득을 봐도 알 수 있다. 2016년 기준 말레이시아 전체 월평균 가구소득은 6,958링깃(약 195만 원)으로 중국계의 월평균 가구소득 8,750링깃(약 245만 원)과 큰 차이가 났다.[66] 인도계의 월평균 가구소득이 7,150링깃(약 200만 원)으로 전체 평균보다 조금 높았던 반면, 부미푸트라 가구의 월 평균소득은 6,267링깃(약 175만 원)으로 평균보다 낮았다. 다만 인종별 가구 소득 통계에는 동말레이시아 정글의 원주민들도 포함되어 있기 때문에 실제로 도시에 거주하는 인종별 가구소득 수준은 다를 수 있다.

---

64) 매리 하이듀즈(2012), 《동남아의 역사와 문화》, 솔과학.
65) 출처 : 말레이시아 통계청 홈페이지(https://www.dosm.gov.my/v1/index.php?r=column/cthemeByCat&cat=155&bul_id=aWJZRkJ4UEdKcUZpT2tVT090Snpydz09&menu_id=L0pheU43NWJwRWVSZklWdzQ4TlhUUT09)
66) 출처 : 말레이시아 통계청, Malaysia Statistical Handbook 2018.

[자료 2-19] 인종별 인구 구성

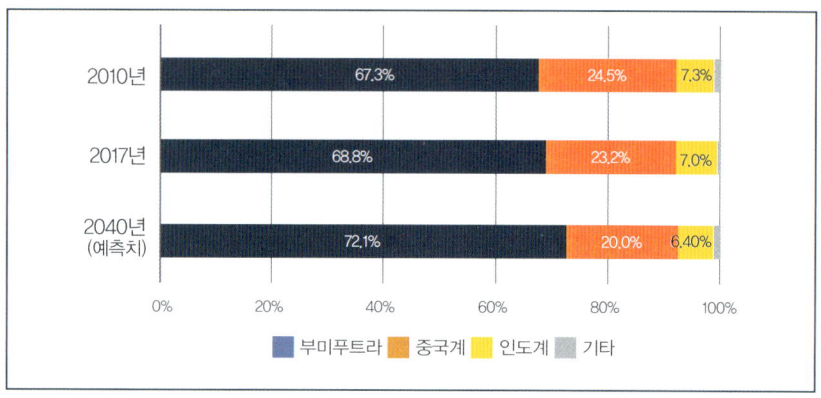

출처 : 말레이시아 통계청

[자료 2-20] 내국인과 외국인 비율, 2018년 기준

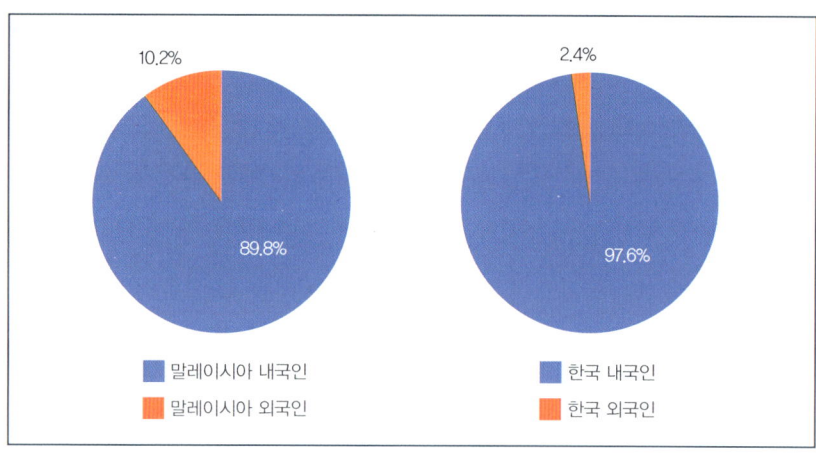

출처 : 말레이시아 통계청

한편 은퇴 이민의 천국답게 2018년 기준 외국인 거주자는 약 330만 명으로 전체 인구수에서 외국인이 차지하는 비율도 10.2%로 높은 편이다.[67]

외국인 거주자의 비율은 2010년에도 약 8.2%로 지난 몇 년 동안 10% 수준을 유지하고 있다. 이에 반해 한국은 2018년 기준 외국인 거주자 비율이 약 2.4%로 2010년의 1.2%에 비해 많이 증가하긴 했으나 여전히 낮은 수준이다.

외교부 보고서에 따르면, 말레이시아에 거주하는 총재외동포 수는 13,122명으로 2015년 대비 3.4% 증가했다.[68] 이는 2017년 기준 전 세계에 거주하는 재외동포 총 7,430,688명 중 약 1.76%의 비중으로 194개국 중 21위를 차지했다. 특히 말레이시아에 거주하는 이들 한국인의 약 75%가 쿠알라룸푸르와 인근 지역에 거주하고 있는 것으로 나타났다. 그다음으로 조호르Johor 주에 약 1,200명이 거주하는 것으로 추정되었다.

[자료 2-21] 말레이시아 재외동포 현황

구분		재외동포 총수	거주자격별				외국국적 동포 (시민권자)
			재외국민				
			영주권자	체류자		계	
				일반	유학생		
말레이시아	남	5,740	10	4,097	1,632	5,739	1
	여	7,382	55	5,145	2,177	7,377	5
	계	13,122	65	9,242	3,809	13,116	6
쿠알라룸푸르 및 인근 지역	남	3,995	8	2,819	1,168	3,995	0
	여	5,863	52	4,068	1,739	5,859	4
	계	9,858	60	6,887	2,907	9,854	4
	비중	75.1%	92.3%	74.5%	76.3%	75.1%	66.7%

출처 : 외교부(http://www.mofa.go.kr)

---

67) 출처: 말레이시아 통계청 홈페이지.
68) '재외동포'란 대한민국 국민으로서 외국에 장기체류하거나 외국의 영주권을 취득한 사람 또는 국적과 관계없이 한민족(韓民族)의 혈통을 지닌 사람으로서 외국에 거주·생활하는 사람을 말한다. 2017년 재외동포현황의 데이터는 2016년 12월 31일을 기준하며 외교부에서 2년마다 통계 조사하고 있다(출처: 외교부(http://www.mofa.go.kr)).

아세안 5개국과 비교해볼 때 한인교포의 수는 다소 적은 편이다. 2017년 기준 다른 아세안 5개국의 재외동포 수는 베트남 124,458명, 필리핀 93,093명, 인도네시아 31,091명, 태국 20,500명이었다. 싱가포르도 20,346명으로 말레이시아보다 조금 많았다. 특히 말레이시아는 시민권/영주권자의 비율이 0.5% 수준으로 인도네시아나 싱가포르14%에 비해 매우 낮은 특징을 보였다.

그렇다면 말레이시아의 경제 성장이나 선진국 수준의 사회 시스템에 비해 재외동포 수는 다른 아세안 국가들에 비해 왜 적은 것일까? 이것은 몇 가지 통계조사가 가지는 데이터의 한계에 기인한 것으로 추측한다. 먼저 외교부에서 발표하는 재외동포 현황 조사는 기본적으로 해외 거주자들의 자발적인 신고로 집계된다. 따라서 외교부에 신고하지 않고 해외에 거주하는 한인들의 수를 파악하기는 쉽지 않다.

또한, 외국인이 무비자로 입국할 수 있는 접근성이 국가마다 다르다는 점을 지적하고 싶다. 말레이시아는 90일 동안 무비자로 체류가 가능한 나라로 사업 비자나 취업비자, MM2H 외에는 별다른 영주권 개념의 투자 이민 비자 제도를 시행하지 않고 있다.[69] 참고로 Chapter 3에서 설명할 MM2H는 기본적으로 장기체류 비자(복수비자 개념)이지, 영주권은 아니다. 말레이시아는 마치 미국과 캐나다의 관계처럼 국경을 마주하고 있는 싱가포르와

---

69) 말레이시아에서 외국인에게 발급되는 비자는 크게 세 가지인 단수비자(Single Entry Visa : SEV, 3개월 이내 유효), 복수비자(Multiple Entry Visa : MEV, 1년 이내 유효), 환승비자(Transit Visa)로 구분할 수 있다(출처 : https://www.imi.gov.my/index.php/en/visa/types-of-visa.html).

태국과의 우호적인 국가 관계로 외국인이 무비자로 출입국 하는 데 다른 국가들에 비해 상대적으로 큰 어려움이 없다. 이에 반해 필리핀과 인도네시아는 무비자 체류 기간을 30일, 베트남은 15일로 무비자를 허용하고 있기 때문에 1개월 이상 체류하기 위해서는 반드시 비자가 필요하다. 태국도 말레이시아와 동일하게 무비자 기간이 90일로 상대적으로 길기 때문에 재외동포 수가 말레이시아와 유사한 수준을 보였다고 추측한다. 다만 인구수 대비 한국인 재외동포 수의 비율로 비교해보면 말레이시아는 인구수의 약 0.4%로 태국의 약 0.3%보다 높다. 또한, 7,000개가 넘는 섬으로 이루어진 필리핀이나 문호를 개방한 지 얼마 안 된 사회주의 국가인 베트남으로의 입국은 까다로울 수밖에 없으며 국경을 넘나드는 일도 쉽지 않다.

[자료 2-22] 아세안 5개국 재외동포 수 추이

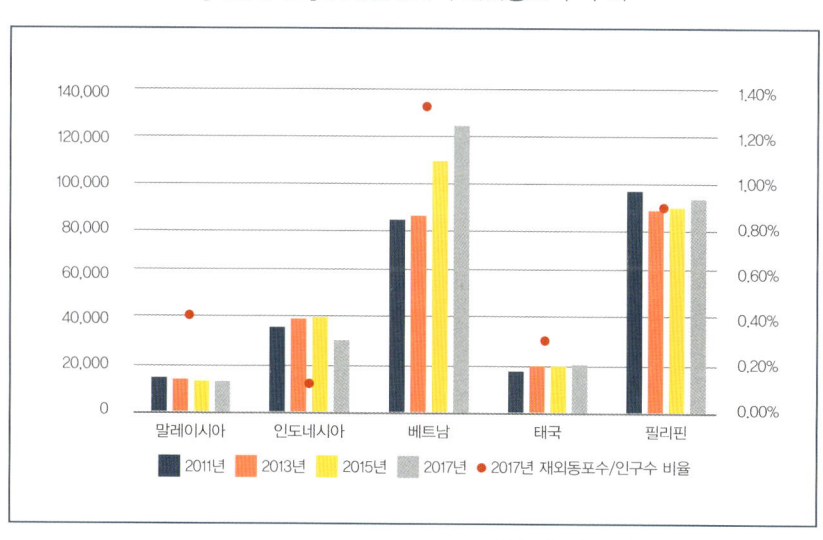

출처 : 외교부(http://www.mofa.go.kr), 저자 작성

물론 이런 이유가 말레이시아의 재외동포 수가 필리핀이나 베트남의 한인교포 수와 7배 이상 차이 나는 이유를 모두 설명하지는 않는다. 다만 말레이시아에 거주하는 한인교포의 수를 정확히 확인할 수는 없지만, 여기서 설명하고자 하는 것은 공식적인 재외동포 수가 적다는 것이 말레이시아가 한국인들이 적응하며 살기에 좋은 환경을 갖추지 못하다는 것을 의미하지는 않는다는 것이다. 결국, 어느 나라에서 은퇴하고, 어느 나라에서 사업하고, 취직할 것인가에 대한 선택과 이유는 제각기 다를 수밖에 없기 때문이다.

높은 교육 수준을 갖춘 우수한 노동 시장의 경쟁력

말레이시아의 실업률은 2018년 기준 3.3%(2016년, 2017년 : 3.4%)로 거의 자연 실업률에 해당하는 매우 안정적인 노동 시장 환경을 가지고 있다.[70] 아세안 5개국인 인도네시아5.3%나 필리핀5.3%과 비교해봐도 상대적으로 낮은 수치다.[71]

말레이시아의 경제 구조(117페이지 참조)에서 살펴본 산업 비중과 유사하게 서비스업이 60.6%, 제조업이 16.8%, 농업이 12.8%, 건설업이 9.2%의 고용 기여도를 가진다.[72] 제조업에 비해 고용유발 효과가 큰 서비스 산업의 비중이 커지면서 자연스럽게 고용창출 효과도 커진 것으로 이해된다.

말레이시아에서 일반적인 노동 시간은 48시간 또는 일별 8시간에 주별 6일로 제한되는데, 44시간이 일반적이다. 특히 이슬람 국가답게 모든 무슬림은 금요일 오후 12시 15분부터 2시 45분 사이 기도에 참여하는 것이 허용된다. 최저 임금을 살펴보면, 2019년 1월부터 전체 말레이시아 지역에서 월 급여 기준 1,100링깃(약 30만 원), 시급 기준 시간당 5.29링깃(약 1,480원/시간)을 최저 임금의 기준으로 두고 있다. 말레이시아의 대졸 사무직 초임의 급여는 1,900~2,900링깃(약 53~81만 원)이며, 고졸 생산직 초임은 미숙련공의 경우 1,015~2,030링깃(약 28~57만 원), 기초숙련공의 경우

---

70) 출처 : 말레이시아 통계청, Malaysia Statistical Handbook 2018.
71) 출처 : https://knoema.com, 필리핀 통계청(https://psa.gov.ph)
72) 출처 : 말레이시아 통계청, Malaysia Statistical Handbook 2018.

1,120~2,324링깃(약 31~65만 원) 수준이다.[73] 또한, 초과근무 시간에 대해 최소 기본 급여의 1.5배, 일요일 근무는 2배, 공휴일 근무는 3배를 보상하도록 하고 있다.

글로벌 경영 컨설팅기업인 AT커니^{AT Kearney}에서 해마다 발표하는 글로벌 서비스 로케이션 지수^{Global Services Location Index}에서 말레이시아는 지수가 발표된 2004년부터 2017년 최근까지 인도와 중국 다음으로 3위를 차지할 정도로 글로벌 기업들의 선호도가 높다.[74] 말레이시아의 노동 시장에 높은 선호도를 보인 이유는 비교적 낮은 임금으로 유창한 영어실력을 갖춘 젊고 우수한 노동력을 확보하기 쉽다는 장점 때문일 것이다. 특히 Chapter 1에서 언급한 것처럼 말레이시아는 영연방 국가 간의 활발한 인적 교류 시스템을 통해 높은 교육 수준을 갖춘 인재들이 많아 우수한 노동력 확보가 용이하다는 큰 장점이 있다.

과거 전통 경제학 이론에서는 운송비나 인건비 절감에 따른 비용 절감이 기업의 입지 선정에서 중요했다. 그러나 소위 4차 산업혁명을 통한 업무의 자동화로 인해 이제는 운송비 개념의 지리적인 위치보다는 우수한 인력 확보나 정부 규제의 정도 등이 기업의 입지 선정에서 좀 더 중요해지고 있다. 이런 의미에서 말레이시아의 노동 시장 환경은 ICT 산업과 같은 미래 산업을 통한 국가 경제의 경쟁력에도 큰 기여를 할 것으로 기대된다.

---

73) 출처 : 대한무역투자진흥공사(KOTRA) 홈페이지.
74) 매년 세계 주요 51개국을 대상으로 재무적 매력도·노동 숙련도와 가용성·경영환경 등을 평가하고 관련 지표를 분석해 GSLI를 발표하고 있다(출처 : https://www.atkearney.com).

세계 최초의 디지털 자유무역지대를 통한
IT 강국으로의 비상

말레이시아 정부는 IT 서비스 산업을 성장시키기 위한 적극적인 정책의 일환으로 세계 최초로 **디지털 자유무역지대**Digital Free Trade Zone (DFTZ)를 만들었다. 정부가 나서서 전자상거래의 허브Hub를 만들어 온라인 쇼핑 플랫폼을 통한 자국 중소기업들의 수출 장려를 지원하기 위한 목적에서 출발했다. 2017년 11월부터 중국 알리바바Alibaba의 지원을 받아 시작되었고, 2,000개 이상의 중소기업들이 디지털 자유무역지대DFTZ의 전자상거래 플랫폼을 이용하고 있다.[75]

이들 중소기업들은 디지털 자유무역지대DFTZ를 통해 판매 제품에 '메이드 인 말레이시아Made in Malaysia'라는 표기를 하고 글로벌 시장을 상대로 판매를 하고 있다. 중국의 알리바바 외에도 미국의 이베이eBay, 동남아시아 최고의 온라인 쇼핑몰인 라자다Lazada, 중동과 동남아시아를 연결하는 대표 온라인 쇼핑몰인 이롬만eRomman 등이 디지털 자유무역지대DFTZ에서 사업을 하고 있다. 특히 디지털 자유무역지대DFTZ 구축에 적극적이었던 알리바바는 중국이 아닌 해외에서는 처음으로 2,000억 원 이상을 투자해 아마존 물류창고와 같은 대형 유통 물류 허브Logistics Hub를 2020년 준공을 목표로 건설 중이다.[76]

말레이시아 디지털 경제기업MDEC에 따르면, 2016년 디지털 경제는 말레

---

75) 출처 : https://mydftz.com
76) 출처 : https://www.theedgemarkets.com

이시아 국내총생산GDP의 18.2%를 차지했으며, 2020년에는 20%에 이를 것으로 예상된다. 디지털 경제가 국내총생산GDP에 차지하는 기여분의 3분의 2가 디지털 산업이라면, 나머지 3분의 1은 온라인 쇼핑인 전자상거래 산업으로 다른 나라들과 마찬가지로 전자상거래의 비중이 점점 증가하고 있다.

디지털 플래닛Digital Planet 2017 보고서에서 말레이시아는 '디지털진화지수Digital Evolution Index' 평가에서 26위에 올랐다. 이는 아시아 국가들 중 싱가포르6위, 한국7위, 홍콩9위, 일본15위 다음으로 다섯 번째로 높은 순위다.[77]

아시아 국가들을 대상으로 디지털 산업 중심의 변화를 가능하게 하는 비즈니스 환경을 평가하는 '아시안디지털화지수Asian Digital Transformation Index'에서도 말레이시아는 2018년 싱가포르, 일본, 홍콩, 한국, 대만 다음으로 6위에 선정되었다.[78]

디지털 선진화와 관련해 여러 기관들이 발표한 글로벌 지수 순위를 [자료 2-23]과 같이 한국과 비교해서 살펴보면 말레이시아 디지털 산업의 발전 정도를 좀 더 쉽게 확인할 수 있다.

---

77) 디지털진화지수는 국가 간의 디지털 경쟁력과 준비 정도를 지수화하기 위해 공급과 수요 조건, 제도 환경, 혁신 및 변화 등 디지털화를 좌우하는 요인들을 분석한다. 같은 보고서에서 중국은 36위, 아세안 5개국인 태국은 42위, 인도네시아는 45위, 베트남은 48위, 필리핀은 51위로 조사되었다.
78) 아시안디지털화지수는 이코노미스트지(The Economist) 산하 경제분석기관인 이코노미스트 인텔리전스유닛(The Economist Intelligence Unit)에서 발표한다.

[자료 2-23] 디지털 글로벌 성적표 : 말레이시아 vs. 한국

항 목	말레이시아	한국
디지털진화 지수 (Digital Evolution Index 2017)	26위 (아시아 5위)	7위 (아시아 2위)
아시안디지털화 지수 (Asian Digital Transformation Index 2018)	아시아 6위	아시아 4위
화웨이글로벌연결 지수[79] (Huawei Global Connectivity Index)	32위 (아시아 5위)	11위 (아시아 3위)
네트워크준비 지수[80] (Networked Readiness Index 2016)	31위 (아시아 6위)	13위 (아시아 4위)
ICT개발 지수[81] (ICT Development Index 2017)	63위 (아시아 7위)	2위 (아시아 1위)
클라우드준비 지수[82] (Cloud Readiness Index 2018)	아시아 8위	아시아 7위

이처럼 말레이시아는 동남아시아 국가들 중에는 눈에 띄는 IT 강국이다. 말레이시아 정부 통신-멀티미디어 위원회Malaysian Communications and Multimedia Commission 보고서에 따르면, 2018년 기준 인구의 87.4%인 2,870만 명이 인터넷에 접근 가능하며, 이는 2016년 76.9%보다 빠른 증가세로 이들

---

79) 출처 : https://www.huawei.com/minisite/gci/en/country-rankings.html
80) 출처 : http://reports.weforum.org/global-information-technology-report-2016/networked-readiness-index/?doing_wp_cron=1559717814.3968849182128906250000
네트워크준비지수는 세계경제포럼(WEF)과 유럽경영대학(INSEAD)이 매년 국가별 시장 규제와 설비 환경을 비롯한 71개 항목을 기준으로 정보통신기술(ICT) 발전·활용도와 잠재·경쟁력을 평가한 지표다(출처 : 네이버 지식백과(ICT 시사용어 300)).
81) 출처 : https://www.itu.int/net4/ITU-D/idi/2017/index.html#idi2017rank-tab
82) 출처 : https://www.asiacloudcomputing.org/research/2018-research/cri2018

의 73.8%가 20대에서 40대 사용자였다. 또한, 이를 가구 단위로 살펴보면 2018년 기준 말레이시아 가구의 87%가 인터넷을 이용하며, 핸드폰 사용 비율도 98.2%에 이를 정도로 정보통신기술ICT이 빠르게 성장하고 있다.[83]

이는 IT 강대국인 한국의 인터넷 보급률 95%보다는 낮은 수준이나 싱가포르약 84%에는 근접한 수준으로 베트남50%과 비교해보면 높은 수치다.[84] 말레이시아 정부는 고부가가치 제조업의 발전을 위해 아시아의 실리콘 밸리를 꿈꾸며 1996년부터 쿠알라룸푸르를 포함하는 750㎢(15km×50km)에 달하는 광대한 지역에 글로벌 ICT 산업의 허브인 **멀티미디어 수퍼 지대** Multimedia Super Corridor (MSC)라는 정보기술단지를 조성하기도 했다.[85]

---

83) 출처 : 말레이시아 통계청.
84) 출처 : 세계은행(https://data.worldbank.org/), 2017년 기준 데이터.
85) 출처 : 말레이시아 디지털경제기업(Malaysia Digital Economy Corporation, https://www.mdec.my)

Malaysia Real Estate

Chapter 3
말레이시아 부동산 시장의 매력 탐구

들어가기 전에

한 번의 투자로 단기간에 큰 시세차익을 기대하는 사람들에게 말레이시아의 부동산 시장은 다소 매력적이지 않을 수 있다. 말레이시아는 개발도상국을 넘어 이제는 아세안 국가들 중에는 선진국 수준으로 국가 시스템이 성숙되어 있는 중소득 국가다. 따라서 급격한 국가 경제의 성장에 따른 수요와 공급의 불균형에 기한 단기적인 부동산 가격의 상승으로 높은 시세차익이나 임대수익률을 기대한다면 다소 실망할 수 있다. 물론 같은 나라에서도 지역에 따라, 또는 부동산 유형에 따라 단기적으로 높은 투자 수익률을 기대할 수 있는 부동산은 어디에나 있기 마련이다. 이는 미국과 같은 선진국에서도 정보의 비대칭성이나 전문성을 요하는 부동산 시장의 특성으로 프로젝트에 따라서는 높은 수익률을 기대해볼 수 있다. 다만 이러한 유용한 부동산 매물정보는 보통 국지적인 시장에서, 즉 그들만의 거래에서 발생하기 때문에, 몇백 킬로미터 떨어져 있는 한국에서 개인 투자자가 다른 나라의 유용한 투자 정보를 얻는다는 것은 현실적으로 그리 쉽지 않다.

그렇다면 말레이시아의 부동산 시장은 매력적이지 않다는 것일까? 간단히 답을 하자면 '매력적이다'라고 말하고 싶다. 그렇지 않았다면 어렵게

이 책을 집필할 이유가 없었을 것이다. 비교적 성숙한 사회·경제 시스템이 구축된 나라에서 한국보다 저렴한 가격으로 미래의 가치상승을 기대하며 부동산에 투자하기를 희망한다면 말레이시아는 여전히 매력적인 시장임을 이 Chapter에서 설명하고자 한다. 다만 '프롤로그'에서 밝힌 것과 같이 이 책은 단순히 부동산 투자 수익률에만 집착하는 투자자를 위한 책이 아님을 강조하고 싶다. 양도차익과 같은 단기적인 투자 가치에만 근거한 부동산 투자가 아닌 '말레이시아'라는 나라를 현재 또는 미래에 삶의 정주 공간으로 꿈꾸는 사람들에게 말레이시아의 매력을 공유하고자 한다. 아직 한국에서 말레이시아에 대한 대중적인 관심은 낮지만, 말레이시아 부동산 시장이 가지는 지속가능한 성장과 안정성을 믿기 때문에 말레이시아 부동산 시장에 대한 이해를 끌어내고, 더 나아가 동남아시아의 부동산을 이해하는 데 조금이나마 도움이 되길 바란다.

부동산 소유권과 등기 제도

부동산 소유권은 '국토법 1965National Land Code 1965'와 '구분소유법 1985Strata Titles Act 1985'에 따라 각각 개별 등기Individual Title와 구분소유 등기 Strata Title로 구분할 수 있다. 다만 사바 주와 사라왁 주를 포함한 동말레이시아에서는 주State별로 각각의 토지법이 적용되기 때문에 개별적으로 확인할 필요가 있다.

말레이시아에서 부동산에 대한 소유권은 소유권의 형태에 따라 다시 두 가지로 구분할 수 있다. 사실 이는 미국이나 영연방 국가들의 일반적인 소유권 제도로 다른 동남아시아 국가에서도 보편적으로 통용된다. 소유자가 건물과 대지를 포함한 부동산 전체에 대해 영원한 소유권을 가지는 **프리홀드**Freehold와 제한된 기간 소유자가 건물의 소유권만 가질 수 있는 **리스홀드**Leasehold가 그것이다. 법적으로 시간적인 한계가 없고 소유주가 자유롭게 등기를 양도하거나 상속할 수 있는 절대적인 소유권을 프리홀드Freehold 또는 Fee Simple라고 부른다.[1] 반면, 임차권인 리스홀드Leasehold는 일시적인 토지나 건물에 대한 소유권으로 일반적으로 동산Personal Property으로 간주되어 시장에서 사고 팔리며 거래가 된다.

리스홀드는 일반적으로 30년, 60년, 99년의 임대 기간으로 주State가 토지를 소유한다. 리스홀드로 등기된 부동산을 구매하는 경우 임대 가능 기간이 짧을수록 건물의 가치도 떨어지고 대출 신청 시에도 불리하기 때문에

---

1) 출처 : 유현선(2015), 《해외 부동산 투자&개발 바이블》, 매일경제신문사.

남아 있는 임대 기간을 꼭 확인해야 한다. 또한 일부 리스홀드 구분소유권 Leasehold Strata Title 부동산에서는 양도의 제한 규정이 있을 수 있으니 부동산을 구입하기 전에 양도 가능 여부를 확인할 필요가 있다. 예를 들어 콘도미니엄 또는 서비스드 아파트의 경우, 프리홀드와 리스홀드가 모두 시장에서 거래되기 때문에 투자 결정 시 단순히 주택의 가격만을 비교하기보다는 소유권의 유형을 먼저 확인해야 할 것이다.

말레이시아는 미국을 비롯해 영국이나 싱가포르를 포함하는 영연방 국가에서 보편적으로 사용되는 **토렌스**Torrens **등기 제도**를 채택하고 있으며, 토지광산부Department of Land and Mines에서 관리하고 있다. 말레이시아도 한국처럼 소유주 외에 제3자도 온라인(https://www.ptgwp.gov.my)을 통해 등기 확인이 가능하다. 다만 토지등기소Land Office에서 사전 본인 인증 절차를 거쳐야 하며, 현재까지는 내국인만 지원하고, 외국인은 아직 가능하지 않다. 참고로 한국의 '토지이용계획확인원'과 같은 서류는 말레이시아에 없으나 토지등기소에서 토지 규제나 가능 용도 등을 확인할 수 있다.

토렌스등기제도란 1858년 남부 오스트레일리아의 로버트 토렌스Robert Torrens가 고안한 토지 소유권과 권리 등에 관해 기록하는 제도로 한국의 등기제도와 유사하다. 즉 등기부등본에 해당 토지의 소유자가 누구인지, 소유권에 어떠한 제한이 있는지에 대한 권원의 상태가 표시되어 있다.[2] 다만 한국과는 달리 등기부등본에 부동산 소유주의 이름과 면적뿐만 아니라 부동산의 경계도 함께 표시된다는 점이 다르다.

---

2) 출처 : 박홍래(2003), 미국의 레코딩 시스템과 토렌스 시스템, 《민사법연구》 11권 2호, 대한민사법학회.

그러나 무엇보다도 가장 큰 차이점은 한국의 등기 제도가 형식적 심사주의로 공신력을 부인한다면, 말레이시아의 등기 제도는 부동산등기부의 공신력을 인정한다는 것이다. 다시 말해 한국은 형식적인 요건만 갖추면 등기가 가능하기 때문에 실체관계가 부정확할 수 있다. 그러나 말레이시아의 등기 증명서Certificate of Title는 실소유주와의 실체적인 권리관계를 확인한 후 발행해주기 때문에 등기에서 제공되는 정보를 믿고 거래할 수 있다는 장점이 있다.

말레이시아의 등기는 다음과 같이 크게 세 가지 타입으로 구분할 수 있다.

1. 마스터 등기(Master Title)

먼저 마스터 등기는 보통 부동산 디벨로퍼에게 그들이 소유하는 토지에 대한 모든 권한과 권리를 부여하는 등기로 상위 등기Top-level Title라고도 불린다. 일반적으로 마스터 등기는 개별 등기나 구분소유 등기가 부여되기 전에 준공되는 신규 부동산에 적용된다. 다시 말해 디벨로퍼가 전체 개발 프로젝트의 토지와 건물에 대해 마스터 등기를 먼저 받고, 건물(예 : 콘도미니엄)이 완공되면 개별 소유자들에게 구분소유 등기권을 나누어주게 된다.

2. 구분소유 등기(Strata Title)

'스트라타 타이틀Strata Title'이라 불리는 말레이시아의 구분소유 등기는 한국의 아파트에서 소유권을 부여하는 집합건물 등기와 같다고 보면 된다. 다만 한국에서 토지에 대한 일부 지분(대지권) 비율이 함께 명기되는 것과는 달리, 스트라타 등기에서는 건물의 소유권만 확인할 수 있다는 점에서 차이가 있다. 디벨로퍼가 마스터 등기를 받은 후 개별 콘도미니엄 소유자에게 구분소유 등기를 발급해주는데, 토지 지분(밀도 개념)에 대한 확인은 마스터 등기에서 가능하다.

구분소유 등기는 말레이시아 대부분의 콘도미니엄, 서비스드 아파트, 오피스, 리테일(쇼핑센터)과 같은 구분소유권을 가지는 부동산에 적용된다. 한국의 등기부등본처럼 세대별로 전유부분에 대한 소유주와 면적 등이 표기된다. 때로는 단지형 단독주택 개발인 게이티드 커뮤니티 Gated Community에서도 구분소유 등기가 적용된다.

복도나 클럽 하우스, 피트니스, 기계전기실 등 공용부분 면적은 소유자 협회에 해당하는 관리회사 Management Corporation가 면적당 지분 비율로 소유하게 된다. 또한, 구분소유 등기 소유자는 공용 공간의 유지관리 및 사용에 대한 상호 계약 증서에 서명하도록 되어 있다.

3. 개별 등기(Individual Title)

개별 등기는 구분소유 등기와 유사하나 일반적으로 단독주택과 같이 토지 위에 정착된 부동산 Landed Property에만 적용된다. 다만 토지와 건물 각각에 대해 개별적으로 등기가 발행되는 한국과는 달리 토지에만 개별 등기가 발급된다는 점에서 차이가 있다. 개별등기는 일반적으로 독립적인 개별 토지 위에 지어지는 방갈로 Bungalow나 테라스하우스, 연립주택 Semi-detached house 등에서 찾아볼 수 있다.

외국인에게 우호적인 부동산 소유권 제도

말레이시아 부동산을 다른 나라들과 비교할 때 외국인 투자자들에게 특히 매력적인 포인트는 부동산 소유가 온전히 가능하다는 것이다. 리스홀드Leasehold, 즉 장기임차권의 형태로 소유권이 제한된 부동산들도 간혹 있으나, 등기는 기본적으로 완전한 소유권을 전제로 하는 프리홀드Freehold 개념으로 외국인들도 자유롭게 부동산을 구입하거나 소유할 수 있다.

토지소유와 관련해서 '국토법National Land Code 1965'에 따라 쿠알라룸푸르나 조호 바루가 있는 서말레이시아에서 산업용 토지를 포함해서 외국인이 토지를 소유하기 위해서는 연방정부가 아닌 토지가 위치한 주의 행정기관의 허가가 필요하다. 그러나 현실적으로 개인인 외국인이 토지를 구입해 본인의 집을 직접 짓는다는 것은 다소 어려운 것이 사실이다. 따라서 디벨로퍼가 개발한 단지형 주택단지 내의 개별 토지에 건축된 단독주택을 구입하는 것이 더욱 일반적인 방법이다.

원칙적으로 외국인이 부동산을 구입할 때, 경제기획부Economic Planning Unit의 가이드라인EPU Guideline에 따라 다음의 네 가지 경우를 제외하고는 부동산 소유가 가능하다.[3] 따라서 최소 기준만 만족한다면 나대지Vacant Land나 상업용지, 주거용지, 창고/공장용지 모두에 대해 100% 소유권을 확보할 수 있다.

---

3) 출처 : Christopher & Lee Ong(2019), Guide To Doing Business In Malaysia

1. 세대당 100만 링깃(약 2.8억 원) 미만의 부동산
2. 주State별로 최하위Low and Low-medium 가격 범주에 속하는 주거용 부동산
3. 말레이 유보지Malay Reserved Land, 원주민 지역 토지Native Area Land, 원주민 관습적 권리 토지Native Customary Rights Land 위에 지어진 부동산
4. 주별로 개발사업 프로젝트에서 부미푸트라에게 할당한 부동산 (Bumiputera Lot)

> 말레이 유보지 법(Malay Reserved Land Law)은 1914년에 발효된 법으로 영국 식민시대에 중국인과 인도인의 이주로 많은 토지들이 고무나 녹차, 주석과 같은 상업적 목적으로 이용되면서 기존 말레이계들이 토지를 이들 이주민들에게 처분하고 도시로 이주함에 따라 쌀 농작지와 말레이계를 보호하기 위해 영국에 의해 소개된 법이다(출처 : Jafni Azmi, Malay Reservation Land).

다만 앞에서 언급한 가이드라인과는 별개로 외국인의 토지 취득은 주State 정부의 권한하에 있기 때문에 한국의 시조례처럼 해당 주의 기준을 확인해야 한다. 대표적으로 말레이시아는 내국인들이 중저가 부동산을 보다 용이하게 구매할 수 있도록 외국인들에게 최소 매입가 제한 정책Minimum Foreign Investment Values을 시행하고 있다. 여기서 최소 기준은 부동산이 위치한 주State에 따라, MM2H 소지 여부에 따라, 부동산 등기 종류에 따라 [자료 3-1]과 같이 상이하기 때문에 투자 물건에 따라 그 기준을 확인할 필요가 있다.

[자료 3-1] 주^{State}별 외국인 주거용 부동산(콘도미니엄) 취득 시 최소 금액 기준

주(State)		MM2H 비소지자	MM2H 소지자
쿠알라룸푸르(Kuala Lumpur)		RM 1,000,000	
푸트라자야(Putrajaya)			
조호르(Johor) *			
라부안(Labuan)			
트렝가누(Terengganu)			
사바(Sabah)			
클란탄(Kelantan)			
파항(Pahang)		RM 700,000	
멜라카(Melaka) **		RM 500,000	
페를리스(Perlis)			
페락(Perak)		[자료 3-2] 참고	USD 100,000
사라와크(Sarawak)			
	쿠칭(Kuching)	RM 600,000	RM 300,000
	그 외 지역	RM 500,000	
셀랑고르(Selangor) ***			
Zone 1 & Zone 2		RM 2,000,000	
Zone 3		RM 1,000,000	
페낭(Penang)			
Penang Island	Landed Houses	RM 2,000,000	
	Strata Property	RM 1,000,000	
Penang Mainland	Landed Houses	RM 1,000,000	
	Strata Property	RM 1,000,000	RM 500,000
네그리셈빌란(Negeri Sembilan) ****			
Seremban, Port Dickson, Jempol		RM 2,000,000	
그 외 지역		RM 1,000,000	

*조호르 주의 경우 일부 국제 권역(International Zone)의 개별 등기(Individual Title) 토지는 최소 RM 2,000,000을 투자해야 함.

** 멜라카 주는 스트라타 부동산은 RM 500,000이 가능하나 그 외 부동산(Non-Strata Titled Property)은 RM 1,000,000 이상이어야 함.

*** 셀랑고르 주의 각 권역(Zone)에 대한 상세한 지명은 아래와 같음.
  - Zone 1 : Districts of Petaling, Gombak, Hulu Langat, Sepang and Klang
  - Zone 2 : Districts of Kulala Selangor & Kuala Langat
  - Zone 3 : Districts of Hulu Selangor and Sabak Bernam

**** 네그리셈빌란 주에서 외국인은 리스홀드(Leasehold) 부동산만 구입 가능함.

예를 들어 셀랑고르 주는 2014년부터 외국인들의 토지 취득에 대해 크게 3개의 권역Zone으로 나누어 각각 상이한 최소 금액 기준을 적용하고 있다. Zone 1과 Zone 2권역에서 주거용 부동산은 200만 링깃(약 5.6억 원) 이상을 구입해야 하나, 상업용Commercial 및 산업용Industrial 부동산은 300만 링깃(약 8.4억 원) 이상을 구입해야 한다.[4] 또한 Zone 3에서 외국인은 오직 콘도미니엄과 같은 스트라타Strata 등기 부동산만을 소유할 수 있다.

또 다른 예로 조호르 주에서 외국인은 단층형 테라스 하우스나 1층 또는 2층 규모의 상업용 부동산인 리테일Shop이나 오피스 부지를 소유할 수 없다.[5] 또한 2025년 조호 개발 해협 마스터플랜The Straits of Johor Development Corridor Master Plan 2025에 따라 이스칸다 푸트리Iskanda Puteri와 같은 일부 국제 권역International Zone에서는 방갈로와 같이 개별 등기를 가진 부동산Landed Property은 세대당 최소 200만 링깃(약 5.6억 원) 이상, 콘도미니엄처럼 구분소유 등기를 가진 부동산Strata Property은 최소 100만 링깃(약 2.8억 원) 이상을 소유하도록 규제하고 있다.

또한 조호르 주에서 외국인이 부동산을 구입하는 경우 쿠알라룸푸르나 셀랑고르 주와는 달리 부동산 가격의 2%와 2만 링깃(약 560만 원) 중 높은 금액을 추가 부담금Levy Fee으로 내야 한다.[6] 참고로 멜라카Melaka 주에서도 조호르 주와 동일한 기준으로 구매자가 추가 부담금을 내야 하며, 페낭Penang주

---

4) 출처 : https://www.nst.com.my/news/2017/01/203696/foreign-ownership-land-clear-policy-needed
5) 출처: Christopher & Lee Ong(2019), Guide To Doing Business In Malaysia
6) 출처 : https://zico.group/wp-content/uploads/2017/03/ZICO-Law-Malaysia-Comparative-Table-Acquisition-of-Property-By-Foreigners.pdf

에서는 부동산 가격의 3%를 추가 부담금으로 내야 한다.

특히 마하티르 신 정부에서 주별 자치 행정을 강화함에 따라 최근 각 주별로 외국인 부동산 구매 기준이 변경되고 있다. 따라서 부동산 구매를 결정하기 전에 해당 행정 기관에 개정된 최종 최소 금액 기준을 재확인해보길 바란다. 예를 들어 파항Pahang 주는 2018년부터 외국인의 주거용 부동산 취득시 최소 금액 기준을 100만 링깃(약 2.8억원)에서 70만 링깃(약 1.96억원)으로 완화했다.

반면 페락Perak 주는 좀 더 복잡하게 그 기준이 강화되었다. MM2H 비자 소지자는 35만 링깃(약 0.98억원)에서 10만 미국달러(약 1.18억원)로 최소 금액 기준이 변경되었고, MM2H 비소지자는 기존의 100만 링깃(약 2.8억원)에서 지역별로, 등기 유형별로 최소 금액 기준이 [자료 3-2]와 같이 세부적으로 구분되었다.

[자료 3-2] 페락 주 MM2H 비소지자 외국인 부동산 취득 시 최소 금액 기준

구분		Zone 1	Zone 2	Zone 3
지역명		이포(Ipoh)	만중(Manjung), 타이핑(Taiping), 텔룩인탄(Teluk Intan)	그 외 지역
주거용 부동산	Landed	RM 1,000,000	RM 900,000	RM 800,000
	Strata	RM 900,000	RM 800,000	RM 650,000
상업용 부동산		RM240/ft^2 또는 RM 1,000,000	RM240/ft^2 또는 RM 1,000,000	RM190/ft^2 또는 RM 800,000

특히 2019년 10월, 신 마하티르 정부는 '예산안Budget 2020'을 통해 도심 내 초고층 콘도미니엄의 과잉 공급을 고려해 외국인 소유권의 최소 구매

금액 기준을 2020년에 100만 링깃(약 2.8억 원)에서 60만 링깃(약 1.7억 원)으로 한시적으로 완화한다고 발표했다.[7] 아직 구체적인 세부 기준(주별 세부 변경안)은 발표되지 않은 상황이다. 이처럼 한국과 마찬가지로 말레이시아도 대내·외적인 정세 변화에 따라 정부 정책 등이 계속적으로 변화되고 있기 때문에 부동산 구매를 결정하기 전에 최종적인 기준을 확인해볼 필요가 있다.

---

7) 출처: https://www.thestar.com.my/business/business-news/2019/10/11/highlights-of-budget-2020-proposals

아세안 5개국의 외국인 부동산 소유권 취득 비교

말레이시아 부동산 시장의 특장점을 더 분명히 이해할 수 있도록 아세안 5개국의 외국인 부동산 소유권 취득에 관한 규정들을 간단히 비교해서 살펴보자.

베트남

말레이시아를 비롯한 다른 국가들과 비교할 때 베트남 부동산의 가장 큰 특징은 내·외국인 모두 토지를 소유할 수 없다는 것이다. 베트남에서 개인은 토지를 소유할 수 없으며, 매수자는 토지의 공동사용권을 포함하는 건물 소유권 증서인 레드북Red book을 발급받게 된다. 개인 소유권의 최대 기간은 레드북 발행일로부터 50년(연장 가능)이며, 기업의 경우는 투자 허가증에 명시된 투자 기간과 동일하다.

반면 2014년 11월에 제정된 개정법Law on Residential Housing에 따라 외국인도 건축물인 주택을 소유할 수 있게 되었다. 단순히 관광비자Tourist Visa를 보유한 외국인 개인은 물론이고 베트남에 진출한 외국 기업, 부동산 개발기업, 투자 펀드, 외국계 은행의 현지 지점 등이 주택을 소유할 수 있게 되었다. 다만 외국 기업의 경우 주택은 직원 숙소로만 사용해야 하며, 임대 또는 사무실 용도로 주택을 구입할 수는 없다.

외국인 개인에게도 몇 가지 제한을 두고 있다. 예를 들어 콘도미니엄은 단지 전체의 30%를, 단독주택은 단지 전체의 10%를 초과해 외국인에게 분양할 수 없고, 한국의 '구區'라는 행정구역 단위에 상응하는 권역Ward 내에서 250

채를 초과해 분양할 수 없다.[8] 특히 신규로 분양된 콘도미니엄이 아닌 서브세일 부동산을 외국인이 구입하는 경우, 소유주가 베트남 현지인인 경우, 전체 단지의 외국인 제한 범위인 30%에 여유가 있는지를 확인해볼 필요가 있다. 또한, 외국인 소유주 간의 부동산 거래에서는 50년 리스홀드Leasehold 기간이 차감되기 때문에 남아 있는 임대 가능 기간을 확인해 구입할 필요가 있다.

필리핀

필리핀도 헌법상 외국인 개인의 토지 취득이 불가능하며 현지법인 명의로만 취득이 가능하다. 콘도미니엄으로 허가받은 부동산은 소유가 가능하나, 베트남과 유사하게 외국인의 부동산 취득에 제한을 두고 있다. 외국인투자법Foreign Investment of Act 1991의 외국인투자제한 리스트Eleventh Regular Foreign Investment Negative List에 따라 토지 소유권과 콘도미니엄 소유권 모두 40%까지 지분 확보가 가능하다. 따라서 토지가 프리홀드Freehold로 등기된 콘도미니엄을 구입하는 경우, 단일 프로젝트의 전체 세대 수 중 40% 한도 내에서만 외국인의 취득이 가능하다. 이때 한 가지 주의할 사항은 콘도미니엄의 등기부등본을 칭하는 CCTCondominium Certificate of Title가 발행된 콘도미니엄인지를 확인해야 한다는 것이다. 다만 최근 국내에 분양된 더샵 클락힐즈 콘도미니엄처럼 리스홀드Leasehold로 등기된 콘도미니엄은 단지 전체 세대 수의 100%를 외국인이 취득하는 것도 가능하다.

---

8) 출처 : 법무부, 해외 진출 우리 기업을 위한 사례 중심 현지법령해설서.
Ward는 베트남어로 'Phuong(프엉)'이라 불리는 행정 단위로, 보통 1개의 구(區)에는 수천 개의 부동산이 존재하며, 하노이는 177개, 호찌민은 259개의 구로 각각 구획된다(출처 : 유현선(2015), 《해외 부동산 투자&개발 바이블》, 매일경제신문사).

인도네시아

인도네시아는 네덜란드로부터 독립하면서 토지 공유제를 채택해 1960년에 제정된 농지법에 따라 토지의 소유권Hak Milik은 국가나 인도네시아 국민에게만 인정하고, 인도네시아 법인 및 외국인에게는 사용권Hak Pakai만 인정하고 소유권은 인정하지 않는다.[9] 그러나 인도네시아도 베트남과 마찬가지로 자국의 경제 부흥을 위한 외국인 투자를 적극 유치하기 위해 최근 관련 법규를 개정했다.

2016년 9월에 개정된 최근 법안인 Regulation 29에 따라 인도네시아에서 합법적으로 일하거나 거주하는 외국인들은 최대 80년(초기 30년+20년 연장+30년 연장)까지 주택을 소유하고 상속할 수 있도록 완화되었다.[10] 그러나 외국인들이 부동산을 구입할 수 있는 이 권리는 소유권이 아닌 사용권 Hak Pakai의 개념이기 때문에 베트남과 유사하다고 볼 수 있다. 또한 말레이시아와 유사하게 지역별로 외국인들이 소유할 수 있는 최소의 부동산 매입가격 제한이 있다. 특히 말레이시아와는 달리 외국인 1 가구당(가족 포함) 부동산 1개만 소유할 수 있으며, 주택용 토지도 2,000㎡ 이하로만 구입이 가능하다는 제한을 두고 있다.[11] 또한, 부동산을 소유하고 있는 기간 동안에는 체류허가비자Stay Permit Visa를 유지해야 하기 때문에 개인적인 사유로 인도네

---

9) 출처 : 법무부, 해외 진출 우리 기업을 위한 사례 중심 현지법령해설서(인도네시아 투자법제).
10) 출처 : https://indonesiaexpat.biz/business-property/foreigner-owning-property-indonesia
11) 2017년 말 인도네시아 정부는 외국인 투자자에게 유리하도록 타인 소유의 토지 위에 건물을 건축하고 소유할 수 있는 권리인 '건축권(Hak Guna Bangunan)'을 허용하는 방안을 추진 중이나 아직 합법화되지는 않았다(출처 : 법무부, 해외 진출 우리 기업을 위한 사례 중심 현지법령해설서(인도네시아 투자법제) & https://indonesiaexpat.biz).

시아를 떠나게 되면 부동산의 사용권도 함께 처분해야만 하는 부담감이 있다.[12]

태국

태국도 다른 아세안 국가들과 유사하게 외국인은 오직 콘도미니엄만 소유할 수 있다. 다만 태국 콘도미니엄법Thailand Condominium Act에 따라 필리핀이나 베트남과 유사하게 태국도 콘도미니엄 단지 전체의 49% 내에서만 외국인이 소유할 수 있도록 주택 구입의 수를 제한하고 있다. 또한, 콘도미니엄 이외 개별 토지 위에 건축되는 타운하우스나 단독주택과 같은 주택들은 외국인 개인은 소유가 불가능하며, 외국인 개인이 최대 49%의 지분을 소유한 법인을 통해서만 구입이 가능하다.

한 가지 유념해야 하는 것은 콘도미니엄법에 의해 등록되고 토지관리국Land Department에 신고된 콘도미니엄만이 정부에서 발행한 소유권 등기의 권리를 행사할 수 있다는 것이다. 이처럼 법적으로 등록되지 않은 콘도미니엄들도 시장에서 거래되기 때문에 이를 세심히 확인할 필요가 있다.[13]

토지의 경우도 인도네시아와 유사하게 외국인은 토지를 프리홀드Freehold로 소유하지 못하고 리스홀드Leasehold의 형태로만 토지를 사용할 수 있는 권리를 확보하게 된다. 다만 외국계 기업이 공장이나 제조용 창고 건립

---

12) 인도네시아에서 외국인들이 부동산을 소유하기 위해 필요한 체류허가비자의 종류는 외교체류허가(Izin Tinggal Diplomatik), 서비스체류허가(Izin Tinggal Dinas), 방문체류허가(Izin Tinggal Kunjungan), 제한체류허가(Izin Tinggal Terbatas), 영구체류허가(Izin Tinggal Tetap)가 있다(출처 : https://indonesiaexpat.biz/outreach/a-guide-for-foreigners-buying-property-in-indonesia).
13) 출처 : https://www.samuiforsale.com/knowledge/practical-legal-for-condos.html

등의 목적으로 산업용 부지를 구입하는 경우는 프리홀드로 소유하는 것을 허용하고 있다.[14]

외국인이 직접 주택을 건설하고자 한다면 토지를 최대 30년 만기로 장기 임대해서 이를 토지국Land Department에 등기해야 가능하다. 이 경우 30년 만기 전에 다시 임대사용권을 연장해야 하기 때문에 이를 고려해 임대 계약 시 계약관계를 세심히 확인해야 한다.

앞서 살펴본 아세안 5개국의 외국인 주택 구입에 관한 주요한 소유권 취득 제한 사항들을 간단히 비교해서 정리해보면 [자료 3-3]과 같다.

[자료 3-3] 아세안 5개국 외국인 주택 소유권 취득 비교

항목	말레이시아	베트남	필리핀	태국	인도네시아
토지 소유 가능 여부	O (100% 가능)*	X	△ (단, 40% 이내)	△ (산업용지만 가능)	X
소유 가능 주택 유형	모든 주택 유형 가능	모든 주택 유형 가능	콘도미니엄만 가능 (콘도로 등기된 타운하우스 포함)	콘도미니엄만 가능 (법인은 모든 주택 유형 가능)	모든 주택 유형 가능
주택 수 취득 제한	주(State)에 따라 다소 차이가 있음**	• 콘도미니엄 : 30% 이내 • 단독주택 : 10% 이내 • 250세대 이내	40% 이내	49% 이내	가구당 1개
최소 주택 가격 제한 여부	O	X	X	X	O

* : 단, 164페이지에서 설명한 네 가지 경우에는 외국인의 토지 소유가 불가능하다.
** : 쿠알라룸푸르와 셀랑고르 주에서는 외국인이 구입할 수 있는 주택 수에 대한 제한이 없으나, 조호르 주와 멜라카 주는 제한이 있다.

---

14) 출처 : https://www.cbre.co.th/en/SubServices/Bangkok-condo-ownership-law

상속세와 증여세가 없는 매력적인 조세 환경

말레이시아는 원칙적으로 국내에서 발생하거나 취득한 소득에 대해서는 세금을 부과하나, 말레이시아 국외의 소득원으로부터 발생한 소득에 대해서는 세금이 면제된다.[15] 다만, 말레이시아에 고용된 기간이 60일 미만이거나 55세 이상으로 말레이시아에서 고용에 따른 연금을 받는 경우는 소득세에서 면제된다. 그러나 외국인이라도 개인이 182일 이상 거주하는 경우에는 과세 대상이 된다.

임차료나 이자, 고용에 따른 월급 등의 수익은 모두 과세 가능한 소득으로 외국인에게 부과되는 소득세는 비자 종류에 무관하게 동일하게 적용된다. 즉 말레이시아에 소재하는 부동산에서 외국인(한국 거주자)에게 발생되는 소득에 대해 과세 가능하다.[16] 이때 외국인이 말레이시아의 부동산에서 벌어들인 임대소득에 대해서는 28%의 고정세율로 소득세가 부과된다.[17]

다만 뒤에서 살펴볼 양도소득세와 마찬가지로 이자나 필요비, 중개료, 화재보험료와 같은 비용들은 감면해서 과세금액을 산정하기 때문에 한국과는 달리 소득세의 절세 효과도 기대할 수 있다. 예를 들어, 필리핀은 외국인의 임대소득에 대해 다소 낮은 25%의 고정세율을 부과하지만, 말레이시아와는 달리 관련 비용에 대한 감면 혜택이 없기 때문에 단순히 세율로 비교하

---

15) 한국과 마찬가지로 말레이시아도 Customs Act 1967에 따라 개인당 USD 10,000 이하의 현금만 말레이시아로 유입 또는 유출할 수 있다.
16) 부동산 소득의 범위는 부동산의 직접 사용, 임대 또는 기타 형태의 사용으로부터 발생되는 소득에 대해 적용된다(출처 : 국세청 & PwC, 2018/2019 Malaysian Tax Booklet)
17) 출처 : https://www.imoney.my/articles/remember-to-claim-your-rental-income-tax-exemption

기보다는 비용 감면 후 실제 납부세액으로 비교할 필요가 있다. 또한, 이러한 절세 효과를 얻기 위해서는 관련 증빙 서류를 꼼꼼히 챙겨두는 노력과 관심이 중요하다.

기본적으로 주식 배당금에 대한 개인 소득세는 없으나 외국인에게 지급되는 이자 소득에 대해서는 15%, 저작권 사용료Royalties에 대해서는 10%

[자료 3-4] 주요 항목별 세율 비교

항목	말레이시아 세율 (내·외국인 포함)	한국 세율
법인세	17% / 24%	10% / 20% / 22% / 25%
소득세(Income Tax)	0% ~ 28%	6% ~ 42%
배당금(Dividends)	0%	14%
이자	0% / 15%	25% / 14%
로열티(Royalties) 운영서비스(Technical Service Fees)	10% 10%	22% 22%
상속세 / 증여세	0%	10% ~ 50%
사회보장(Social Security)	직원 : 0.5% 고용주 : 1.75%	직원 : 4.5% 고용주 : 4.5%
취득세	0%	유상 : 1% ~ 4% (상속 : 2.8% / 증여 : 3.5%)
인지세(Stamp Duty) : 취득세 개념	주식 : 0.3% 부동산 : 1% ~ 4%	0.2% ~ 2% (상속 : 0.8% / 증여 : 1.5%)
양도소득세(Real Property Gains Tax)	5% ~ 30%	6% ~ 70%
부동산세(Property Assessment Tax)	연임대소득의 4% ~ 10%	0.25% ~ 4%
부가세 / 판매용역세(SST)	5%, 6%(서비스업), 10%	10%

출처 : 딜로이트(Deloitte), International Tax Highlights 2019, 저자 작성

가 과세된다. 또한 자본수익Capital Gain도 기본적으로는 비과세이나 부동산이나 부동산 회사의 주식 처분에 따른 양도소득은 과세된다. 부동산 매각에 따른 양도소득세는 뒤에서 자세하게 설명하겠다.

말레이시아에서 부동산 취득에 따른 세금은 인지세로 구매자가 납부하는데 이에 대한 자세한 설명도 185페이지를 참고하길 바란다.

반면 말레이시아에서 부동산 보유에 따른 부동산세(재산세)는 크게 두 가지의 형태로 부과된다. 즉 지방세에 해당하는 **부동산 평가세**Property Assessment Tax와 토지세 개념의 **면역지대세**Quit Rent가 그것이다. 부동산 평가세는 지역 인프라 시설을 건설하거나 유지관리 등의 공공 서비스 제공을 위한 재원을 마련하기 위한 지방세다. 적정한 시장 연임대소득에 지역별 일정 세율을 곱해 산정되며, 1년에 2번(2월, 8월) 과세된다. 쿠알라룸푸르의 경우 주거용 건물은 4%, 서비스드 아파트는 5~7%, 상업용 건물은 8~10%의 세율이 부과된다.[18] 다만, 한국의 공시지가가 그러하듯 일반적으로 과세 기준의 임대소득은 시장의 실제 임대소득에 비해 낮게(약 40% 수준) 책정되는 경우가 많기 때문에 실제적인 세금 부담은 그리 크지 않다.

면역지대세(Quit Rent)는 중세에서 근대 초기에 영국의 농민이 부역(賦役)·현물 납부에 대신해 영주에게 납부한 현금지대(現金地代)로, 특히 근대 초기에는 식민지가 영국 국왕의 봉토(封土)라는 법 이론에서 식민지에도 적용되었다(출처 : 네이버 지식백과(두산백과)). 말레이시아의 경우도 이러한 영국 식민지 지배의 영향으로 'Quit Rent'라는 이름으로 토지세가 과세되고 있다.

반면 **면역지대세**는 주정부에 의해 과세되는 토지세로 주State에 따라 세율이나 납입 시기(보통 5월 전후)가 다르

---

18) 출처 : http://www.dbkl.gov.my/index.php?option=com_content&view=article&id=2122:soalan-lazim-jabatan-kewangan&catid=214&Itemid=158&lang=ms

며, 경우에 따라서는 같은 주에서도 지역에 따라 달라질 수 있다. 쿠알라룸푸르의 경우 보통 평방피트당 0.035링깃(=0.3767링깃/㎡)인 3.3㎡당 약 350원의 세금이 과세된다. 한국과 비교할 때 재산세는 그리 큰 금액이 아니기에 부동산 보유에 따른 세금 부담이 적으며, 한국에서 고액의 부동산 보유자에 대해 누진세율을 적용해 부과하는 종합부동산세도 말레이시아에는 없다.

부동산 투자와 관련해서 부가세도 살펴볼 필요가 있다. 2015년 4월부터 실시된 **물품 용역세**Goods and Services Tax (GST)는 매공급 단계에서 6%의 고정세율로 세금이 부과되면서 주택 공사비의 자재 가격과 인건비 상승 등으로 주택 가격이 상승해 주택 시장이 한때 위축되기도 했다. 물품 용역세GST는 이전 정부의 주요 재원으로 대규모 인프라 투자에 투입되기도 했으나, 시장의 소비심리를 위축시키는 주요 요인으로 지목되었다.[19] 이에 2018년 9월부터는 정권교체의 핵심 공약이었던 물품 용역세GST를 폐지하고 서민들의 세금 부담을 덜어주기 위해 **판매 용역세**Sales and Services Tax (SST)를 부활해 시행 중이다. 특히 건물 공사에서 시멘트나 벽돌과 같은 자재비에 대해서는 판매 용역세SST를 면제해주기 때문에 부동산 시장에 긍정적인 영향을 줄 것으로 기대된다.

여러 절세 혜택들이 있지만, 무엇보다도 말레이시아의 부동산 투자에서 가장 매력적인 절세 효과는 상속세와 증여세가 비과세된다는 것이다. 한국

---

19) 2015년에 GST를 도입하기 전 SST로 거둬들인 세입은 정부의 총세입의 7.8% 수준이었다. 그러나 GST도입 이후 2017년 기준 GST 비중은 정부의 총세입의 21.3%에 이를 정도로 정부 세입이 늘어나면서 유가하락으로 인한 정부 세수 감소를 보존해주는 역할을 했다(출처 : https://news.kotra.or.kr/user/globalBbs/kotranews/3/globalBbsDataView.do?setIdx=242&dataIdx=166292).

의 많은 자산가들이 절세를 위해 다양한 노력을 시도하지만, 부동산을 상속 또는 증여하는 경우 세금 부담은 매우 크다. 이러한 조세 부담으로 인해 최근 자산가들이 조세 피난처를 찾아 한국을 떠나 해외로 이민을 가거나 한국의 부동산을 처분하고 해외에서 부동산을 구입하는 사례가 늘어나고 있다.

한국의 상속세나 증여세의 최고 세율인 50%(30억 원 초과 시)는 전 세계에서 가장 높은 세율을 부과하는 일본의 55% 다음으로 세계에서 두 번째로 높은 세율이다.[20] 그다음으로 프랑스가 45%를, 미국이 40%의 세율을 적용하고 있다. 더구나 최근 정부는 2020년부터 상속·증여세를 계산할 때 현재 방법인 기준시가(시가보다 낮은 가격이 형성)가 아닌 일정 대상 건물의 시가를 감정평가를 통해 산정하기로 함에 따라 상속·증여세 부담이 더욱 커질 것으로 예상된다.

이러한 점에서 상속세나 증여세가 전혀 없는 말레이시아는 매력적인 부동산 투자국이 아닐 수 없다. 실제로 말레이시아의 최고급 부동산을 구입한 한국인 구매자들 중에는 50세에서 70세 연령의 사업가나 기업 임직원들이 많은데, 이들은 부동산 투자 목적 외에도 한국에서의 상속세나 증여세 부담을 고려해 자녀들이나 손자, 손녀들을 위한 증여 목적으로 미래의 가치 상승을 기대해 구입하는 경우가 많았다.

이는 인근 아세안 국가들과 비교해봐도 말레이시아의 매력적인 조세 환경을 확인할 수 있다(183페이지 [자료 3-6] 참조). 필리핀은 내국인이나 외국인 모두 6%의 상속세를 내야 하며, 베트남의 경우도 1,000만 동(원화

---

20) 출처 : https://taxfoundation.org/estate-and-inheritance-taxes-around-world

약 50만 원) 이상을 상속 또는 증여하는 경우 10%의 세금이 과세된다. 물론 말레이시아 외에도 싱가포르나 홍콩, 캐나다, 호주, 뉴질랜드 등 상속세나 증여세가 없는 나라들이 몇몇 있다. 단순히 상속세나 증여세만이 해외 이민이나 부동산 투자의 기준은 아니기 때문에 개인의 투자 목적이나 자금 여력에 따라 판단해야 하겠지만, 유사한 조건에서 이민이나 투자를 결정한다면 이러한 조세 환경은 매력적인 장점이 아닐 수 없다.

절세 효과가 큰 부동산 양도소득세

양도소득세법Real Property Gains Tax Act 1976에 따라 외국인을 포함한 모든 부동산 소유자는 매도 시 양도차익에 대해 말레이시아 내국세 세무청 위원회Inland Revenue Board of Malaysia에 신고해야 한다. **양도소득세**Real Property Gains Tax (RPGT)는 기본적으로 부동산 매매에 따른 차익에 대해 부과되며 세율도 부동산 보유기간에 따라, 국적에 따라 다음과 같이 상이하게 적용된다.

[자료 3-5] 말레이시아 양도소득세율

대상	내국인 개인	외국인 개인	기업
3년 이내 처분 시	30%	30%	30%
4년 차에 처분 시	20%	30%	20%
5년 차에 처분 시	15%	30%	15%
6년 이후 처분 시	5%	10%	10%

내국인이나 외국인 개인, 기업 모두 3년 이내 부동산을 처분할 경우는 30%의 양도소득세를 내야 한다. 그러나 말레이시아 내국인이 6년 이후에 처분할 경우는 최소 세율인 5%의 양도소득세가 부과된다. 반면 [자료 3-5]에서 볼 수 있듯이, 말레이시아 시민이나 영주권자가 아닌 외국인은 가장 높은 세율을 적용받는다. 부동산 취득 후 5년 이내에 처분 시는 30%의 높은 양도소득세율이 적용된다. 외국인이나 기업은 6년 이후에 매각해야 최소 세율인 10%의 양도소득세율을 적용받는다. 특히 2019년 1월부터 양도소득세법이 강화되면서 6년 차 이후부터는 외국인(개인)과 기업에 대해 기존 5%

에서 10%로, 내국인(개인)은 0%에서 5%로 세율이 조정되었다. 그러나 최대 42%의 양도소득세율을 생각하면 한국에 비해 여전히 낮은 세율이라고 하겠다. 참고로 한국은 1년 미만 보유 시는 50%, 1년 이상 2년 미만은 40%, 2년 이상의 경우는 6~42%의 세율이 적용된다.[21]

　양도소득세는 양도가가 아닌 순 양도차익에 과세되기 때문에 매도에 따른 양도차익이 없다면 양도소득세를 낼 필요가 없다. 그러나 순 양도차익이 있다면 매매 거래 후 60일 이내에 양도소득세를 내야 한다. 이때 양도소득세 계산에서 보유 기간의 산정이 중요한데, 한국에서 매매대금 잔금지급일과 부동산 등기접수일 중 빠른 날을 취득 시기로 보는 것과는 달리 매매계약서SPA를 체결한 날을 취득 시기로 본다는 점이 매우 중요한 차이점이다. 따라서 공사 기간이 2년인 콘도미니엄을 착공 초기에 구입했다면, 입주 시 이미 2년 이상을 보유한 것으로 인정받기 때문에 보유 기간에 대한 부담을 줄일 수 있다.

　단순히 양도소득세의 세율 외에도 자본적 지출 인정 면에서도 말레이시아는 절세 효과가 크다. 한국의 소득세법에서 과세표준을 산정할 때 필요비와 부동산 거래비용, 이전 비용을 필요 경비로 양도차익 계산 시 공제해주는 것처럼 말레이시아도 몇 가지 비용에 대해 양도소득세를 감면해준다. 다만 한국의 경우 양도세 산정 시 자본적 지출로 인정받는 범위가 한정적이며 축소되는 추세임을 강조하고 싶다. 예를 들어, 토지분할을 위한 지적측량수

---

21) 참고로 미등기 양도시는 70%, '조정대상지역'내 2주택자는 16%~52%(누진율), '조정대상지역' 내 3주택자 이상은 26%~62%(누진율)이 적용된다.

수료나 발코니 섀시 또는 보일러 교체 비용, 발코니 확장 공사비만을 인정해 준다. 따라서 화장실 공사나 벽지 교체에 따른 비용 등은 자본적 지출로 인정받지 못해 절세 효과를 얻을 수 없다.

이에 반해 말레이시아는 자본적 지출에 대한 비용 인정 범위가 좀 더 포괄적이기 때문에 이에 따른 절세 효과도 상대적으로 크다고 하겠다. 다만 공제 한도는 1만 링깃(약 280만 원)과 과세가능 수익의 10% 중 큰 금액으로 한정한다.[22]

1. 필요비 Enhancement costs : 인테리어 리노베이션 비용이나 건축비용
2. 부동산 거래 비용: 부동산 중개인이나 법률 자문, 회계, 감정평가와 같이 전문가 서비스에 대해 지불한 수수료
3. 이전 비용 Transfer costs : 인지세를 포함한 거래 비용
4. 광고비 Advertising costs
5. 시장가치 확인을 위한 감정평가 보고서 작성 비용
6. 기타: 양도소득세 산출 시 감면되지 않는 대출 이자 비용 또는 조기 대출상환 비용 등

마지막으로 조세 환경을 총정리하기 위해 말레이시아의 부동산 관련 세금들을 한국을 포함한 아세안 관심 국가들과 비교해 정리해보면 [자료 3-6]과 같다. 싱가포르를 제외하고 다른 국가들에 비해 부동산 투자에 따른

---

22) 출처 : PwC, 2018/2019 Malaysian Tax Booklet

조세 부담이 상대적으로 적다는 것을 알 수 있다.

[자료 3-6] 주요 관심 국가별 부동산 관련 세금 비교

국가	말레이시아	한국	베트남	싱가포르	필리핀
양도소득세	양도차익의 5~30%	양도차익의 6~42% (다주택자는 62% 까지)	양도차익의 2%	0%	양도가[23]의 6%
부동산세	연임대소득의 4% / 10%	0.25~4%[24]	토지 가격의 0.03~0.15% (비농지토지 사용세)	0~16% (소유주 거주주택) 10~20% (비소유주 거주주택)	2% / 3%마닐라 (특별교육세 1% 포함)
상속세	0%	10~50%	10%	0%	6%
증여세	0%	10~50%	10%	0%	2~15%

---

23) 필리핀은 양도소득세 산정 시 매매 가격(Gross Sales Price)과 현재 시장 가격(Fair Market Value) 중 높은 금액을 양도가로 적용한다(출처 : 딜로이트, Philippines Highlights 2019).

24) 한국에서 주택의 부동산세는 시가표준액에 공정시장가액비율 60%를 곱한 금액을 과세표준으로 해서 부동산 가격에 따른 세율을 곱해 산정한다. 반면 싱가포르에서는 정부에서 평가한 부동산 가치(시가표준액)에 세율을 곱해 산정한다.

낮은 부동산 거래 비용

세계적인 부동산 시장 조사 기관인 글로벌프로퍼티가이드Global Property Guide는 부동산 거래에 따라 매도자와 매수자가 내야 하는 총거래비용을 국가별로 조사해 주기적으로 발표하고 있다. [자료 3-7]에서 볼 수 있듯이 말레이시아의 거래비용은 5.18%로 다른 아세안 5개국보다 낮으며, 한국이나 싱가포르, 홍콩에 비해서도 매우 낮다.[25] 여기서 **거래비용**이란, 취·등록비용 Registration Cost, 중개 수수료Agent Fee, 변호사 수수료Legal Fee, 양도소득세Sales and Transfer Tax를 포함한 금액을 말한다.

[자료 3-7] 아시아 주요 국가 거래비용 비교

국가	거래비용
말레이시아(쿠알라룸푸르)	5.18%
한국(서울)	23.98%
베트남(호찌민)	5.57%
필리핀(마닐라)	8.63%
태국(방콕)	10.90%
인도네시아(자카르타)	17.20%
싱가포르	23.95%
홍콩	34.11%

출처 : https://www.globalpropertyguide.com

---

25) 거래비용 산정은 비거주자(Non-resident)인 외국인이 도시별로 중심 지역에 위치한 미화 25만 불(약 3억 원) 상당의 콘도미니엄을 현금으로 구입했을 때를 가정했다. 또한 디벨로퍼나 부동산 전문 기업이 아닌 개인 소유주로부터 신축 콘도미니엄이 아닌 1회 이상 거래되었던 콘도미니엄을 구매했을 경우를 조사했으며 부가가치세(VAT)는 제외되었다.

한국은 취·등록세나 부동산 중개 수수료에 비해 앞서 설명한 양도소득세의 세율이 높아 주택을 사고팔 때 거래비용의 부담이 큰 것으로 보인다. 반면 말레이시아는 인지세와 변호사 자문료, 중개 수수료 정도로 양도소득세는 5년 이상 보유할 경우 다른 아시아 국가들에 비해 높은 편이 아니기에 상대적으로 거래비용이 적다. 인지세와 변호사 수수료 등은 매수자가 부담하는 반면, 중개 수수료는 보통 매도자가 부담한다.

인지세(Stamp Duty)

마치 한국의 취득세처럼 말레이시아에서 부동산을 구입할 때 다음과 같은 비율로 인지세를 산정해 매수자가 납부해야 한다. 특히 2019년 7월부터 100만 링깃(약 2억 8,000만 원)을 초과하는 부동산 가격 구간에 대해 인지세가 강화되어 4%의 세율이 신설되었다.

[자료 3-8] 주요 관심 국가별 부동산 관련 세금 비교

(환율 1RM=280원 기준)

부동산 가격		세율
링깃	원화	
RM 100,000 이하	2,800만 원 이하	1%
RM 100,001 ~ RM 500,000	2,800만 원 ~ 1억 4,000만 원	2%
RM 500,001 ~ RM 1,000,000	1억 4,000만 원 ~ 2억 8,000만 원	3%
RM 1,000,001 이상	2억 8,000만 원 이상	4%

출처 : https://www.globalpropertyguide.com

예를 들어, A씨가 100만 링깃(약 2억 8,000만 원)의 주택을 구입한다고

가정해보자.

[자료 3-8]의 금액 구간별 세율에 따라 다음과 같이 인지세를 산정할 수 있다.

1. RM 100,000 × 1% = RM 1,000
2. RM 400,000 × 2% = RM 8,000
3. RM 500,000 × 3% = RM 15,000

따라서 100만 링깃의 주택을 구입할 경우, 납부해야 될 총인지세는 2만 4,000링깃(1+2+3)으로 부동산 가격의 2.4%인 약 672만 원이다.

이러한 인지세는 거래비용 측면에서 다소 부담이 되는데, 신규 분양 콘도미니엄을 구입하는 경우 **매매계약서**Sales & Purchase Agreement (SPA) 작성에 따른 인지세와 다음에 설명할 변호사 수수료는 디벨로퍼가 부담하는 경우가 많다. 준공 후 디벨로퍼로부터 구분소유 등기Strata Title를 받은 후 **소유권이전증서**Memorandum of Transfer (MOT)를 받게 되는데 이때 납부하는 인지세는 보통 구매자(일부 프로젝트는 디벨로퍼가 부담)가 내야 한다.

반면 198페이지에서 설명할 서브 세일Sub-sale 부동산을 구입하는 경우는 매매계약서SPA와 소유권이전증서MOT를 진행할 때 구매자가 모두 부담해야 한다. 따라서 투자자 입장에서는 신규 분양 물건을 구입하는 것이 거래비용을 절감하는 효과가 있어 더욱 매력이 크다. 참고로 한국은 주택 외 부동산은 4.6%의 고정세율로 취·등록세가 부과되며, 주택은 면적과 가격 구간에 따라 1.1%에서 3.5%로 그 세율이 다양한 편이다.

변호사 수수료(Legal Fee)

한국과는 달리 해외에서 부동산을 거래하거나 대출을 받을 때 복잡한 계약서를 작성해야 한다. 이로 인해 부동산 전문 변호사의 도움이 필요하며 중개 수수료처럼 법률 컨설팅에 대한 비용을 지불해야 한다. 이때 매도자나 매수자 모두가 각자의 변호사에게 자문비를 지불해야 하기 때문에 거래비용 측면에서 다소 부담이 크다. 참고로 변호사는 각자가 선임하는 것으로 매도자(디벨로퍼)나 부동산 중개인의 변호사에게 동일하게 의뢰할 필요는 없으나, 통상적으로 신규 분양 콘도미니엄을 구입하는 경우 디벨로퍼의 변호사에게 의뢰하는 경우가 많다.

2017년 3월에 개정된 변호사보수법 Solicitors' Remuneration (Amendment) Order 2017에 따라 부동산 가격 구간별로 [자료 3-9]와 같이 변호사 수수료를 산정할 수 있다. 여기에 앞에서 설명한 한국의 부가가치세와 유사한 판매 용역세 SST로 변호사 수수료의 6%를 가산해 그 총합을 변호사 수수료로 지불하면 된다.

개정법에서 부동산 매입 또는 매각 자문(1st Schedule)과 대출과 같은 금융 서류 자문(3rd Schedule)의 변호사 수수료율이 증가했다.[26] 늘어난 비용 부담을 줄여주기 위해 이전 법에서는 변호사 자문에 대한 할인이 암묵적으로 이뤄졌다면 개정된 법에서는 서말레이시아에서만 적용되는 주택개발법 Housing Development (Control and Licensing) Act 1966에 의해 규제되는 거래를 제외하고는 매매와 대출 거래에 대해 25%까지 할인을 받을 수 있도록 공식적으로 완

---

[26] 출처 : https://themalaysianlawyer.com/2017/03/09/changes-property-legal-fees

화되었다.[27] 따라서 디벨로퍼에게 직접 구매하는 신규 콘도미니엄이 아니라면 부동산 거래나 대출 진행 시 변호사 수수료에 대한 할인을 협의해볼 필요가 있다.

[자료 3-9] 변호사 수수료율

(환율 1RM = 280원 기준)

부동산 가격 (또는 대출 금액)		세율
링깃	원화	
RM 500,000 이하	1억 4,000만 원 이하	1.0% (최소 RM 500)
RM 500,001 ~ RM 1,000,000	1억 4,000만 원 ~ 2억 8,000만 원	0.8%
RM 1,000,001 ~ RM 3,000,000	2억 8,000만 원 ~ 8억 4,000만 원	0.7%
RM 3,000,001 ~ RM 5,000,000	8억 4,000만 원 ~ 14억 원	0.6%
RM 5,000,001 ~ RM 7,500,000	14억 원 ~ 21억 원	0.5%
RM 7,500,000 초과	21억 원 초과	협의(0.5% 이하)

출처 : 말레이시아 변호사협회(http://www.malaysianbar.org.my)

인지세와 동일하게 예를 들어, A씨가 100만 링깃(약 2억 8,000만 원)의 주택을 구입한다고 가정해보자.

[자료 3-9]의 금액 구간별 세율에 따라 다음과 같이 변호사 수수료를 산정할 수 있다.

1. RM 500,000 × 1% = RM 5,000

2. RM 500,000 × 0.8% = RM 4,000

3. 판매용역세(SST) : (1+2) × 6%(서비스업 세율) = RM 540

---

27) 출처 : 말레이시아 변호사협회(http://www.malaysianbar.org.my/others/faqs_for_conveyancing_transactions.html)

따라서 100만 링깃의 주택을 구입할 경우 납부해야 되는 총 변호사 수수료는 공급가액에 해당하는 9,000링깃(1+2)에 판매 용역세SST 540링깃(3)을 더한 총 9,540링깃(약 267만 원)을 변호사 수수료로 지불해야 한다. 이는 부동산 가격의 약 0.59% 수준이다. 그러나 인지세와 마찬가지로 신규로 분양되는 콘도미니엄을 구입하는 경우는 보통 매매계약서SPA 작성에 따른 변호사 비용은 디벨로퍼가 부담함에 따라 그 금액만큼을 절감할 수 있다.

부동산 중개 수수료 (Real Estate Agent Fee)

말레이시아에서 매매에 따른 중개 수수료는 감정평가사 부동산중개인 협회The Board of Valuers, Appraisers, Estate Agents & Property Managers Malaysia에 의해 규제를 받는다. 한국은 보통 중개 수수료를 거래 당사자 양쪽에서 모두 지불하는 반면, 말레이시아에서는 어느 한쪽에서만 부담하게 된다. 보통 부동산 소유주인 매도자나 임대인이 내는 것이 일반적인 관행이다.

원칙적으로 토지나 건물을 거래할 때 중개 수수료는 3%를 넘지 않는 것을 기준으로 한다.[28] 통상적인 중개 수수료를 살펴보면 중개 건당 최소 1,000링깃(약 28만 원)으로 부동산 가격에 따라 수수료율은 [자료 3-10]과 같이 변동될 수 있다. 일반적으로 최대 30%의 할인을 통해 매도인이나 매수인에 의해 지불된다. 필리핀의 경우 보통 3%에서 5%의 중개 수수료를 내는 것과 비교해보면 말레이시아의 중개 수수료는 2%에서 3% 수준으로 상대적으로 부담이 적은 편이다.

---

28) 출처 : https://miea.com.my/faq/estate-agency-fees

[자료 3-10] 가격 구간별 부동산 중개 수수료율

(환율 1RM = 280원 기준)

토지 및 건물 가격		수수료율
링깃	원화	
RM 500,000 이하	1억 4,000만 원 이하	2.75%
RM 500,000 이상	1억 4,000만 원 이상	2.0%

출처 : https://www.globalpropertyguide.com

임대거래에 따른 중개 수수료를 함께 살펴보면, 한국에 비해 다소 복잡한 기준이 적용됨을 알 수 있다. 한국의 경우 주거용 부동산은 0.4%에서 0.9% 수준인 것에 반해, 말레이시아에서 등록된 중개인에 의한 중개 수수료는 [자료 3-11]과 같다. 실제로는 콘도미니엄을 임대 계약할 때 보통 1년을 임대 단위로 계약을 체결하는데, 월 임대료의 1개월분(월 임대료의 1배)을 중개 수수료로 지불하는 것이 일반적이다. 다만 1년 미만의 임대는 거주일 수에 비례해서 Pro Rata Basis 산정되며, 상업용 부동산인 서비스드 아파트나 브랜디드 레지던스, 오피스에 대해서는 다르게 적용될 수 있다.

[자료 3-11] 부동산 중개 수수료율

임대 기간		중개 수수료
3년까지		월 임대료(Gross Rent)의 1.25배
3년~4년		월 임대료의 1.50배
4년~5년		월 임대료의 1.75배
5년 이상	리뉴얼 옵션 X	월 임대료의 1.75배
	리뉴얼 옵션 O	월 임대료의 1.75배에 해마다 월 임대료의 0.25배 추가
임대료 검토(Rent Review)[29]		상기 중개 수수료의 50%
토지와 빌딩 매각		최대 3%

출처 : Valuers, Appraisers & Estate Agents Rules 2000 & 2009

---

29) 3년 이상의 상업용 부동산의 임대차 계약 시 3년 또는 5년마다 임대료를 재검토하는 업무를 추가하기도 한다.

해외 부동산 투자 절차

해외 부동산의 투자 절차를 살펴보기 전에, 주거용 부동산과 관련된 용어의 개념을 먼저 살펴볼 필요가 있다. 말레이시아를 비롯한 많은 나라에서 불리고 있는 '콘도미니엄Condominium'과 '아파트Apartment'라는 단어의 개념이 한국과 다르기 때문이다.

콘도미니엄Condominium이란 우리나라에서 아파트라고 불리는 분양형 집합주택을 말한다. 토지와 공용 공간(복도나 피트니스와 같은 부대시설)에 대해서는 공동 소유권을 보유하고, 세대별로는 지상권Ownership of Airspace과 유사한 개념으로 토지와는 별개로 집Unit에 대한 소유권을 가지는 공동주택을 말한다. 흔히들 콘도Condo라고 줄여서 부르기도 하는데, 한국의 휴양형 숙박시설인 콘도미니엄(콘도)과 혼돈하지 말아야 하겠다. 다만 '서비스드 아파트'와 '서비스드 레지던스'라는 용어가 다소 혼용되어 사용되고 있는데 서비스드 아파트는 분양 가능한 풀옵션으로 마감된 콘도미니엄을 말한다.

[자료 3-12] 해외 부동산 구입 절차

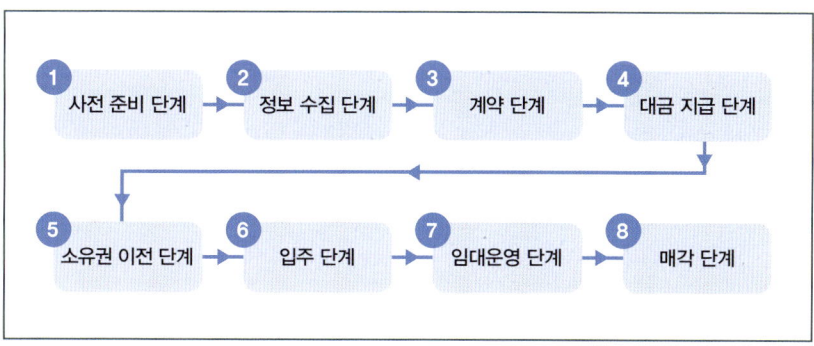

국내 부동산과 유사하게 말레이시아를 비롯한 해외에서 부동산을 구입할 때 일반적인 구입 절차는 크게 [자료 3-12]와 같이 8단계로 구분할 수 있다.

이러한 8단계 중 '첫 단추'에 해당하는 가장 중요한 단계인 1단계 '사전 준비' 단계와 2단계인 '정보 수집' 단계에 대해 좀 더 구체적으로 살펴보자. 실제 투자 대상 물건을 결정해 계약을 체결하기 전까지인 이들 단계는 [자료 3-13]과 같이 다시 세부적으로 분류할 수 있다.

먼저 **'사전 준비'** 단계에서 거시적으로 투자를 희망하는 국가와 도시를 선정한 후 투자할 주택 유형 또는 규모를 결정해 필요한 준비 자금을 사전에 확인해둘 필요가 있다. 투자할 국가 및 도시를 선정하는 데 가장 중요한 고려 요인은 무엇보다도 나의 투자 목적일 것이다. 다시 말해 순수한 부동산 투자용 목적인지, 아니면 편안한 노후를 위한 실제 거주용 목적으로 의료시설까지의 접근성이 중요한지, 또는 자녀 교육을 위해 교육 시설과의 접근성이 중요한지를 먼저 명확히 결정해야 한다. 이러한 투자 목적이나 투자 기간(보유 기간)에 맞는 적합한 대상지를 결정하기 위해서는 그 나라의 경제성장률과 같은 거시경제지표 외에도 외국인 투자자에 대한 세금이나 규제 정책 등을 사전에 자세히 조사할 필요가 있다.

[자료 3-13] 투자 의사 결정 과정

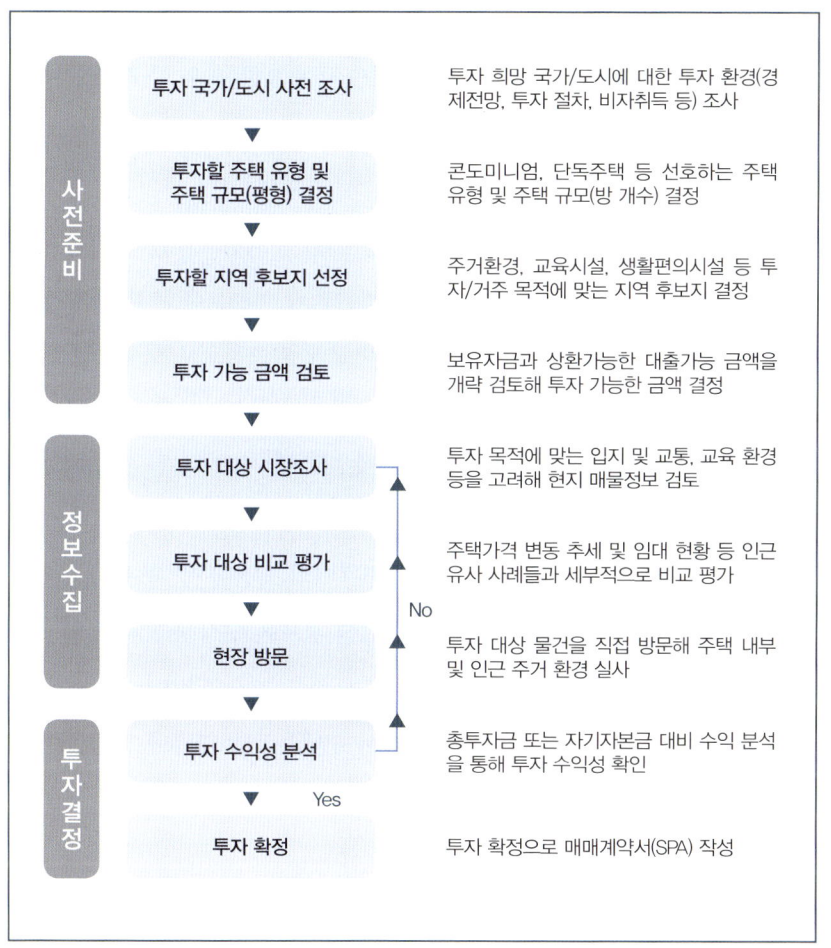

특히 본인이 동원할 수 있는 자기자본금을 우선 확인한 후, 본인이 감당할 수 있는 원리금 상환액수를 개략적으로 검토해 투자 가능한 금액이 총 얼마인지를 확인해야 할 것이다. 또한, 대출이 필요한 경우 한국에 있는 은행을 활용할 것인지, 아니면 현지 은행을 통해 조달할 것인지에 대한 검토도 사전에 필요하다. 최근에는 인터넷이 발달해 간단한 영어 키워드로 검색을 해보면 그 나라의 금융 시스템과 외국인을 위한 주택담보대출 금리를 개략적으로 확인할 수 있다. 물론 정확한 대출 금액과 이자율은 추후 투자 물건이 확정된 후 여러 은행들의 대출조건을 비교해 최종적으로 결정하면 된다. 그러나 해외 부동산 투자는 국내 부동산에 비해 위험요인이 많기 때문에 구체적으로 실행 가능한 투자 계획을 먼저 세우고 예상하지 못한 변수에 대응하는 투자의 기본 자세가 더욱 중요하겠다.

'**정보 수집**' 단계에서는 현지 중개 전문가의 도움을 받거나 시장 정보를 제공하는 인터넷 전문 사이트를 통해 매물 정보를 수집해 현지 매물 가격과 임대료 추세를 비교 검토할 수 있다.

다음의 웹사이트들은 말레이시아에서 주택을 구입하거나 임차할 주택을 조사할 때 현지 매물에 대한 시장 정보를 수집할 수 있는 부동산 전문 인터넷 사이트이니 참고하길 바란다.

말레이시아 부동산 시장정보(매매, 임대 등) 제공 사이트

https://www.iproperty.com.my

https://www.propertyguru.com.my

https://www.edgeprop.my

https://www.propsocial.my

https://www.propwall.my

https://homes.trovit.my

http://propmex.com.my

http://www.starproperty.my/home.jsp

https://nuprop.my

인터넷을 통한 정보 수집도 중요하나 무엇보다도 투자 대상 지역을 직접 방문해 개별 물건의 상태뿐만 아니라 인근 지역의 주변 상황을 눈으로 직접 확인해야 한다. '부동산 투자는 발품을 팔아야 된다'는 말이 있듯이, 부동산은 이질적인 특성이 강하기 때문에 번거롭더라도 투자를 결정하기 전에는 반드시 직접 구입할 주택이나 지역(동네), 도시를 눈으로 확인해야 할 것이다.

마지막으로 총투자금이나 자기자본 대비 기대한 수익률을 달성할 수 있다고 판단된다면 투자를 결정하고 계약을 진행하면 된다. 부동산 투자와 관련된 구체적인 내용은 투자국의 현지 부동산 전문 변호사나 세무사와 같은 전문가들의 도움을 받아 명확히 확인할 필요가 있다.

말레이시아 선분양 공급 제도

대부분의 국가들은 신규 주택을 공급할 때 후분양 제도를 기준으로 하고 있다. 후분양 제도에서는 **사전청약**Pre-sale의 개념으로 분양 가격의 10% 정도를 계약금으로 지급하고 준공 시 구매할 의사가 있음을 표현하게 되는데 이는 실제적인 구매 행위는 아니다. 따라서 건물이 완공되는 시점에 분양가격이 상승하게 되면 사전청약자는 기既 지급한 계약금에 청약서에 따른 이자를 포함해서 돈을 되돌려 받거나 아니면 사업비 차액(증가된 공사비)을 추가로 납부함으로써 구매를 확정하게 된다.

반면 말레이시아는 한국과 마찬가지로 선분양 제도를 인정하는 국가 중 하나다. 따라서 계약금을 납부하고 매매계약서를 작성함으로써 구매를 확정할 수 있다. 이처럼 말레이시아는 신규 주택을 공급할 때 크게 두 가지 방식을 적용한다. 선분양제도인 **Sell Then Build**STB 시스템과 후분양제도인 **Build Then Sell**BTS 시스템이 그것이다.

말레이시아도 한국과 마찬가지로 선분양제도인 Sell Then Build 방식을 통해 주로 주택들이 공급되고 있다. 흥미로운 사실은 한국이 후분양제를 도입하고자 시도했던 2007년 같은 해에 말레이시아도 Build Then Sell 시스템과 **10:90 시스템**을 민간 분양 시장에 도입하려고 시도했다는 것이다. 말레이시아는 1983년 수출 부진에 따른 경제위기 속에 미준공된 분양형 주택이 처음으로 발생하고, 1997년 아시아 금융위기를 겪

> 10:90 시스템이란 매매계약서를 체결하면 계약금으로 10%를 납입하고 주택이 준공될 때 잔금 90%를 납부하는 방식을 말한다(출처 : https://www.hba.org.my/articles/iprop/2006--what.htm).

으면서 수분양자를 보호할 수 있는 제도의 필요성이 대두되었다. 이에 후분양제인 Build Then Sell 시스템을 민간 시장에 도입하기 위해 인센티브 부여 등의 여러 정책들이 시도되었다. 그러나 한국과 유사하게 디벨로퍼의 선택사항이지 의무사항은 아니기 때문에 후분양제도가 시장에 정착되기까지는 시간이 필요할 것으로 보인다.

말레이시아에서 주택을 구입하는 방법은 경매를 통한 방법 외에 크게 두 가지의 유형으로 구분할 수 있다. 즉 디벨로퍼로부터 **신규 분양**New Launch **부동산**을 사는 방법과 준공이 완료되어 소유권을 개발자가 아닌 특정 소유주가 가지고 있는 **서브 세일**Sub-sale **부동산**을 사는 방법이 그것이다. 디벨로퍼가 개발한 신규 분양형 부동산은 이른바 **오프플랜**Off-plan **부동산**이라고도 불린다. 한국처럼 준공이 되기 전에 디벨로퍼(한국은 주로 건설사)로부터 선분양을 통해 구입하는 부동산을 말한다. 반면 서브 세일 부동산은 디벨로퍼가 아닌, 그 부동산을 구입한 개인(또는 기업) 소유주로부터 구입한다는 점에서 큰 차이가 있다.

한국에서도 계약금과 중도금(3회~5회), 잔금으로 나누어 아파트를 구입하듯이, 말레이시아에서도 매매계약서SPA 체결 후 계약금을 낸 후 사전에 디벨로퍼에 의해 제시된 공사일정에 따라 수차례에 나누어 중도금을 내야 한다.

준공되지 않고 건설 중인 신규 부동산을 구입할 때, 다른 나라들처럼 말레이시아의 디벨로퍼들도 분양 촉진을 위해 경우에 따라 분양가의 일정 비율(약 2~8%)을 할인해주는 경우가 있다. 따라서 아직 완공되지 않은 공사 중인 부동산을 구입하는 것이 준공 이후의 서브 세일 부동산을 구입하는 것보다 미준공과 같은 위험요인은 있을 수 있으나 좀 더 저렴한 가격으로 구입할 수 있어 투자자들에게 선호된다. 또한 앞에서 살펴본 거래비용을 고려해보면, 일반적으로 공사 중인 신규 분양 물건은 한국과 마찬가지로 중개 수수료가 발생하지 않고 매매계약서SPA 작성 시 인지세나 변호사 수수료를 디벨로퍼가 부담하는 경우가 많기 때문에 거래비용을 절감할 수 있다는 장점이 있다.

참고로 부동산 분양계약과 관련해서 말레이시아는 표준화된 매매계약서(콘도미니엄의 경우 Schedule H) 양식의 사용이 의무사항이나 일부 디벨로퍼의 경우 조항을 수정하는 경우도 있다.[30] 그러므로 추후 소송 등의 분쟁 발생 시를 대비해서 되도록 표준계약서를 사용하는 것이 권장된다. 또한 한국과는 달리 부동산을 거래하거나 대출을 신청할 때 믿을 만한 부동산 전문 변호사의 자문이 필요하다. 1장에서 2~3장으로 끝나는 한국의 간단한 매매계약서와는 달리 수십 장에 달하는, 그것도 영어로 쓰여진 복잡한 계약서를 꼼꼼히 읽어낼 수 있는 인내심도 함께 필요하다.

여기서 한국의 주택 분양 시장과 다른 중요한 차이점은 말레이시아는 한국과 같은 완공에 대한 법적 보증장치가 없다는 것이다. 한국은 입주 전까지 분양계약자를 보호하기 위해 1993년부터 주택법에 따라 선분양 시 주택도시보증공사HUG의 주택 분양보증에 반드시 가입하도록 규제하고 있다. 이러한 주택분양보증제도는 우리나라만의 독특한 주택공급제도로 주택을 건설하던 회사가 파산이나 부도 등으로 공사가 중단된 경우 분양받은 주택의

---

30) 한국은 민간임대주택의 임대차계약 시는 부동산 표준계약서의 사용을 의무화하고 있으나, 부동산 매매와 같은 그 외의 계약 행위에서는 표준계약서의 사용이 권장사항이다.

완공을 보증해주는 제도다. 또한 PF Project Financing 대출을 통해 주택을 공급하는 경우 건설업체의 신용보강 수단으로 책임준공을 약정하게 함으로써 시공사가 디벨로퍼의 의무불이행 등의 어떠한 사유에도 공사를 중도에 포기하지 못하고 완공시키도록 보증하고 있다.

그러나 말레이시아는 다른 나라들과 유사하게 국가 차원의 보증장치가 없기 때문에 결국 디벨로퍼가 계약서의 약속된 준공일에 완공할 거라는 디벨로퍼의 평판과 신용을 믿고 투자해야 한다. 따라서 투자를 결정하기 전에 디벨로퍼의 평판에 대한 검토와 확인이 필요하다.

다만 말레이시아도 주택개발법 Housing Development (Control & Licensing) Act 1966을 통해 수분양자의 권리를 보호해주고 있다. 쿠알라룸푸르나 조호 바루가 있는 서말레이시아에서는 라이센스 License가 있는 디벨로퍼만이 주택(4세대 이상)을 개발할 수 있으며, 이러한 자격 요건이나 기간, 라이센스 보증금 등을 법으로 상세히 규제하고 있다. 또한, 수분양자가 납입한 분양 대금도 동법에 따라 디벨로퍼의 **주택개발계좌** Housing Development Account로 입금되고, 마치 신탁계좌처럼 정부에서 통장의 입출금을 관리하며, 경우에 따라서는 통장의 회계감사도 진행하기 때문에 우려할 필요는 없다.

또한 건물의 완공과 관련해서 주택개발법에 따라 콘도미니엄과 같은 스트라타 부동산 Strata Property의 경우 디벨로퍼는 분양승인 후 최초 매매계약서 SPA가 체결된 후 36개월 이전, 방갈로와 같은 토지 정착 부동산 Landed Property은 24개월 이전에 건물을 완공시켜야 한다.[31]

---

31) 주택개발법(Housing Development (Control & Licensing) (Amendment) Act 1996)에 따라 수도와 전기 공급이 연결 가능한 주택을 36개월 이내에 수분양자에게 인계되어야 하며, 경우에 따라 연장은 가능하다.

완공이 지연되는 경우 주택개발법에 따라 수분양자는 지체보상금 Liquidated Ascertained Damages (LAD)으로 분양 가격의 10%에 연간 지체 일수를 곱한 금액(분양가×10%×총지체 일수/365일)을 보상받을 수 있다. 이 경우 디벨로퍼가 지체보상금LAD을 지급하지 않는다면, 납입해야 할 분양가 잔금에서 차감할 수도 있다. 다른 한편 공사가 지연되거나 미준공되는 것을 방지하기 위해 매매계약서에서 약속한 날짜보다 6개월 이상 지연 또는 중단되는 경우 디벨로퍼는 3년 이하의 징역이나 50만 링깃(약 1.4억 원) 이하의 벌금을 내도록 하고 있다.[32] 또한, 한국에서 공사비의 일정 비율만큼을 계약이행보증금으로 설정하는 것처럼, 말레이시아도 토지비를 제외한 사업비(공사비, 금융비, 예비비 포함)의 3%를 이행보증금의 개념으로 예치하도록 법으로 규정하고 있어 미준공이나 입주 지연의 위험은 그리 크지 않다고 하겠다.[33]

---

32) 관련한 근거 법은 Housing Development (Control & Licensing) (Amendment) Act 2012의 Section18A 조항이다.
33) 관련한 근거 법은 Housing Development (Housing Development Account)(Amendment) Regulations 2015의 Regulation 3A 조항이다.

말레이시아와 한국의 분양 시장 차이

앞서 분양 공급 제도를 설명한 것과 같이, 말레이시아에서 주택을 구입(또는 임대)할 때 한국과는 몇 가지 차이점들이 있기 때문에 이를 비교해서 말레이시아의 분양 시장을 이해할 필요가 있다. 몇 가지 중요한 차이점들을 정리해보면 [자료 3-14]와 같다.

[자료 3-14] 말레이시아 vs. 한국 분양 기준

국가	말레이시아	한국
전용면적 기준	중심선 치수 기준 (외벽/내벽 중심 기준)	안목치수 기준 (벽면 안쪽 마감선 기준)
발코니 면적	전용 면적에 산입	'가장 긴 외벽길이 x 1.5m' 면적은 제외하고 면적에 산입
인테리어 마감	Full-furnished 또는 Semi-furnished	Semi-furnished 수준
분양 대금 지급	공사 일정에 따라 중도금을 수회에 걸쳐 지급	중도금을 3회-5회에 걸쳐 지급
분양가	분양 단계를 나누어 분양가 상승	분양승인 이후 분양가 확정
분양권 전매	디벨로퍼의 동의를 얻은 경우 가능	지역에 따라 다름 (서울지역 전매 금지)

전용면적 & 발코니 면적 기준

전용면적은 복도와 같은 공용면적을 제외한 개인이 소유 또는 점유하는 집의 순^{Net} 면적으로 말레이시아에서 매매계약서^{SPA}에 표시되는 전용면적은 벽 중심선을 기준으로 산출된다. 한국은 주택법 적용을 받는 아파트와 오피스텔은 중심선이 아닌 안목치수 기준으로 전용면적의 산출 기준이 바뀌었다.[34] 여기서 한 가지 주목해야 할 차이점은 한국과는 달리 발코니 면적이 전용면적에 포함된다는 것이다. 즉 발코니 면적이 분양가에 포함되어 있기 때문에, 발코니 공간도 별도의 비용을 주고 구입한다는 것을 유념하고 구입을 결정해야 한다.

인테리어 마감

말레이시아를 비롯한 해외에서 주택을 구입(또는 임대)할 경우, 여러 매물 리스트의 가격들을 비교할 때 유의해야 하는 포인트 중의 하나는 인테리어 마감 수준의 차이다. 한국에서 주택을 분양할 때 일반적으로 벽지나 바닥 마감과 같은 기본적인 인테리어 마감 외에 붙박이 가구나 싱크대와 같은 주방가구, 천정형 조명 등은 모두 기본 분양가에 포함되어 있다. 반면 해외에서는 인테리어 마감의 제공 범위에 따라 크게 세 가지 타입으로 구분할 수 있다.

먼저 한국의 주거용 오피스텔과 유사하게 세탁기나 냉장고와 같은 빌트인 생활가전과 시스템에어컨 등이 인테리어 마감으로 제공되는 **풀퍼니시드**Fully-furnished 타입이 있다. 특히 풀퍼니시드Fully-furnished 세대는 침대와 소파, 커튼, 스탠드 조명 등 말 그대로 호텔처럼 몸만 들어가서 바로 생활이 가능한 선택 가능한 모든 것이 제공되는 집을 말한다. 한국에서 '풀옵션'이라고 부르는 집이 바로 풀퍼니시드 하우스인 것이다. 다만 한국과는 달리 TV나

---

34) 건축법 대상의 부동산(주택)은 벽 중심선을 기준으로 전용면적이 산출되며, 건물의 외벽의 중심선을 기준해 산정할 경우 안목치수로 산정한 면적보다 실제 사용면적이 약 6%~9% 작은 것으로 알려져 있다.

펜던트형 조명기구는 개인별 취향을 고려해 디벨로퍼에 따라 기본 마감에 포함을 안 시키는 경우도 있다.

이와는 반대로 흰색 페인트 벽체 마감에 샤워기나 변기와 같은 기본 욕실 용품, 벽 배선과 스위치만이 제공되는 **언퍼니시드**Unfurnished 타입도 있다. 여기에 중간 형태로 그 기준이 다소 모호하기는 하나 일부 인테리어 마감이나 가전제품 등이 포함되는 **세미퍼니시드**Semi-furnished 또는 **부분마감**Partially-furnished 타입이 있다. 세미퍼니시드Semi-furnished 세대는 바닥 마감은 세일즈 갤러리(분양 모델하우스)에 연출된 마감과 유사하나 벽은 벽지 대신 흰색 페인트로 마감되는 경우도 있다. 주방가전과 욕실의 위생도기, 천정 매입형 등기구 등은 일반적으로 기본 마감에 포함된다.

한국과는 달리 초고층 콘도미니엄을 분양할 때 의도적으로 층별로 풀퍼니시드와 세미퍼니시드로 나누어 상품을 차별화시키고, 분양가도 이러한 마감수준에 따라 차이를 두는 경우가 있다. 이는 고객들의 다양한 니즈Needs와 취향을 고려해 분양성을 높이기 위한 마케팅 전략으로 볼 수 있다. 풀어서 설명하면, 세컨드 하우스 개념이나 임대수익을 고려한 투자 목적으로 구입하는 고객은 별도로 가구나 가전을 구입하고 싶어 하지 않는 경우가 많다.[35] 반면 실제 거주목적으로 구입하는 고객은 본인이 원하는 인테리어 스타일로 직접 디자인하거나 또는 본인의 가구나 가전을 그대로 사용하기를 희망할 수 있기 때문에 분양가나 층 구성에 이를 반영해 다양한 선택의 폭을

---

35) 세컨드하우스란 본래의 집을 가지고 있는 상태에서 휴가나 주말 동안 잠시 쉴 목적으로 지방이나 도시 근교에 마련하는 주택을 말한다(출처 : 네이버 지식백과(시사상식사전)).

제시하는 것이다.

분양 대금 지급

앞서 설명한 것과 같이 말레이시아와 한국은 모두 선분양제도를 인정하지만, 분양계약자가 우려하는 완공에 대한 리스크를 보완하는 방법에는 차이가 있다. 한국은 주택분양보증제도를 통해 보호받으며, 계약금 10~20%, 중도금 3~5회, 잔금 10~20%의 수준에서 디벨로퍼가 정한 기성비율에 따라 분양가를 납입하는 것이 일반적이다.

반면, 서말레이시아에서는 주택개발법 Housing Development Act 1966에 따라 콘도미니엄과 같은 구분소유 등기를 가지는 스트라타 Strata 부동산은 표준계약서인 H 스케줄 Schedule H의 '분양가 지급 일정 Schedule of Payment of Purchase Price' 기준에 따라 [자료 3-15]와 같이 공사 일정에 따라 분양 대금을 납입해야 한다.

매매계약서 SPA 작성 시 10%의 계약금을 납부한 후 공사 일정에 따라 일정 비율로 디벨로퍼가 각 단계가 완료되었음을 서면으로 통지해오면 30일 이내에 납부해야 한다. 이 경우 외국인 구매자는 보통 디벨로퍼의 계좌로 전신송금 Telegraphic Transfer을 통해 돈을 이체하는데, 경우에 따라서는 내국인 거주자들처럼 신용카드(카드 수수료 추가 발생)로도 지급이 가능하다. 다만 표준계약서에서 납부 비율을 규정하고는 있으나 디벨로퍼에 따라 납부 비율이 약간의 차이로 다소 달라질 수는 있다.

납입 금액은 구입하고자 하는 주택이 어떤 공정에 있을 때 매매계약서를 작성했느냐에 따라 다르지만, 보통 매매계약서를 작성한 후 3년 이내에 공사 일정에 따라 납부하게 된다. 또한, 대출을 받아 분양 대금을 납부하는 경우 은행에서 직접 디벨로퍼의 계좌Housing Development Account로 입금해준다. 다만 한국처럼 추첨방식으로 세대를 분양받는 것이 아니라, 사전에 구매하고자 하는 특정 층의 특정 세대를 먼저 결정하게 된다. 이를 위해 매매계약서 작성 전에 분양가의 1%에서 3% 수준의 예약금Booking Fee를 지급해야 한다. 예를 들어 200만 링깃(약 5.6억 원)의 콘도미니엄을 구입하는 경우 2만 링깃(약 560만 원)을 예약금으로 지급하게 된다. 이러한 예약금은 추후 계약금 10% 납입 시 차감해서 계산되기 때문에 계약금의 일부라고 보면 되겠다.

[자료 3-15] 분양 대금 납부 스케줄

단계	항목	납부 시점	납부 비율
1	계약금	매매계약서(SPA) 작성 시 즉시	10%
2	중도금	각 단계 완료 서면 통지 후 30일 이내	65%
	2a	1층 하부 지하층 공사 완료 시	10%
	2b	세대 골조구조 완료 시	15%
	2c	세대 내 벽/창호공사 완료 시	10%
	2d	세대 내 천장/설비/전기공사 완료 시	10%
	2e	세대 인테리어 마감 완료 시	10%
	2f	건물내 하수도 공사 완료 시	5%
	2g	건물 배수 공사 완료 시	2.5%
	2h	도로포장 공사 완료 시	2.5%
	잔금	세대 인도 시	25%
3		수도/전기 공급 연결준비가 완료된 입주 시	17.5%
4		구분소유 등기(Strata Title) 서류 접수 시	2.5%
5	5a	세대 인도 후 8개월 이내	2.5%
	5b	세대 인도 후 24개월 이내	2.5%

분양가 & 분양권 전매

한국은 분양가 승인 후 분양가가 확정되면 분양 기간 동일한 가격으로 분양이 이루어지는 것이 일반적이다. 물론 미분양이 발생하면 분양 후반기에 디벨로퍼가 할인을 제안하는 경우는 있으나 승인받은 분양가를 임의로 올리지는 못한다. 이에 반해 말레이시아를 비롯한 일부 국가들은 마케팅 전략으로 분양 초기에는 낮은 가격을 제시하고 시간이 지날수록 분양 가격을 올려 초기에 더욱 많은 위험을 감수하고 구매를 결정한 구매자들에게 좀 더 낮은 가격으로 부동산을 구입할 수 있도록 한다. 다시 말해 분양을 시작하고 준공이 되기 전까지 디벨로퍼들은 단계적으로 분양가를 상승시켜 초기 분양을 활성화시키고 부동산 자산의 가치를 끌어올려 개발에 따른 이익도 극대화하고 있다.

한편 분양권 전매 가능 여부는 투자자들이 관심 있게 지켜보는 정책 중 하나다. 예를 들어 필리핀은 분양권 전매가 합법적으로 가능하며 한국도 서울 외 지역에서는 분양권 전매가 허용된다. 반면 말레이시아는 원칙적으로 최초 신규 분양 물건을 구입한 소유주가 잔금을 완납한 후에 거래할 수 있다. 다만 예외적으로 디벨로퍼의 동의를 얻으면 준공 전에도 분양권 전매 거래가 가능하다. 준공 이후 디벨로퍼로부터 구분소유 등기권Strata Title을 발급받기 전에 부동산을 매도하고자 하는 경우에도 디벨로퍼의 동의를 얻은 후 **양도 증서**Deed of Assignment를 통해 매도할 수 있다.

참고로 임대 시장이 발달한 말레이시아에서는 콘도미니엄을 구입한 소유주가 관리회사Management Corporation에 **유지관리비**Maintenance Fee+Sinking Fund를 별도로 지급하도록 되어 있다.[36] 이는 우리나라 아파트의 일반 관리비와 유사한 개념으로 경비나 청소 관련 비용, 부대시설 운영비용, 보험료 외에 장기수선충당금Capital Expenditure에 해당하는 공용 부분의 페인팅이나 리모델링 수선 등에 충당되는 금액을 포함한다. 한국에서 장기수선충당금을 소유주가 내는 것과 다소 유사하게 말레이시아에서 콘도미니엄을 임대할 때 유지관리비는 임차인이 아닌 임대인이 지급하도록 되어 있다. 따라서 부동산 구입을 결정하기 전에 투자 측면에서 다소 부담이 될 수 있는 월 유지관리비 수준을 확인할 필요가 있다.

결론적으로 말레이시아에서 선분양제도를 통해 공급되는 신규 분양 주택을 구입하고자 할 때 진행 절차와 관련 내용을 간단히 도식으로 정리해보면 [자료 3-16]과 같다.

[자료 3-16] 신규 분양 주택 구입 절차

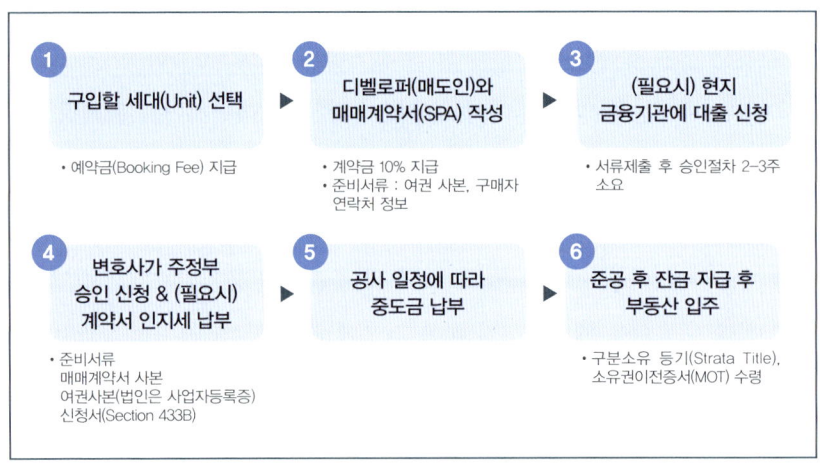

---

36) 말레이시아의 관련 법(Strata Management Act(SMA) 2013의 Section 51(2))은 유지관리비에 대한 구체적인 비율은 규정하지는 않으며, 분양 프로젝트에 따라 다소 차이가 난다.

한국의 모델하우스인 '세일즈 갤러리(Sales Gallery)' 둘러보기

한국에서 '모델하우스'라고 부르는 분양 마케팅을 위한 공간을 말레이시아에서는 **세일즈 갤러리**Sales Gallery라고 부른다. 한국과 마찬가지로 분양하는 콘도미니엄의 모형을 전시하고 주력 세대의 인테리어를 실제로 재현해 판촉 활동을 한다.

흥미로운 점 중의 하나는 세대 인테리어에서 중요한 마감 수준과 빌트인 가전 제품의 사양(브랜드), 마감 디자인 색상 등이 디벨로퍼에 따라서는 한국과는 달리 분양 카탈로그의 마감 수준과 '동급 이상의 것'으로 대체되어 시공될 수 있다는 것이다. 공사 진행 과정에서 자재 재고의 부족과 같은 수급 상황이 달라질 수 있기 때문에 동급 이상의 품질을 가진 자재로 대체하거나 마감 색상도 다른 색상으로 대체해 시공하기도 한다. 이런 경우에 수분양자의 불만이나 이의 제기가 보통 없다고 하니 한국과는 차이가 난다.

최근 쿠알라룸푸르에서 분양 중인 최고급 브랜디드 레지던스 프로젝트는 180도 곡면 대형 화면에 동영상을 감상할 수 있는 시청각실과 VR 홍보물도 시연하는 등 한국의 분양 마케팅 기술과 견주어 뒤떨어지지 않는 전문성을 보여준다. 특히 말레이시아의 세일즈 갤러리에는 세대별로 분양 현황을 누구나 확인할 수 있도록 분양 현황표를 전시해놓고 있다. 분양률에 관한 확인이 모호한 한국과는 달리 특정 세대를 분양받는 말레이시아의 주택 시장의 특성으로 인해 분양 상황을 보다 객관적으로 확인할 수 있다는 점은 시장의 투명성 측면에서 장점이 아닐 수 없다.

[자료 3-17] 세일즈 갤러리 사례

세일즈 갤러리 전경	분양 현황표
	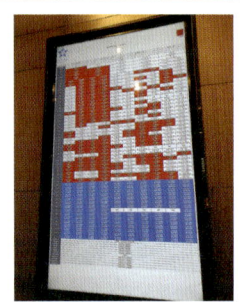
데사 파크시티 사례	스타 레지던스 타워 사례

신뢰도 높은 말레이시아의 디벨로퍼에 관심을 가져보자

말레이시아에서 부동산을 구입할 때 투자 판단에 있어 도움이 될 만한 개인적인 조언을 하자면, 당연한 얘기일 수 있지만 신뢰할 만한 디벨로퍼의 부동산 개발 물건을 구입하라는 것이다. 이는 마치 한국에서 아파트를 구입할 때 건설사의 브랜드 평판을 보고 투자 결정을 하는 것과 유사하다.

한국의 대형 건설사들은 한국의 독특한 아파트 시장의 사업 구조로 인해 단순히 시공사로서의 역할을 넘어 마치 디벨로퍼처럼 실질적인 개발의 주체로 개발 과정에서의 여러 위험과 책임을 짊어지며 사업을 주도하고 있다. 물론 한국도 이제는 선진화된 금융 구조를 바탕으로 자본력을 갖춘 디벨로퍼들이 주택 시장을 이끄는 사례도 많아졌다. 그러나 여전히 개인 투자자들은 아파트 구입에 있어 디벨로퍼의 평판보다는 건설사의 브랜드 가치에 좀 더 관심을 두는 것이 일반적인 현실이다. 그러나 말레이시아를 포함한 해외에서는 건설사는 단순히 시공사로서의 책임만을 지며, 자본력과 비전을 갖춘 디벨로퍼가 사업을 기획하고 필요한 자본을 조달하며 프로젝트를 이끄는 것이 일반적이다. 따라서 마치 한국에서 유명 건설사들의 브랜드 이미지를 평가하듯이 사업시행자인 디벨로퍼의 평판이나 기업 이미지를 살펴본 후 투자 물건을 결정할 필요가 있다.

말레이시아에서 부동산 투자 시 디벨로퍼에 대한 신뢰도는 앞에서도 강조한 것과 같이 중요한 판단 요인이 되기 때문에 간단히 대표적인 디벨로

퍼 기업들을 소개하고자 한다.[37]

　　말레이시아의 디벨로퍼들은 탄탄한 자본력을 바탕으로 주도적으로 부동산 시장을 이끌고 있다. 특히 237페이지에서 소개하는 대표적인 말레이시아 리츠M-REIT의 운영사가 이들 디벨로퍼들로 부동산과 금융이 결합되어 시행과 건설, 금융, 자산관리가 일체화된 선진화된 부동산 개발 역량을 선보이고 있다. 또한, 눈에 띄는 특이점 중의 하나는 말레이시아라는 국경을 넘어 싱가포르나 인도네시아와 같은 아세안 국가들과 영국이나 호주, 뉴질랜드와 같은 영연방까지 그들의 부동산 개발과 마케팅 활동을 광범위하게 펼치고 있다는 것이다. 부동산 시장의 '세계화Globalization'라는 측면에서 한국보다 한 발 앞선 부동산 시장의 성숙도를 엿볼 수 있는 대목이다.

---

37) 말레이시아와 싱가포르에서 비즈니스와 금융 분야의 유명 미디어 그룹인 에지 미디어 그룹(Edge Media Group)의 에지 말레이시아(The Edge Malaysia)에서 해마다 선정하는 '우수 부동산 디벨로퍼 수상(Top Property Developers Awards)' 기업들을 참고해 추천했다.

[자료 3-18] 사임 다비 프라퍼티(Sime Darby Property Berhad)

회사명	Sime Darby Property Berhad
홈페이지	https://www.simedarbyproperty.com
설립연도	2007년 (Sime Darby : 1910년)
토지 개발 면적 (Landbank)	약 20,572에이커 (약 83.2㎢)
총개발 가치 (GDV)	RM 89.3 billion (893억 링깃_약 25조 원)
특징	45년의 역사를 자랑하는 말레이시아의 대표적인 부동산 전문기업으로 2017년에 주식 시장에 상장되었다. 부동산 개발 외 부동산 투자, 자산관리 등 23개 이상의 프로젝트를 수행 중이다. 1970년대에 개발된 수방 자야(Subang Jaya)와 1990년대에 개발된 부킷 제루통(Bukit Jelutong) 등 대규모 타운십(Township) 개발로 말레이시아에서 가장 넓은 개발부지를 보유한 회사이다. 특히 영국 런던의 대규모 재개발 사업인 배터시 발전소(Battersea Power Station) 프로젝트를 에스피 세티아(S P Setia) 기업과 함께 개발 중이다.
수상경력	2018년 Top Property Developers Awards에서 3위 수상
대표작	Quarza Residence, KL  출처 : www.iproperty.com.my Battersea Power Station, 영국  출처 : www.simedarbyproperty.com

[자료 3-19] 아이오아이 부동산그룹(IOI Properties Group Berhad)

회사명	IOI Properties Group Berhad
홈페이지	https://www.ioiproperties.com.my
설립연도	2013년 (IOI 그룹 : 1969년)
토지 개발 면적 (Landbank)	약 10,000에이커 (약 40.5㎢)
총개발 가치 (GDV)	RM 60 billion (600억 링깃_약 16.8조 원)
특징	2014년에 상장된 부동산 개발 회사로 30년 이상의 역사를 자랑하는 말레이시아의 대형 부동산 디벨로퍼 중의 하나다. 대규모 타운십 개발 외 부동산 투자도 하며 특히 호텔과 골프장, 쇼핑센터 등을 직접 소유하면서 운영·관리하고 있다. 또한, 2007년 이후 싱가포르에 5개의 프로젝트와 중국에 2개의 부동산 개발 프로젝트를 진행했다.
수상경력	2018년 Top Property Developers Awards에서 6위 수상
대표작	IOI Resort City, 푸트라자야  출처 : www.ioiproperties.com.my Cape Royale at Sentosa Cove, 싱가포르  출처 : www.ioiproperties.com.sg

[자료 3-20] 에스피 세티아(S P Setia Berhad)

회사명	S P Setia Berhad Setia
홈페이지	http://www.spsetia.com.my
설립연도	1974년
토지 개발 면적 (Landbank)	약 10,366에이커 (약 41.9㎢)
총개발 가치 (GDV)	RM 186.2 billion (568억 링깃_약 16조 원)
특징	1974년에 설립된 S P Setia는 건설 회사로 출발했고, 1993년에 주식 시장에 상장했다. 부동산 개발 외 건설업, 인프라 비즈니스, 목재 기반의 제조업을 함께 하고 있다. 친환경적인 에코 철학 외 회사에서 상표로 등록된 '먹고 배우고 일하고 논다(Live Learn Work Play)' 개념의 창안자이기도 하다.
수상경력	2018년 Top Property Developers Awards에서 1위 수상
대표작	KL Eco City, KL

출처 : www.klecocity.com.my

Sapphire by the Gardens, 호주

출처 : www.skyscrapercenter.com

[자료 3-21] 썬웨이(Sunway Berhad)

회사명	Sunway Berhad **SUNWAY**®
홈페이지	https://www.sunwayproperty.com
설립연도	1974년
토지 개발 면적 (Landbank)	약 3,289에이커 (약 13.3㎢)
총개발 가치 (GDV)	RM 56.8 billion (568억 링깃_약 16조 원)
특징	주거와 리조트, 리테일 등 다양한 분야에서 두각을 보이는 말레이시아의 대표적인 부동산 대기업 중의 하나이다. 썬웨이 그룹, 썬웨이 건설, 썬웨이 리츠 3개의 회사가 상장되어 있다. 싱가포르와 중국, 인도, 호주 등 다양한 국가에서 개발사업을 진행 중이다. '짓고 소유하고 운영한다(Build, Own, Operate)'라는 비즈니스 모델을 바탕으로 개발한 프로젝트를 직접 운영·관리하고 있다.
수상경력	2018년 Top Property Developers Awards에서 5위 수상
대표작	Sunway Resort City, KL  출처 : www.sunway.com.my Sunway Avant Parc, 싱가포르  출처 : www.sunwayproperty.com

[자료 3-22] 유이엠 선라이즈(UEM Sunrise Berhad)

회사명	UEM Sunrise Berhad
홈페이지	https://uemsunrise.com
설립연도	2008년 (UEM그룹 : 1966년)
토지 개발 면적 (Landbank)	약 13,100에이커 (약 53.0㎢)
총개발 가치 (GDV)	RM 15 billion (150억 링깃_약 4.2조 원)
특징	유이엠 선라이즈는 말레이시아 국영 투자 회사(국부펀드)인 카자나 내셔널(Khazanah Nasional)이 100% 소유하고 있는 UEM그룹의 부동산 개발 회사로 말레이시아의 대표적인 디벨로퍼 기업 중 하나이다. 대규모 타운십 개발을 비롯한 최고층 주거 개발, 리테일 개발, 복합개발 등 다양한 영역에서 두각을 보인다. 특히 조호 바루 이스칸다 푸트리(Iskandar Puteri)의 마스터 디벨로퍼이기도 하다. 싱가포르뿐만 아니라 남아프리카공화국과 호주, 캐나다에서 개발 사업을 진행 중이다.
수상경력	2018년 Top Property Developers Awards에서 7위 수상
대표작	Astrea, KL / Aurora Melbourne Central, 호주

출처 : www.uemsunrise.com

출처 : www.aurora-melbourne.com.au

이 외에도 신뢰도 높은 우수한 디벨로퍼 기업들이 많이 있다. 이 책에서는 지면의 한계로 다른 디벨로퍼 기업들에 대한 설명은 회사 이름과 홈페이지 소개로 마무리를 짓고자 한다.

[자료 3-23] 기타 말레이시아 유명 디벨로퍼들

회사명	로고	홈페이지
UOA Development Berhad	UOA GROUP	http://uoa.com.my
Mah Sing Group Berhad	MahSing	https://www.mahsing.com.my
Tropicana Corporation Berhad	TROPICANA	https://www.tropicanacorp.com.my
Eco World Development Group Berhad	ECOWORLD	https://ecoworld.my
Gamuda Land(Gamuda Berhad)	GAMUDA LAND	http://gamudaland.com.my

장기체류 비자, 말레이시아 마이 세컨 홈(MM2H)

2002년부터 말레이시아는 **말레이시아 마이 세컨 홈**Malaysia My Second Home (MM2H) 프로그램을 통해 외국인들에게 장기체류 비자를 허용하고 있다. 말레이시아 문화관광부Ministry of Tourism and Culture가 정부 차원에서 외국인들의 유입을 독려하기 위해 시작한 프로그램이다.

MM2H는 10년간 원할 때마다 자유롭게 말레이시아를 출·입국할 수 있도록 허용해주는 방문 비자Social Visit Pass로 영주권Permanent Residence과는 구분된다. MM2H 비자는 미국 영주권처럼 체류해야 하는 최소 의무 기간이 없기 때문에, 비자를 발급받아도 말레이시아에 의무적으로 체류할 필요는 없다. 또한, 10년이 경과한 후에는 큰 어려움 없이 연장도 가능하다. 다만 복수비자Multiple Entry Visa의 종류로 원칙은 10년이나 신청자의 여권 만료 기간에 따라 10년 이내로 발행될 수도 있으니 신청 시 신규로 여권을 발급받은 후 진행하는 것이 유리하다.

MM2H 비자의 혜택을 꼽자면 먼저, 비자 소지자에게 주민증Resident Card이 발급된다는 것이다. 부모 중 어느 한 명이 MM2H 비자를 취득한 경우 만 21세 미만의 미혼 자녀를 부양자로 데리고 올 수 있다. 다만 신청자의 자녀 중 만 21세 이상이더라도 의료기관으로부터 장애가 있음을 증명하면 부양자로 신청이 가능하다. 또한, 만 60세 이상인 직계 부모도 6개월의 초청 비자를 통해 부양자로 모셔 올 수 있다. 또한, 은퇴자들을 위해 헬퍼Helper나 메이드Maid와 같은 도우미 서비스도 신청할 수도 있다.

이전에는 MM2H 비자를 받기 6개월 전에 구입한 차량이나 말레이시아에서 1년 이내 구입한 신차에 대해서는 소비세Excise Duty and Sales Tax나 수입세가 면제되었다. 그러나 2018년 1월부터는 MM2H 지원자에 대한 면세 혜택이 없어졌다. 다만 하이브리드 차량은 MM2H 비자를 통해 면세로 구입이 가능하다.

한국은 프로그램이 시작된 2002년부터 2018년까지 총 2,378명이 MM2H를 취득해 전체 취득자 수의 5.6%를 차지하면서 다섯 번째로 취득자가 많은 국가가 되었다. [자료 3-24]에서도 알 수 있듯이 한국은 2015년까지만 해도 1,000명 수준으로 여덟 번째로 취득자가 많은 국가였으나, 2016년부터 지난 3년 사이에 2배 이상으로 취득자 수가 늘어나면서 중국 다음으로 두 번째로 취득자가 많은 나라가 되었다.

[자료 3-24] 국가별 MM2H 취득자 수 추이

순위	국가명	연도						합계 2002-2018년	비중(%)
		2013	2014	2015	2016	2017	2018		
1	중국	1,337	1,307	719	1,512	2,923	1,495	2,881	30.5
2	일본	739	428	300	281	352	233	4,778	11.3
3	방글라데시	285	250	205	283	451	191	4,135	9.8
4	영국	148	117	83	110	200	105	2,691	6.4
5	한국	101	138	120	184	693	449	2,378	5.6
6	싱가포르	145	94	67	93	117	56	1,459	3.5
	기타	920	740	717	884	1,459	810	13,949	32.9
	취득자수	3,675	3,074	2,211	3,347	6,195	3,339	42,271	100.0
	누적된 취득자수	24,105	27,179	29,390	32,737	38,932	42,271		
	증감률	13.9%	-16.4%	-28.1%	51.4%	85.1%	-46.1%		

출처 : http://www.mm2h.gov.my, 저자 작성

실례로 MM2H 전문업체인 '엠씨씨MCC'의 하지욱 대표는 "주로 60대 초반부터 70대의 은퇴하는 부부들이 겨울을 따뜻한 말레이시아에서 보내기 위해서 신청을 하고 있으며, 최근에는 황사의 영향으로 호흡기 질환이 있는 사람들이 많이 신청하고 있다"고 하면서 "한국과 가깝다는 장점 외에도 다른 동남아 국가들에 비해 안전하고 깨끗한 주거환경임에도 월 소득 약 200만 원 이내의 예산으로 골프 등 여유로운 여가 생활을 즐길 수 있기 때문에 실제 거주하시는 분들의 만족도가 상당히 높다"고 설명했다.

MM2H 프로그램 신청 방법

MM2H 프로그램의 신청 방법은 크게 세 가지로 구분할 수 있다. 지원자의 나이나 부동산 구매 여부에 따라 증빙해야 되는 자산(재정증명)과 소득(소득증명)의 기준이 각각 다르다. 다만 모든 재정증명과 소득증명은 부부합산과 계좌합산이 가능하다.

1. 50세 미만 지원자

만 50세 미만의 지원자는 최소 50만 링깃(약 1.4억 원) 이상의 유동자산과 매월 부부합산 국외에 최소 1만 링깃(약 280만 원) 이상의 소득이 있음을 증명하면 신청할 수 있다. 이때 잔고 증명은 최근 3개월간 매월 50만 링깃이 잔고로 있음을 증명해야 한다. 이후 조건부승인을 받게 되면 현지은행의 정기예금통장에 30만 링깃(약 0.84억 원)을 입금해야 한다.[38]

---

38) 출처 : KB금융지주경영연구소(유현선), 2018-6월호 KB골든라이프.

2. 50세 이상 지원자

만 50세 이상의 지원자는 최소 35만 링깃(약 0.98억 원) 이상의 유동자산과 마찬가지로 국외에 월 소득이 최소 1만 링깃(약 280만 원) 이상이 있음을 증명하고, 비자발급 시 현지 은행의 정기예금통장에 15만 링깃(약 0.42억 원)을 이체하면 된다. 기본적으로 MM2H 소지자는 회사를 설립하고 투자할 수는 있지만, 기업 운영에 관여할 수는 없다. 또한, 다른 회사에 고용되어 임금을 받으며 일할 수도 없다. 그러나 예외적으로 만 50세 이상의 비자 소지자 중 승인된 특정 분야에 대해 특별한 기술을 보유한 경우에는 주당 20시간까지 파트타임으로 일을 할 수 있다.[39]

3. 부동산을 구입한 지원자

말레이시아에서 100만 링깃(약 2.8억 원) 이상의 부동산을 구입하면, 50세 미만의 지원자는 정기예금통장 이체금액을 15만 링깃(약 0.42억 원)으로, 50세 이상의 지원자는 10만 링깃(약 0.28억 원)으로 완화시켜준다. 물론 MM2H를 신청하기 위해 반드시 부동산을 구입해야 되는 것은 아니다. 엑스펫 잡지The Expat Magazine에 따르면 MM2H 신청자의 약 15%가 서비스드 아파트 같은 주택에서 임대로 거주하는 것으로 조사되기도 했다.

여기서 한 가지 특이점은 동말레이시아에 위치한 사라왁Sarawak 주는 별

---

39) 출처 : https://www.mm2h.com/mm2h-requirements-terms-and-conditions

도의 신청 기준과 거주 요건을 가지고 독립적인 MM2H 프로그램을 운영한다는 것이다. 예를 들어 사라왁 MM2H의 신청자는 50세 이상이어야 하며, 30세 이상의 신청자는 사라왁 주에서 자녀의 교육이나 장기간 의료 치료를 목적으로 신청한다는 것을 증명해야 한다.[40]

무엇보다도 쿠알라룸푸르와 같은 서말레이시아에서 MM2H를 신청할 때는 말레이시아 현지의 전문업체를 대리인으로 지정해서 신분 보증을 받을 수 있지만, 사라왁 주의 MM2H는 반드시 사라왁 주 거주자가 보증해야만 하며 실제 거주자가 아닌 대리인은 보증할 수 없다. 금융 조건은 다소 완화되어 있지만, 신청 조건은 좀 더 까다로운 사라왁 주의 MM2H 프로그램에 따라 승인받은 비자 소지자는 말레이시아 어느 도시에서나 거주할 수 있다. 반면 쿠알라룸푸르나 조호르 주와 같은 서말레이시아에서 MM2H를 신청한 사람은 사라왁 주에서는 장기 체류로 거주할 수 없다. 다만 사라왁 주에서 발급받은 MM2H 소지자가 10년이 지나 갱신을 할 때 만약 서말레이시아에 거주하고 있다면 갱신이 어려울 수 있으니 MM2H 신청 시 거주 계획을 구체적으로 세워둘 필요가 있다. 동말레이시아에 위치한 사바Sabah 주도 사라왁 주만큼은 아니지만 독립적인 MM2H 프로그램을 운영하고 있기 때문에 장기적인 거주 계획을 고려해서 MM2H 비자를 신청해야 하겠다.

---

40) 출처 : 사라왁 주정부 홈페이지(https://www.sarawak.gov.my/web/home/article_view/221/279)

MM2H 비자 승인 후 예치금 관리

비자 신청 후 1년이 지나면, 50세 미만의 지원자는 차량 구입이나 자녀 교육비, 의료비 등의 목적으로 정기예금통장에 입금한 금액 중 15만 링깃(약 0.42억 원)까지, 50세 이상의 지원자는 5만 링깃(약 0.14억 원)까지 인출할 수 있다.

부동산 구입과는 무관하게 MM2H 프로그램이 종료될 때까지 50세 미만의 지원자는 15만 링깃(약 0.42억 원)을, 50세 이상의 지원자는 10만 링깃(약 0.28억 원)을 정기예금통장에 예치금으로 계속 유지해야 한다. 이때 예치금 의무 조항은 비자 신청자에게만 해당되며 부양자에게는 예치 의무가 없다. 또한, 비자 프로그램을 종료하면 예치금은 전부 인출할 수 있다. 다만 예치금에 대한 이자는 중간에 별도로 인출이 어려우며, 추후 비자 프로그램을 종료하면 원금과 함께 인출이 가능하다. 한편 정기예금에 예치된 원금에 따른 누적된 이자 수입도 이자소득세가 면제된다.

참고로 국내와 마찬가지로 말레이시아도 예금보험공사법Malaysia Deposit Insurance Corporation Act에 따라 한 금융 기관당 25만 링깃(약 7,000만 원)까지 원금과 이자를 모두 포함한 금액을 보호받을 수 있다. 이는 한국의 최고 1인당 보호 한도액인 5,000만 원보다 높은 금액이다. 말레이시아 현지 은행의 저축예금이나 정기예금은 물론이고 한국과는 달리 외화예금도 보호를 받는다. 다만 말레이시아에서 지불하지 않는 보증금이나 환매조건부 채권, 양도성 예금 계좌NIDs 및 기타 무기명 예금, 주식, 금 관련 투자 상품 등은 보호받지 못한다.[41]

---

41) 출처 : 말레이시아 예금보험공사(PIDM) 홈페이지, https://www.pidm.gov.my

예금보험가입 마크

모든 상업은행과 이슬람 은행, 말레이시아 현지 외국계 은행 모두 예금보험공사법에 의해 예금자를 보호하고 있으므로, 거래하는 은행에 이를 입증하는 마크가 있는지를 확인해보길 바란다.

국외 소득의 면세 혜택과 해외 금융 계좌 신고 의무

한국이나 다른 나라로부터 송금되는 연금 등의 소득에 대해 세금을 면제받을 수 있어 MM2H의 매력이 더 크다. 말레이시아는 한국과 이중과세방지협정Double Tax Avoidance Agreement을 맺고 있어 말레이시아에서 세금신고를 하는 경우 한국의 연금에 대해 소득세 면세 혜택을 받을 수 있어 MM2H를 통한 제도적인 절세 효과도 누릴 수 있다.[42]

MM2H의 장점 중의 하나는 해외 이주자금 송금이 어렵지 않다는 것이다. 참고로 거주자 또는 내국법인이 보유한 해외금융계좌 잔액의 합이 5억 원을 초과하는 경우 해외금융계좌 정보를 매년 6월 관할 세무서에 신고해야 한다.[43] 국내에 주소를 둔 경우에는 신고해야 하나, 영주할 목적으로 외

---

42) 현재 우리나라가 맺고 있는 이중과세방지협정은 대부분 사업소득과세, 국제운수업소득의 면세, 배당소득과세, 이자소득과세, 로열티과세 등에 관한 것이다(출처 : 네이버 지식백과(시사·경제 용어사전)). 말레이시아는 미국, 캐나다, 영국, 프랑스, 독일, 인도, 일본, 중국 등 70개국 이상의 국가들과 이중과세방지협정을 맺고 있다 (출처 : https://www.pwc.com).

43) 해외금융계좌에 보유한 자산은 현금, 상장주식(예탁증서포함), 상장채권, 집합투자증권, 보험상품, 그 밖에 모든 자산(비상장 주식·채권 등)을 포함한다(출처 : 국세청(https://www.nts.go.kr)).

국에 거주하고 있는 재외국민은 신고 의무를 면제해준다.

해외금융계좌정보를 미신고하거나 과소 신고한 경우 '조세범 처벌법' 제16조(해외금융계좌 신고 의무 불이행)에 따라 벌금과 과태료를 내야 한다. 해외금융계좌 금액이 50억 원을 초과하는 경우에는 2년 이하의 징역 또는 신고 의무 위반금액의 13% 이상 20% 이하의 벌금에 처한다.[44]

[자료 3-25] 과태료

미신고·과소신고 금액	과태료
20억 원 이하	해당 금액의 10%
20억 원 초과~ 50억 원 이하	2억 원 + 20억 원 초과 금액의 15%
50억 원 초과	6.5억 원 + 50억 원 초과 금액의 20%

출처 : 국세청(https://www.nts.go.kr)

---

44) 출처 : 국가법령정보센터(http://www.law.go.kr)

늦둥이 아빠의 MM2H 신청 이야기

부동산업에 종사하던 나도야 씨는 작년부터 미세먼지가 극심해지면서 진지하게 이민을 고민하게 되었다. 더구나 50대 늦은 나이에 얻은 늦둥이 딸아이의 교육을 생각하니 '과연 한국에서 계속 살아야 되나' 하는 의구심마저 커졌다. 해외 이민을 고민하면서 나도야 씨는 다음과 같은 네 가지의 필수 요건을 정했다.

"영어권 국가에 깨끗한 공기와
훌륭한 국제학교가 있는 치안이 안전한 나라"

미국이나 캐나다, 호주와 같은 선진국으로 이민을 가도 좋겠지만 10억 원이 넘는 투자 이민 조건은 부담이 되지 않을 수 없었다. 조기유학이나 부동산 투자로 관심을 끄는 태국이나 베트남은 영어권이 아니다 보니 그 나라의 언어를 배울 생각에 엄두가 안 났다. 필리핀은 영어로 편하게 의사소통도 가능하고 미세먼지도 없는 깨끗한 공기에 국제학교도 많아 관심이 갔지만, 왠지 치안이 걱정되었다. 그러다 우연히 신문기사에서 말레이시아의 MM2H 프로그램을 접하게 되었다. '말레이시아'라는 나라는 한 번도 가본 적이 없었지만 MM2H 관련 투자 설명회에도 가보고 인터넷 블로그나 카페 등을 통해 이런저런 정보도 구하며 혼자 공부를 하다 보니 말레이시아의 여러 매력을 알게 되었다.

결국, 나도야 씨는 직접 눈으로 확인하기 위해 한국 사람들이 선호한다는 페낭과 쿠알라룸푸르로 6박 7일 일정으로 혼자 현지답사를 갔다. 학비나 임대료가 저렴한 페낭도 여유로운 분위기에 가성비도 좋아 마음이 끌리긴 했지만, 아직 4살밖에 안 된 아이를 생각하니 한글 공부도 할 수 있는 한국국제학교가 있는 쿠알라룸푸르가 좋겠다는 결론을 내리게 되었다.

자유롭게 뛰어노는 아이들의 모습을 보며, 무엇보다도 사교육 부담 없이 글로벌하게 아이를 키울 수 있을 거라는 기대에 말레이시아로의 이민을 확신하게 되었다. 특히 20~30명의 아이들이 함께 수업받는 한국의 유치원들과는 달리 7~8명의 소수의 학생들에 교육부에서 파견 나온 한국인 선생님과 현지 보조 교사까지 많은 선생님들의 관심 속에 저렴한 학비로 한국어도 배울 수 있을 거 같아 맘에 들었다.

딸아이가 좀 더 커서 초등학교에 가기 전까지는 한국국제학교가 있는 사이버 자야에서 콘도미니엄을 임대해서 살면서 말레이시아 생활에 적응하고, 이후에는 몽키아라나 데사 파크시티 같은 동네에서 40평형대 콘도미니엄을 구입해서 살아야겠다는 계획을 세웠다.

한국에 돌아온 나도야 씨는 그 길로 MM2H 전문 대행업체를 찾아가 서류를 신청했다. MM2H 비자를 신청하고 약 6개월이 지난 지금, 이제 곧 허가서를 받게 될 것이라는 소식을 듣게 되었다. 허가서를 받게 되면 쿠알라룸푸르를 다시 방문해 현지 은행에 계좌도 개설하고 건강 검진도 받으며 서류 절차를 마무리할 예정이다. 딸아이의 교육과 나와 가족들의 건강 때문에 말레이시아로의 이민을 결정하기는 했지만, 인생 2막을 위한 새로운 출발을 위해 틈틈이 영어 공부도 하며 차근히 준비하고 있다.

외국인에게 우호적인 부동산담보대출

한국을 비롯한 많은 나라의 금융 기관들이 대출심사에서 보편적으로 활용하는 기준으로 **부동산담보대출비율**Loan To Value(LTV)이 있다. 말레이시아는 이와 유사한 개념으로 MOF^{Margin of Finance}라는 용어를 함께 사용한다.

부동산담보대출비율LTV은 전 세계적으로 은행들이 대출을 심사할 때 많이 활용하는 수치로, 부동산 가격 대비 대출 금액의 비율로 계산된다.[45]

$$\text{부동산 담보 대출 비율 LTV} = \frac{\text{대출 금액 Loan Amount}}{\text{부동산 가격 Property Value}} \times 100$$

이때 말레이시아에서 부동산의 가치는 구입 가격과 시장 가격 중 최솟값으로 결정되며, 부동산의 유형이나 위치, 차입자의 나이나 소득과 같은 신용 등급에 따라 그 비율은 달라진다. 당연히 부동산의 가치는 대출금액보다 커야 한다.

MM2H 비자가 없는 외국인 주택담보대출자는 보통 50%까지 대출이 가능한 반면 MM2H 소지자는 70%까지 대출할 수 있다고 하나, 이는 실제 거래은행을 통해 확인해볼 필요가 있다. 반면 말레이시아 내국인은 처음 구입한 2개의 부동산에 대해서는 최대 90%까지도 대출이 가능하며, 말레이시

---

45) 출처 : 유현선(2015), 《해외 부동산 투자&개발 바이블》, 매일경제신문사

아 내국인과 결혼한 경우도 90%까지 대출이 가능한 것으로 알려져 있다. 다른 아세안 국가들의 현지 은행들이 외국인들에게 부동산 담보대출을 꺼리는 것과는 달리 말레이시아에서는 외국인이 현지 은행으로부터 대출받는 것이 상대적으로 용이하다.

대출 기간도 최대 35년으로 보통 20년 이상의 장기 대출을 선호한다. 2019년 6월 기준 모기지 대출 이자율은 4.3%에서 5.4% 수준으로, 은행별로 이자율도 차이가 나지만, 조기 상환수수료나 대출수수료 등의 차이도 있으므로 세심히 확인할 필요가 있다.[46] 말레이시아 은행에서 대출을 받을 경우 전문 변호사를 선임해서 진행해야 한다. 관련된 비용은 187페이지를 참조하길 바란다.

말레이시아 은행에 대출 신청 시 필요 서류

- 신분증이나 여권 복사본
- 최근 3개월간 소득 증빙
- 최근 소득세 서류
- 매매계약서 SPA 또는 디벨로퍼 LOI
- 최근 6개월간 은행 입출금 내역서
- 주택 준공 시 감정평가서
- 사업자인 경우, 사업자등록증 및 최근 3개월간 은행 입출금 내역서, 소득 증빙 서류

---

46) http://www.bnm.gov.my/index.php?ch=en_announcement&pg=en_announcement&ac=19&bb=file

말레이시아도 부동산 대출 관련 이자를 무료로 시뮬레이션해주는 인터넷 사이트들이 많이 있다. 물론 거래하는 말레이시아 은행의 홈페이지에서도 쉽게 확인할 수 있다. 만약 말레이시아에 현지 거래은행이 없고 부동산 구입을 고민 중이라면 대출에 따른 원리금 상환 부담액을 미리 확인하기 위해 인터넷을 활용할 필요가 있다.

예를 들어 'calculator.com.my' 홈페이지에 들어가서 Malaysia Home Loan Calculator에서 본인의 대출 금액과 대출 기간Loan Period, 이자율Interest Rate을 입력하면 매월 납입해야 되는 이자와 원금의 합계인 원리금Monthly Payment을 확인할 수 있다. 다만 한 가지 기억해야 하는 것은 이 시뮬레이션은 부동산을 100% 대출을 통해 구입했을 경우를 가정했기 때문에 부동산 가격과 대출 금액을 혼동하지 말아야 한다는 것이다. 따라서 외국인 투자자들은 '부동산 가격Property Price' 입력란에 총대출금액을 입력하고, '계약금Down Payment' 입력란에는 '0'을 입력하면 된다. 이때 대출금액은 구입하고자 하는 부동산 가격에 50%를 곱해 가정하면 되겠다.

또한, 원리금 시뮬레이션에서 부동산대출의 원리금 상환방식은 고정금리 대출 구조 중 원리금 균등 분할상환Constant Payment Mortgage (CPM) 방식을 적용한다. 한국의 주택도시기금에서 운영하는 '내 집 마련 디딤돌대출'과 같은 10년 이상의 장기 고정금리 대출도 같은 대출상환 구조를 갖는다. 원리금 균등 분할상환CPM은 대출 원금에 대해 정해진 기간 동안 고정금리로 월별로 일정한 금액을 상환하는 방식이다.[47] 초기에는 원금 상환보다는 대부분 이자로 원리금을 납부하게 되며, 상환되는 원금은 월별로 계속 변동한다.

---

47) 출처 : 유현선(2015), 《해외 부동산 투자&개발 바이블》, 매일경제신문사.

말레이시아 리츠(M-REIT)에 투자하기

말레이시아 부동산에 투자하는 방법에는 3억 원 정도의 큰돈을 투자해 콘도미니엄을 구입하는 방법도 있지만, 단돈 30만 원으로 최고급 쇼핑센터의 일부를 소유하는 방법도 있다. 어떻게 이런 일이 가능할까? 바로 그 쇼핑센터를 소유하고 있는 리츠REITs의 주식을 구입하면 된다.

부동산이 가지고 있는 단점 중의 하나인 단기간에 구입이나 처분이 어려운 비유동성의 한계를 극복하기 위한 유동화의 방법으로 최근 한국에서도 관심이 커지고 있는 리츠Real Estate Investment Trusts(REITs)라는 투자 상품이 있다. 리츠REITs란 다수의 투자자로부터 자금을 모아 부동산, 부동산 관련 유가증권 등에 투자·운영하고 그 수익을 투자자에게 돌려주는 부동산 간접투자기구인 '부동산 투자 회사'를 말한다.[48]

리츠는 개인들이 소자본으로 오피스 빌딩이나 호텔과 같은 큰 규모의 부동산에 간접적으로 투자할 수 있는 기회를 제공해준다. 개념적으로 리츠는 공개적으로 상장된 '주식회사'의 주식이기 때문에 마치 A라는 기업의 주식을 사듯이 투자하고 싶은 부동산의 일부 소유권을 주식의 형태로 증권 시장에서 자유롭게 거래할 수 있다.

'리츠'라는 다소 생소한 용어를 처음 접하게 된 독자를 위해 간단하게 리츠 투자의 장점을 정리해보면 다음과 같다.

---

48) 출처 : 국토교통부 리츠정보시스템(http://reits.molit.go.kr)

리츠 투자의 장점

1. **장기적이고 높은 수익** : 리츠는 다른 주식 또는 채권의 수익 대비 장기적이고 높은 수익을 제공
2. **높은 배당 수익률** : 시장 상황에 큰 영향을 받지 않는 꾸준한 현금흐름을 통해 일반 주식 평균 대비 높은 배당 수익률 달성 가능
3. **유동성** : 리츠 투자 후 장외시장에서 주식의 매매를 통해 쉽게 현금으로 변환할 수 있으며, 리츠 상장 시 주식거래소에서 주식 매매를 통해 유동성 확보 가능
4. **전문성** : 숙련되고 경험이 풍부한 부동산 전문가에 의해 운영
5. **공시의무** : 연간 재무 보고서를 포함한 투자보고서 및 영업보고서 등의 투자판단의 기초가 되는 자료를 정기적으로 공시

출처 : 국토교통부 리츠정보시스템(http://reits.molit.go.kr)

무엇보다도 리츠가 가지는 가장 큰 매력 중의 하나는 저금리 시대에 낮은 리스크에 비해 높은 배당 수익률을 기대할 수 있다는 것이다. 리츠는 기본적으로 매도를 통한 시세차익보다는 안정적인 배당수익을 기대하는 배당주다. 또한, 부동산을 기본 자산으로 하는 간접투자 상품인 만큼 부동산 가격 상승에 따른 시세차익을 기대해볼 수 있다는 점도 리츠 투자의 큰 장점으로 꼽힌다.

한국도 정부 차원에서 건전한 부동산 금융 시장의 정착을 위해 리츠 시장 확대에 많은 노력을 기울이고 있다. 2005년에 처음으로 말레이시아에 리츠가 도입된 이래로 말레이시아 정부도 리츠 시장을 키우기 위한 다양한 혜택을 제안하고 있다. 예를 들어 다른 나라들과 동일하게 배당가능이익의 90% 이상을 배당금으로 지급하는 경우 리츠 회사의 법인세 25%를 면제시켜 준다. 또한, 리츠 회사가 부동산을 매입하는 경우 최대 4%의 인지세도 면제되며, 부동산을 매각하는 경우에도 양도소득세를 면제시켜준다. 따라서 이러한 세금 감면 혜택은 고스란히 리츠를 구입한 개인 주주들의 배당 수익으로 돌아가기 때문에 기업에 투자하는 일반 주식에 비해 높은 배당 수익률을 기대할 수 있다.

말레이시아 리츠(M-REIT)의 특징

[자료 3-26]처럼 주요 관심국들의 리츠 특성을 비교해보면, 한국과 유사한 시기에 시작된 말레이시아 리츠의 눈에 띄는 성장성을 확인할 수 있다. 2018년 기준 말레이시아의 상장리츠 수는 18개로 글로벌 리츠 시장에서 약 0.15%의 비중을 차지하고 있다. 비상장·사모형 리츠가 발달된 한국과는 달리 말레이시아의 상장리츠 시장은 한국보다 규모도 크며 성숙되어 있다. 2018년 기준 한국의 총리츠 수는 219개이나 이 중 비상장 리츠가 184개로 84%를 차지하고 있으며, 유형별로도 전체 리츠 중 (기업형)임대주택이 약 52%(113개)를 차지할 정도로 편중되어 있다.[49]

---

49) 한국이 비상장 리츠 비중이 높은 이유 중 하나는 회사의 형태가 실체 회사가 아닌 명목 회사로 법인세가 면제되고, 자산운용 전문인력 5인 이상의 임직원 고용 의무가 없어 비용 절감 효과가 크기 때문이다.

[자료 3-26] 2018년 기준 주요 국가별 리츠 특징 비교

국가	말레이시아	한국	미국	싱가포르
명칭	M-REIT	REIC	US-REIT	S-REIT
도입연도	2005년	2001년	1960년	1999년
상장리츠수	18개	6개[50]	200개	35개
글로벌리츠 비중	0.15%	0.00%	64.84%	1.81%
최소 주식자본	1억 링깃 (약 280억 원)	50억 원 / 70억 원	제한 없음	300만 싱가포르달러 (약 25.8억 원)
주주 요건	제한 없음	1인당 50% 이내	최소 100명 이상	최소 500명 이상 (자본의 25% 이상)
상장 의무	없음	있음	없음	세금 감면 혜택을 위해 상장 필수
투자 제한 (부동산 투자 의무)	총자산의 50% 이상	총자산의 70% 이상	총자산의 75% 이상	총자산의 75% 이상

출처 : 유럽공공부동산협회(European Public Real Estate Association), EPRA Global REIT Survey 2018.

　말레이시아는 리츠의 배당금에 대해 내국인이나 외국인 개인에게 10%의 원천세Withholding Tax를 부과한다. 이는 다른 나라들과 비교해봐도 낮은 세율이다. 일례로 세금 부담이 적기로 유명한 싱가포르도 외국인 리츠 투자자의 배당 수입에 대해 10%의 원천세를 부과하고 있다. 다만 한국에서 말레이시아를 포함한 해외 리츠 주식을 매입하는 경우 금융소득 2,000만 원(1,000만 원으로 하향조정 개정안 발의)까지는 분리과세로 배당소득에 대해 15.4%(지방소득세 포함)의 세금을 내야 한다. 또한, 매매차익이 발생하는 경우 22%(주민세 포함)의 양도소득세도 내야 한다.

---

50) 2018년 기준 한국의 상장 리츠에는 신한알파리츠(2018년), 이리츠코크렙(2018년), 모두투어리츠(2016년), 케이탑리츠(2012년), 트러스제7호리츠(2011년), 에이리츠(2011년)가 있었다. 다만 '트러스제7호리츠'는 보유 자산의 매각으로 2019년에 청산되었다.

[자료 3-27] 말레이시아 리츠 배당에 따른 세금

주체	상태	세금	세율
개인	내국인/외국인	원천세	10%
기업	내국인	법인세	25%
	외국인	원천세	25%
외국인 기관 투자자		원천세	10%

출처 : 유럽공공부동산협회(European Public Real Estate Association), EPRA Global REIT Survey 2018.

말레이시아 리츠는 미국과 유사하게 지분형 리츠Equity REITs, 대출형 리츠 Mortgage REITs, 이들 두 가지 리츠를 조합한 혼합형 리츠Hybrid REITs로 크게 세 가지의 유형으로 나뉜다.[51] 지분형 리츠는 오피스나 리테일과 같은 임대 수입이 발생하는 상업용 부동산에 투자하고 소유하는 것으로 한국의 리츠는 모두 지분형 리츠에 해당한다. 237페이지에서 소개하는 리츠들도 모두 지분형 리츠다. 한국과 비교할 때 말레이시아 리츠의 특징 중의 하나는 미국 리츠와 유사하게 리테일(쇼핑센터)이나 호텔을 자산으로 하는 리츠가 상대적으로 많다는 것이다.[52] 말레이시아의 리테일 리츠는 전체 18개의 리츠 중 5개로 단일 유형으로는 그 비중이 높은 편이다.

말레이시아의 대표적인 리츠들을 소개해보면 [자료 3-28]과 같다.

---

51) 대출형 리츠는 일반 금융 기관처럼 부동산 소유자(기업)에게 대출을 해주거나 주택저당증권(MBS)를 매입해주는 형태로 운영되는 리츠를 말한다. 한국은 아직 대출형 리츠는 없으나 최근 대출형 리츠를 허용하는 법안 수정을 검토 중이다.
52) 한국은 2018년 기준 전체 219개 리츠 중 리테일이 28개, 호텔이 6개로 그 비중이 상대적으로 낮다. 반면 배당수익률은 리테일이 14.15%, 호텔이 7.69%로 상대적으로 높았다(출처 : 국토교통부 리츠정보시스템).
미국 리츠의 경우도 리테일 리츠가 337개, 호텔 리츠가 17개로 주택 리츠 수 21개와 비교할 때 한국에 비해 상대적으로 리테일이나 호텔의 비중이 높다(출처 : https://www.reit.com).

[자료 3-28] 말레이시아 대표적인 리츠 특성 비교

리츠	IGB 리츠	파빌리온 리츠	썬웨이 리츠
홈페이지	www.igbreit.com	www.pavilion-reit.com	www.sunwayreit.com
주식 코드	5227	5212	5176
도입연도	2012년	2011년	2010년
포트폴리오	리테일	리테일, 오피스	리테일, 호텔, 오피스
시가총액 (환율 1RM = 280원 기준)	61.5억 링깃 (약 1.72조 원)	49.2억 링깃 (약 1.38조 원)	51.8억 링깃 (약 1.45조 원)
1년 수익률	5.78%	5.82%	4.88%
배당 수익률	6.76%	4.63%	5.47%
글로벌리츠 비중	0.06%	0.03%	0.06%
1주당 가격 (2019년 6월 기준)	RM 1.86 (약 520원)	RM 1.79 (약 500원)	RM 1.87 (약 520원)
P/B	1.61	1.28	1.37

출처 : EPRA Global REIT Survey 2018, https://mreit.fifthperson.com

    IGB 리츠는 Chpater 1에서 소개한 미드밸리 메가 몰과 더 가든 몰을 자산으로 하는 부동산 투자 회사다. 또한 썬웨이Sunway 리츠에는 동남아시아 최대의 워터파크인 썬웨이 라군과 함께 개발된 썬웨이 피라미드 쇼핑몰과 썬웨이 리조트 호텔 등이 포함되어 있다. 파빌리온Pavilion 리츠에도 쿠알라룸푸르의 최고급 쇼핑몰인 파빌리온 KL 몰과 파빌리온 타워, 다 멘 몰 등이 포함되어 있다.

    만약 우리가 50만 원을 투자해 파빌리온 리츠 주식 1,000주를 산다면, 파빌리온 KL 몰의 주주로서 그 건물의 일부를 소유하게 되는데, 마치 삼성전자의 주식 배당을 받듯이 파빌리온 KL 몰의 임대 수입을 재원으로 배당을 받게 된다. 이처럼 배당의 재원이 리츠 자산을 구성하는 부동산의 임차인이 지불하는 임대료에서 발생하기 때문에 기업의 운영성과를 평가하듯이 리츠가 소유한 부동산 자산의 임대 운영의 안정성과 수익성을 살펴봐야 한다.[53]

앞에서 소개한 것처럼 신뢰할 수 있는 대기업들이 주요 리츠의 주주로 참여하고 그들이 개발하거나 매입한 부동산을 직접 운영·관리하고 있기 때문에 안심하고 투자할 수 있다는 장점이 있다. 그 실례로 한국의 상장 리츠 중 시가총액이 가장 높은 이리츠코크렙이 약 4,000억 원(2019년 7월 기준), 신한알파리츠가 약 3,400억 원 수준인 것과 비교할 때 [자료 3-28]에서 보는 것과 같이 말레이시아의 대표 리츠들의 시가총액은 모두 1조 원이 넘을 정도로 리츠의 가치와 안정성이 높다.

이론적으로 P/B 비율이 1이면 적정한 가치를 가진다는 것을 의미하며, 1보다 큰 비율은 리츠가 과대 평가되었다는 것을, 1보다 작은 비율은 과소 평가되었음을 의미한다. 정상적인 경제상황에서 리츠의 적정 주가는 투자한 부동산의 현재 자산가치와 유사하기 때문에 리츠가 보유한 부동산들의 미래 가치가 긍정적일수록 P/NAV는 1보다 커지게 된다.[54] 앞에서 살펴본 말레이시아의 대표적인 리츠들은 1보다 큰 P/B값을 보이는데, 이에 대한 미래가치의 판단은 독자들에게 남겨두겠다.

---

53) 출처 : 국토교통부 리츠정보시스템(http://reits.molit.go.kr)
54) 출처 : 한국리츠협회(노상윤), 리츠를 활용한 투자 전략.

말레이시아 리츠 투자 시 수수료

말레이시아 리츠를 포함한 해외 리츠 투자는 해외 주식의 매매절차와 유사하다. 말레이시아 리츠는 1930년에 설립된 말레이시아 증권거래소인 부르사 말레이시아Bursa Malaysia를 통해 거래된다.[55]

싱가포르의 대표적인 리츠인 아센다스 리츠Ascendas REIT와 캐피타몰 리츠CapitaMall Trust의 배당수익률은 2019년 6월 기준 각각 5.49%, 4.51%다. 싱가포르에서는 최소 1,000주 이상을 거래해야 되는데, 만약 2.92 싱가포르달러(약 2,500원)인 아센다스 리츠 주식 1,000주를 투자하기 위해서는 최소 250만 원이 필요하다. 이에 반해 말레이시아는 싱가포르와 유사한 높은 배당 수익률 대비 소액으로도 투자가 가능하다는 장점이 있다. 다만 일반 주식과 마찬가지로 해외 리츠를 거래할 때는 거래수수료와 환율수수료가 국가마다 다르기 때문에 단순히 배당 수익률만으로 판단하기보다는 수수료도 함께 고려할 필요가 있다.

한국도 과거에는 최소 10주를 거래해야 되는 기준이 있었으나, 지금은 1주도 거래가 가능해졌다. 그러나 말레이시아는 주식을 거래할 때 최소 단위로 1 Lot을 사용하고 있으며, 1 Lot은 100주로 구성되어 있다. 따라서 최소 거래량은 100주이며, 보통 주식거래에 따른 수수료를 고려할 때 적정 수량 이상으로 구매할 필요가 있다.

말레이시아에서 주식거래와 관련한 수수료는 크게 세 가지가 있다. 먼저 거래주선수수료Brokerage Fee는 최소 8링깃(약 2,240원) 또는 거래금액의

---

[55] 말레이시아의 주식 거래 시간은 한국 시간으로 오전 10시(현지 시간 9시)부터 오후 6시(현지 시간 17시)까지로, 점심 시간은 한국 시간으로 오후 1시30분에서 오후 3시 30분까지다.

0.1% 중 큰 값을 적용한다. 결제수수료 Clearing Fee는 거래금액의 0.03% (최대 1,000링깃(약 28만 원)), 인지세 Stamp Duty는 거래금액 1,000링깃당 1링깃(최대 200링깃(약 5.6만 원))을 내야 한다.[56]

예를 들어, 주당 1링깃인 A리츠 주식을 1,000주(10 Lots)를 구매한다고 가정해보자.

1. 주식 가격 : RM 1×1,000주 = RM 1,000
2. 거래주선 수수료 : RM 1,000×0.1% = RM 1
3. 결제 수수료 : RM 1,000×0.03% = RM 0.3
4. 인지세 : (RM 1,000/RM 1,000)×RM 1 = RM 1

따라서 1,000링깃(약 28만 원)을 투자해 리츠를 구입하는 경우 주식 가격 외 필요한 총수수료는 2.3링깃(2+3+4, 약 650원)으로 주식 가격의 약 0.23% 수준이다. 해외 주식의 경우 250만 원을 넘는 매매차익에 대해 양도소득세 22%(주민세 포함)가 부과된다. 양도소득세는 자진 신고해야 하는데 대형 증권사의 신고대행서비스를 이용할 수 있다. 배당소득에는 약 14% 세금이 붙는다. 다만 한국의 증권사를 통해 한국에서 말레이시아 리츠를 거래하는 경우의 매매수수료는 각 증권사의 수수료율에 따라 차이가 나므로 이는 개별적으로 확인해야 하겠다.[57]

---

56) 출처 : http://www.starproperty.my/index.php/articles/investment/beginners-guide-to-reits-part-2/
57) 참고로 한국의 A증권사의 말레이시아 리츠 거래 수수료는 주식 가격(미국 달러로 거래)의 0.6%와 50 미국 달러(약 6만 원) 중 최대값으로 한국에서 거래시 수수료율은 다소 높은 편이다.

말레이시아에서 회사 설립하기

　MM2H 비자 소지자는 외국인 투자가 허용된 업종에 대해 직접 현지 법인을 설립, 인수 또는 지분 투자해 주주로서 현지 사업에 참여하고 회사로부터 배당을 받을수 있으나, 취업 또는 고용되어 직접 일을 하거나 임금을 받는 것은 금지되어 있으므로 유의해야 한다. 따라서 은퇴거주목적의 MM2H 비자 프로그램의 기본 취지에 맞지 않는 자의적인 법 해석에는 주의가 필요하다. 또한 222페이지에서 설명한 것처럼 만 50세 이상 MM2H 비자 소지자가 파트타임으로 일을 하고자 할 경우 관할 관청에 별도의 승인을 받아야 한다.

　말레이시아에서 모든 회사와 사내이사Director는 '회사법Companies Act 2016'의 규제를 받으며, 말레이시아에서 사업을 운영하거나 사업장을 설립하고자 하는 외국회사는 말레이시아 기업위원회CCM에 등록해야 한다.[58] 다만 부동산 관련 법과 마찬가지로 회사법 또한 정부의 정책 방향에 따라 계속적으로 수정되고 있기 때문에 회사 설립 시 최근 법규를 확인해보길 바란다.

　말레이시아에서 회사를 설립할 때 법인의 형태는 세금과 관련이 있기 때문에 설립하고자 하는 업태 및 업종을 결정하기 전에 전문 변호사나 회계사와 상의할 필요가 있다.[59] 말레이시아에서 외국인들은 보통 **비공개 유한 책임회사**Private Limited Company나 지사 및 연락사무소Representative Office형태로 회

---

58) 출처 : 국세청, 말레이시아 진출기업을 위한 세무안내 2013.
59) 국내 신고절차와 현지법인 설립절차 및 비용은 OIS(www.ois.go.kr) 및 현지 투자청 사이트를 통해 확인이 가능하다(출처 : 코트라(KOTRA), 2018 해외 투자 진출 종합가이드).

사를 설립한다. 유한책임회사의 또 다른 형태인 공개적으로 주식이 거래되는 공개 유한책임회사Public Limited Company로 회사를 설립할 수는 있다. 일반적이지는 않지만 조세피난처로 알려져 있는 라부안Labuan에 페이퍼컴퍼니의 형식으로 외국인 자본 100%로 회사를 세울 수도 있다.[60]

그러나 외국인에게는 단독소유권Sole Proprietor을 가진 개인 사업자로 회사를 설립하는 것은 허용되지 않는다. 참고로 말레이시아에서 비공개 유한책임회사Private Limited Company의 상호에는 'Sendirian Berhad' 또는 약어인 'Sdn Bhd'로 기재되고, 공개 유한책임회사Public Limited Company의 상호에는 'Berhad' 또는 'Bhd'로 구분해 기재된다.

외국인들은 대부분 비공개 유한책임회사의 형태로 설립하는데, 회사의 책임사원의 수는 최소 1명에서 50명으로 제한된다. 즉 개정된 회사법Companies Act 2016에 따르면 외국인에게 허용되는 비공개 유한책임회사는 최소 1인의 주주와 최소 1인의 이사Director로 회사 설립이 가능해졌다.

과거에는 주식회사가 말레이시아 증권거래소에 상장되기 위해 요구되었던 30% 이상의 부미푸트라 지분율 확보 조항이 자주 언급되었으나 2009년에 이 조항은 폐지되었다. 신경제정책New Economic Policy의 일환으로 1971년에 제정된 부미푸트라 지분율 30% 할당 조항은 그 당시만 해도 상장 주식의 2.4%만을 부미푸트라 내국인이 소유하고, 대다수인 63.3%를 외국인이 소유했기 때문에 말레이계 국민들의 소득 불평등을 해소하기 위한 필요한 조

---

60) '페이퍼컴퍼니(Paper Company)'는 글자 그대로 물리적 실체가 없이 서류 형태로만 존재해 회사 기능을 수행하는 회사로, 사업 활동에서 나오는 소득과 기타 합산소득에 대한 세금을 절감하고 기업 활동 유지를 위해 소요되는 제반 경비를 절감하기 위해 설립되고 있다(출처 : 네이버 지식백과(매일경제)).

치라고 이해된다.[61]

말레이시아 정부는 제조업과 서비스업에 외국인 투자와 전문가 유치를 확대하기 위해 2009년부터 100% 외국인 자본으로 설립할 수 있는 업종을 확대하고 있다. 이는 단순히 금전적인 투자 유치 외에도 말레이시아 제조업의 외국인 노동자들이 대부분 인도네시아에서 온 비숙련된 단순 노동 인력임에 따라 해외의 전문 기술인력을 끌어들여 국가 경제를 성장시키려는 목적도 있다.

특히 말레이시아 신회사법 Malaysia New Company Act 2016에 의거해 서비스 산업에서 일부 업종은 부미푸트라의 지분참여 의무 없이 100% 외국인 자본으로 회사를 설립할 수 있다. 말레이시아의 국가 경제와 고용 창출에 기여할 수 있다고 판단되는 경우 100% 외국인 자본 구조를 승인해준다. 예를 들어 내국인들이 보유하지 못한 기술이나 지식 분야 산업으로 대표적으로 관광 서비스업인 4~5성급 호텔과 호텔 내 레스토랑 운영을 들 수 있다.[62] 또는 인바운드 여행사나 기술 훈련센터 운영(교육서비스업), 운영 컨설팅업(전문가 서비스업) 등도 100% 외국인 자본으로 회사를 설립할 수 있다. 그러나 아직은 다수의 서비스업들이 외국인 지분참여에 제한을 두고 있기 때문에 혹시나 회사를 설립하고자 한다면 100% 완화 업종에 해당하는지는 확인해봐야 한다. 이는 '말레이시아 투자진흥청 Malaysian Investment Development Authority' 홈페이지(http://www.mida.gov.my)를 통해 확인이 가능하다.

---

61) 출처 : https://www.theedgemarkets.com/article/nazri-time-quotas-all
62) 출처 : http://www.mida.gov.my

구체적인 회사 설립의 절차는 이 책의 집필 목적에 부합하지 않기 때문에 상세히 설명하지는 않겠다. 실제로 말레이시아에 회사를 설립하고자 한다면 전문 변호사의 도움이 필요하며, 개략적인 내용은 주관기관인 말레이시아 기업위원회Company Commission of Malaysia: 말레이어 약어 SSM의 홈페이지(http://www.ssm.com.my)를 참고해보길 바란다. 설립하고자 하는 회사 이름의 사용 가능 여부도 SSM 홈페이지를 통해 인터넷으로 확인할 수 있다.

해외 부동산 취득·보유·처분 관련 세금

말레이시아와 한국은 1983년 1월에 소득(소득세, 법인세, 주민세)에 대한 조세의 이중과세회피와 탈세방지를 위한 협약을 체결했다.[63] 따라서 거주자가 해외 부동산을 취득·보유·처분할 경우에 단계별로 국내 납세의무를 이행해야 한다. 여기서 '거주자'란 소득세법(제1조)에 따라 국내에 주소를 두거나 183일 이상의 거소居所를 둔 개인을 말한다.

국세청에서 발간한 〈2018 해외 부동산과 세금〉이라는 자료에 해외 부동산 투자와 관련된 조세 내용이 잘 정리되어 있다. 이 파트는 보고서 내용을 바탕으로 단계별로 개인 투자자들에게 중요한 내용을 축약해서 정리했다. 다만 일반적인 세금 규정을 요약 발췌한 것으로 부동산 투자 시 참고하길 바라며, 개인별 실제적인 세금 산정은 전문 세무사를 통해 자문받기를 바란다.

---

63) 출처 : 국세법령정보시스템(https://mob.tbsi.hometax.go.kr)

[자료 3-29] 해외 부동산 취득·보유·처분시 세무절차

은행절차

- 해외 부동산 취득 계약
  - ▼
- 해외 부동산 취득 신고·수리
  (외국환거래은행 전 영업점)
  - ▼
- 취득자금 송금 후 3개월 이내 「취득보고서」 제출
  (지정거래외국환은행)
  - ▼
- 신고수리 후 일정시점마다 사후관리 서류 제출
  (지정거래외국환은행)
  - ▼
- 해외 부동산 처분(양도)
  - ▼
- 처분 후 3개월 이내 (수령시점)에 「처분보고서」 제출
  (지정거래외국환은행)

세무절차

- 신고·수리를 위한 서류준비

- 해외 부동산 취득 신고·수리는 외국환거래은행 한 곳만을 지정해 거래해야 하며, 사후관리도 지정거래 외국환은행을 통해서 해야 함.
  (신고·수리은행의 영업점)

- 취득대금 해외 송금 시 납세증명서 제출
- 취득 다음 연도 종합소득세 확정신고 기간 중 「해외 부동산 취득 및 투자 운용(임대)명세서」 제출 (주소지 관할세무서)

- 해외 부동산 임대소득에 대해 다음 연도 종합소득세 확정신고 기간 중 종합소득세 신고·납부
- 「해외 부동산 취득 및 투자 운용(임대)명세서」 함께 제출 (주소지 관할세무서)

- 해외 부동산 처분(양도)한 달의 말일부터 2월 이내에 부동산 양도소득세 예정신고·납부
- 처분 다음 연도 종합소득세 확정신고기간 중 부동산 양도소득세 확정신고·납부 (주소지 관할세무서)

출처 : 국세청, 2018 해외 부동산과 세금

[자료 3-30] 각 단계별 납세의무

구분		취득단계	보유단계	처분단계	
관련세목		증여세	종합소득세	양도소득세	상속·증여세
내용		취득자금 증여	투자 운용(임대)소득	부동산 양도소득	상속(증여)가액
적용 세율	내국세법	10% - 50% (누진세율)	6% - 42% (누진세율)	6% - 42% (누진세율)	10% - 50% (누진세율)
	외국세법	국가별로 상이	누진세율 등	누진세율 등	국가별로 상이
국내 과세효과		과세해당분 전액	세율차이분	세율차이분	국가별로 상이

출처 : 국세청, 2018 해외 부동산과 세금

단계별로 요구되는 외국환거래나 세금 관련 사항을 자세히 살펴보자.

취득단계 신고 의무

내국인이 2년 미만의 거주 목적으로 해외 부동산(건물, 상가, 주택, 토지 등)을 매입하려는 경우 한국은행에 신고해야 한다. 그러나 2년 이상 주거 목적이나 주거 이외의 목적(기간 구분 없음)으로 매입하는 경우는 부동산 매매계약 체결 후 국내의 거래 은행에 해외 부동산 취득에 대해 신고를 해야 한다.

계약금은 외국환 거래은행에 가서 해외 부동산 취득신고를 통해 송금하는 것이 원칙이다. 따라서 MM2H 신청자나 부동산을 구입한 매수자가 말레이시아 현지 금융 기관에 돈을 이체할 때도 외국환 은행장에 신고해야 한다. 다만 해외 부동산 취득 신고 이전에 미화 1만 불(약 1,180만 원) 범위 내에서 사전 지급한 경우는 계약성립일로부터 1년 이내에 외국환 거래은행에 사후로 신고가 가능하다.

한국의 거주자가 해외 부동산을 취득하는 경우 외국환 거래규정(제9-40조)에 따라 부동산 취득대금을 송금한 후 3개월 이내에 해외 부동산 취득보고서를 제출해야 한다. 송금 한도의 제한은 없으며, 분할해 송금하는 경우는 『외국환 거래업무 취급지침』(제9장 제4절)에 따라 최종 취득자금을 송금한 후 3개월 이내 제출하면 된다.

해외 부동산 취득과 관련해서 거주자가 2년 이상 주거 목적으로 구입하는 경우는 공동명의(본인과 배우자)가 가능하나, 투자용 목적일 경우는 공동명의가 허용되지 않는다. 따라서 이 경우는 취득 명의인과 신고인이 동일해야 한다.

해외 부동산 취득 신고 시 필요한 서류는 다음과 같다.[64]

취득 시 준비서류

- 해외 부동산 취득신고(수리)서 2부
- 신고인 실명확인증표 사본 각 1부
- 부동산 매매계약서(매매조건이 명시된 가계약서 포함) 또는 분양계약서 1부
- 매도인의 실체 확인서류 각 1부
  단, 매매계약서상에 매도인이 표시되어 있는 경우 징구 생략 가능
- 부동산 감정평가서(현지 금융 기관 또는 감정기관의 평가서를

---

64) 출처 : 전국은행연합회(2018), 외국환거래업무 취급지침

원칙으로 하되, 발급이 어려울 경우 현지 부동산 중개업소 또는 부동산 가격정보 사이트의 자료도 인정) 또는 분양가격을 확인할 수 있는 서류 1부
- 납세증명서 1부(관할 세무서장 발행)
  단, 배우자 명의 또는 배우자와 공동으로 취득하는 경우 배우자의 납세증명서 1부를 추가 제출
- 주민등록등본(신고 수리 신청일로부터 과거 3영업일 이내 발급분) 1부(개인에 한함)

기타 필요 시 추가 제출서류

- 거주 예정자의 실명확인증표 사본 1부(주거용 주택 취득의 경우로서 신고인과 거주 예정자가 상이한 경우)
- 2년 이상 체재 목적임을 입증할 수 있는 서류(해외장기체류비자 등) 1부
  다만, 부득이하게 입증서류를 제출하지 못할 경우 서약서 1부 (주거용 주택 취득에 한함)
  ※ 자녀 유학 등을 위해 동반하는 경우, 동 자녀의 2년 이상 체재 입증서류도 제출
- 부동산 담보 대출(모기지론) 관련 서류(취득자금의 일부를 현지 금융 기관으로부터 모기지론을 받아 충당하는 경우)

취득단계 세금

해외 부동산을 취득하는 단계에서 국내에 납부할 세금은 없다. 다만 부동산의 취득자금을 증여받는 경우는 「상속세 및 증여세법」(제53조)에 따라 증여세를 납부해야 한다. 10년 이내에 부모 등 친족으로부터 일정 금액(배우자 6억 원, 직계존속 5,000만 원(미성년자는 2,000만 원), 직계비속 5,000만 원, 기타친족 1,000만 원) 이상을 증여받은 경우는 해당 일정 금액을 초과하는 금액이 과세 대상이 된다. 또한, 친족 이외의 자로부터 증여받은 경우는 증여받은 금액 전액이 과세 대상이 되며, 과세 최저한도는 50만 원이.[65] 이때 거주자가 비거주자에게 부동산, 금전 등을 증여하는 경우는 한국은행에 신고해야 하나, 거주자가 비거주자로부터 증여를 받는 경우에는 신고 의무가 없다.

취득가액이 2억 원 이상일 경우에는 신고해야 하며, 신고하지 않을 경우 취득가액의 10%(최대 1억 원)가 과태료로 부과된다.[66] 해외 부동산 및 해외직접투자를 한 거주자와 내국법인은 자금출처 소명 의무가 있으며, 입증하지 못한 금액에 대해서는 증여세가 부과된다.[67]

부동산 취득자금이 10억 원 미만인 경우는 자금의 출처가 80% 이상 확

---

65) 「상속세 및 증여세법」 제45조에 따라 직업·연령·소득 및 재산상태 등으로 볼 때 재산을 자력으로 취득했거나 채무를 상환했다고 인정하기 어려운 경우에는 다른 사람으로부터 그 자금을 증여받은 것으로 추정한다.
66) 이전에는 취득가액의 1%(최대 5,000만 원)를 과태료로 부과했다.
67) '해외 직접투자(Outward Direct Investment: ODI)'란 거주자(개인 또는 법인)가 국외 기업에 경영 참여를 목적으로 10% 이상의 주식 또는 동등한 지분을 취득하거나 1년 이상 기업에 대부하는 투자, 10% 미만이라도 임원 파견 등 일정 요건하의 투자와 외국환거래법시행령에 규정된 투자(해외자원개발)를 말한다(출처 : e-나라지표).

인되면 나머지는 소명하지 않아도 된다. 취득자금이 10억 원 이상인 경우는 자금의 출처를 입증하지 못한 금액이 2억 원 미만인 경우에만 취득자금 전체가 소명된 것으로 본다. 만약 소명하지 않거나 거짓으로 소명하면 소명금액의 20%가 과태료로 부과된다.

보유단계 신고 의무 및 세금

해외에서 주거용 주택을 취득하고 실제로 취득자가 거주함에 따라 임대소득이 발생하지 않는 경우는 세무서에 신고할 세금은 없다. 다만 국내 거주자가 해외 부동산을 신규로 취득·보유한 경우 종합소득세 확정 신고 시 해외 부동산 취득 및 투자 운용(임대)명세서를 제출해야 한다.

즉, 국내 거주자가 해외 부동산을 취득한 후 타인에게 임대해 발생하는 임대소득은 부동산 소재지국 세법에 따라 관련 소득세를 신고 납부하는 것과는 별개로 우리나라 세무서에도 국내외 모든 임대소득과 합산해 신고해야 한다. 이때 임대소득에 대한 외화환산은 「외국환 거래법」(제5조)에 따라 임대료를 받은 날의 기획재정부 장관이 정한 기준환율 또는 재정환율을 적용한다.

특히 해외에 소재하는 주택의 임대소득은 국내의 주택 수와 관계없이 모두 과세 대상이 된다. 다만 이 경우 국가 간 동일 소득에 대해 이중과세는 발생하지 않으나, 임대소득 미신고시 임대소득의 10%(최대 1억 원)가 과태료로 부과된다.

처분(양도)단계 신고 의무 및 세금

해외 부동산을 처분하거나 명의를 변경하는 경우 3개월 이내 처분(변경)보고서를 지정거래 외국환은행에 제출해야 한다. 특히 국내 다른 거주자에게 양도하는 경우 양도인은 매매계약서 등을 첨부해 외국환 거래은행에 해외 부동산 처분(변경) 보고서를 제출해야 한다. 이 경우 국내 거주자인 양수인도 동일하게 외국환은행에 신규로 해외 부동산 취득에 대한 신고를 해야 한다.

또한, 해외 부동산을 양도한 경우 양도일이 속하는 달의 말일부터 2월 이내에 주소지 관할 세무서에 양도소득세 예정신고를 해야 한다. 이 경우 예정신고세액공제는 없으며, 예정신고를 하지 않으면 무신고가산세 20%가 부과된다.

처분가액이 2억 원 이상일 경우도 취득 시와 마찬가지로 신고를 해야 하며, 미제출하거나 거짓 제출하면 과태료가 부가된다. 미신고한 경우 취득단계와 동일하게 처분가액의 10%(최대 1억 원)가 과태료로 부과된다.

거주자의 해외 부동산의 양도소득세 계산절차는 국내 부동산과 동일하다. 해외 부동산 양도 시 양도소득세는 [자료 3-31]의 양도소득세율을 적용하는데, 적용세율이 2010년 6~33%에서 2018년에 6~42%로 강화되었다. 다만 해외 부동산(주택)은 국내 부동산(주택) 수를 계산할 때 제외되기 때문에 국내의 다주택 소유자에 대한 중과세와는 별개로 산정된다.

[자료 3-31] 각 단계별 납세의무

국외자산 종류	보유기간	2018년 1월 이후 양도분		
1. 토지 또는 건물 2. 부동산에 관한 권리 　- 지상권, 전세권, 부동산 임차권 　- 부동산을 취득할 수 있는 권리 3. 기타자산 　- 사업용 고정자산과 함께 양도하는 영업권 　- 특정 시설물 이용권 및 관련 주식 　- 특정 주식 　- 부동산 과다 보유법인 주식	관계없음	과세표준	세율	누진공제액
		1,200만 원 이하	6%	
		4,600만 원 이하	15%	108만 원
		8,800만 원 이하	24%	522만 원
		1억 5,000만 원 이하	35%	1,490만 원
		3억 원 이하	38%	1,940만 원
		5억 원 이하	40%	2,540만 원
		5억 원 초과	42%	3,540만 원

출처 : 국세청, 2018 해외 부동산과 세금

TIP 말레이시아 부동산의 면적 단위(Unit)에 익숙해지자

말레이시아의 부동산을 구매하거나 임대할 때 알아야 되는 기본적인 정보 중의 하나가 부동산의 물리적인 크기인 면적을 측정하는 단위에 대한 이해이다. 한국을 비롯해 많은 국가들이 '십진 미터법 Metric Unit'을 공식적으로 채택해 사용하고 있고, 전 세계에서 미국, 미얀마, 라이베리아 3개국만이 공식적으로 **임페리얼** Imperial Units 단위를 사용한다. 그러나 우리나라에서 마치 '평坪' 단위를 일상생활에서 비공식적으로 사용하듯이 말레이시아 부동산 시장에서도 여전히 임페리얼 단위가 사용된다.

1824년 영국에서 사용되기 시작한 피트 Feet 단위를 사용하는 '임페리얼 단위' 또는 '임페리얼 시스템' 단위는 말레이시아를 비롯한 대영제국 시절 식민지 국가였던 호주나 인도, 캐나다, 홍콩 등지에서 면적을 표현하는 단위로 일상 생활에서 보편적으로 사용되고 있다.

1피트^{ft}는 약 0.3048미터^{m}이며, 1평방피트$^{ft^2}$는 0.0929평방미터$^{m^2}$이다. 역으로 1평방미터$^{m^2}$는 10.76평방피트$^{ft^2}$가 된다. 국내에서 비공식적으로 사용되는 '평' 단위로 환산하면 1평은 36평방피트로 1자(약 0.3030m)는 1피트와 거의 동일하다. 또한, 대지면적과 관련해 1에이커^{Acre}는 4,046평방미터이며 '평' 단위로 환산하면 약 1,224평이 된다.

$1ft^2 = 0.0929m^2 = 0.0028평$ [$1ft = 0.3048m$]
$1m^2 = 10.76ft^2$
$1평 = 35.6ft^2$

$1acre = 43,560ft^2 = 4,046m^2 = 1,224평$
$1ha = 10,000m^2 = 0.01km^2$

$RM\ 10\ /\ ft^2$ = 평당 약 10만 원 (환율 1 RM = 280원 기준)
$RM\ 1,000\ /\ ft^2$ = 평당 약 1,000만 원

출처 : 유현선(2015), 《해외 부동산 투자&개발 바이블》, 매일경제신문사

Malaysia Real Estate

Chapter 4
말레이시아 부동산 시장 동향

들어가기 전에

최근 동남아시아 부동산 투자에 관심을 갖게 된 지인들이 가끔 이렇게 묻는다.

"말레이시아 어디에 투자하면 좋을까요?"

이는 마치 "서울의 집값이 오를까요?"라는 질문처럼 쉽게 대답하기 어려운 질문이다. 앞에서 반복적으로 강조했던 것처럼 결국 투자 목적과 투자 가능 금액에 따라 또는 위험을 감수하는 투자자의 성향 정도에 따라 투자 지역과 부동산 유형은 달라질 수밖에 없다. 그리고 우리가 아는 것과 같이 강남의 집값과 강북의 집값이 같은 상승 곡선을 그리지 않으며, 같은 강남구의 동일 평형의 아파트라도 학군이나 역세권 입지 등에 따라 가격의 상승폭은 달라지기 마련이다.

결국, 개인의 투자 목적과 기대수익률에 맞는 구체적인 부동산 물건을 찾아서 그 투자 물건의 유사 비교 상품과 수익성 등을 비교해본 후 최종 결정을 해야 하는데, 그 일련의 의사결정과정을 일반화해 설명하는 데에는 한계가 있을 수밖에 없다. 이는 동일한 메뉴를 파는 스타벅스 매장의 매출도 그 지역의 인구 구성이나 직원들의 서비스에 따라 차이가 난다는 것만 알아도 이해가 될 것이다. 부동산은 마치 살아 있는 유기체처럼 그 시장의 참여자들과 영향을 주고받으며 성장하고 쇠퇴하기 때문에 좀 더 미시적으로 들여다볼 필요가 있다.

물론 부동산 시장은 그 나라의 경제성장률이나 이자율, 인구 성장률과 같은 거시적이고, 외생적인 지표에 영향을 받기 때문에 Chapter 2에서 살펴본 내용들을 이해하고 관심을 가져야 한다. 또한 Chapter 3을 통해 말레이시아 부동산 시장이 가지는 독특한 특성들과 세금이나 법률과 같은 정책적인 제도들도 살펴보았다.

이제 이 Chapter에서는 말레이시아 부동산 시장을 좀 더 구체적으로 들여다보려 한다. 다만 프롤로그에서 밝힌 것과 같이 말레이시아의 수도인 쿠알라룸푸르의 주요 부동산 권역을 중심으로 살펴보겠다. 후반부에는 현재도 지속적으로 성장하고 있으나 미래의 개발 가치가 좀 더 높게 평가되는 조호 바루의 부동산 시장을 간단히 살펴보겠다. 또한 독자들마다 투자 목적이나 자금 여력이 다르기 때문에 이 책에서는 개별 물건이나 지역을 추천하기보다는 주요 권역들의 특징을 소개하고 신규로 공급 예정인 대표적인 프로젝트들을 소개하려 한다.

한국과는 다른 독특한 주택 유형

말레이시아 부동산의 권역별 시장 특성을 살펴보기 전에 말레이시아의 주거용 부동산의 특성을 먼저 살펴볼 필요가 있다. 말레이시아의 주택 유형은 다양하게 분류할 수 있다. 크게 형태적인 특징에 따라 주택의 유형을 방갈로Bungalow, 테라스 하우스Terrace House, 세미 디테치드Semi-detached, 콘도미니엄Condominium 등으로 분류할 수 있다. 이러한 주택의 명칭들은 말레이시아 이외 미국이나 영국과 같은 다른 나라들에서도 동일하게 사용되고 있다. 다만 각국의 특성에 따라 일부 다르게 진화되면서 나라마다 동일한 명칭도 각각의 특성들에 다소 차이가 있을 수 있다.

이 파트에서는 이러한 주택 유형들 중 한국의 주거 시장에서 찾아보기 어려운 독특한 주택 유형인 방갈로와 테라스 하우스의 특징을 살펴보고자 한다. 또한 말레이시아를 포함한 다른 나라에서는 찾아볼 수 있으나, 한국에는 아직 익숙하지 않은 브랜디드 레지던스Branded Residences라는 주택 유형도 함께 소개하겠다. 다만 브랜디드 레지던스는 서비스드 아파트와 함께 말레이시아에서 토지의 용도로 인해 주택이 아닌 상업용 부동산으로 간주되어 세금이나 유틸리티 비용면에서 콘도미니엄과 다른 기준이 적용된다. 이는 마치 한국에서 오피스텔이 건축법상 업무시설이나 용도상 주택으로 사용될 수 있는 반면 취득세나 수도비 부과기준은 아파트와 다르게 적용되는 것과 같은 경우로 이해하면 되겠다.

방갈로(Bungalow)

방갈로는 나라마다 정의가 다소 다를 수 있다. 말레이시아에서 방갈로는 개별 필지 위에 지워진 2층에서 4층 정도 규모의 단독주택을 말한다. 일반적으로 수영장이나 엘리베이터, 지하실, 차고 등을 갖춘 고급 단독주택을 의미한다. 때로는 미국처럼 마스터플랜에 따라 게이티드 커뮤니티Gated Community라고 부르는 단지화된 주택 커뮤니티 안의 개별적인 단독주택을 칭하기도 한다. 참고로 방갈로보다 넓은 대지에 지어진 큰 집을 맨션Mansion이라고 구분해서 부르기도 한다.

한국은 대지면적이나 연면적 기준 외 67㎡ 이상의 수영장 또는 주택 내부에 엘리베이터를 설치하는 경우 지방세법상 고급 주택으로 분류되어 취등록세에서 중과세가 부과된다. 이러한 이유로 사계절이 있다는 계절적인 한계 외에도 엄격한 조세제도로 인해 한국에는 방갈로처럼 개인 수영장이나 엘리베이터가 있는 고급 주거 형태를 찾아보기 어렵다.

방갈로 사례

Damansara Heights

출처 : https://www.propertyguru.com.my

The Glades @Putra Heights

출처 : https://www.simedarbyproperty.com

테라스 하우스(Terraced House)/링크 하우스(Link House)

테라스 하우스는 비슷한 건물 형태가 줄지어 있는 단독주택 단지로 길을 따라 일자형으로 배치되거나 정방형 대지 위에 블록형으로 개발된다. 이러한 건축 형태로 인해 **링크 하우스**Link House라고 불리기도 한다. 이는 영국 식민지 시대의 영향으로 영국의 산업혁명 시대에 노동자들을 위해 지어졌던 형태를 차용한 것으로 이해할 수 있다. 마치 한국의 연립주택이나 땅콩주택처럼 2, 3층 구조의 주택들이 벽을 맞대고 붙어 늘어선 형태를 띤다.

테라스 하우스는 말레이시아의 가장 보편적인 주거 형태라고 알려져 있다. 대부분 2층 구조에 방 4개로 약 170㎡ 정도의 면적을 가지며, 3층 구조의 테라스 하우스는 300㎡까지도 면적이 증가한다.[1] 지역마다 차이는 있으나 콘도미니엄이 대체로 30평형대 이하로 중소형으로 개발되는 것에 비해 테라스 하우스는 2층 이상으로 40평형대 이상의 중대형 평형으로 주로 공급된다는 차이가 있다. 또한 타운십Township으로 개발되는 대규모 타운하우스 단지들에서 쉽게 찾아볼 수 있다. 다만 게이티드 커뮤니티 형태로 개발되는 테라스 하우스가 아닌 경우 단지 내 클럽 하우스와 같은 부대편의시설이 없는 단점과 보안에 대한 우려, 주택 관리의 번거로움 등으로 외국인들의 선호도는 낮은 편이다.

테라스 하우스 사례
Setia EcoHill　　출처 : http://www.starproperty.my

---

1) 출처 : https://www.homify.com.my

브랜디드 레지던스(Branded Residence)

브랜디드 레지던스의 출현은 1927년 미국 뉴욕에서 시작되었다. 글로벌 부동산 컨설팅 회사인 나이트 플랭크Knight Frank의 보고서에 따르면 2017년 기준 쿠알라룸푸르의 브랜디드 레지던스는 브랜드가 없는 레지던스에 비해 69%의 프리미엄을 보였다.[2] 또한, 말레이시아는 아시아 국가들 중에서 태국 다음으로 두 번째로 높은 프리미엄을 보였다.

2014년과 2018년 상반기 사이 쿠알라룸푸르에 약 1,690세대의 브랜디드 레지던스가 공급되었고, 2021년까지 2,000세대 이상이 추가로 공급될 예정이다.[3] 쿠알라룸푸르의 브랜디드 레지던스들은 랜드마크 빌딩인 페트로나스 트윈타워KLCC나 KL타워로의 도심 조망, 유명 쇼핑몰과의 접근성이 중요한 셀링 포인트로 높은 프리미엄을 자랑한다. 특히 브랜디드 레지던스가 서비스드 아파트와 차별화되는 포인트는 둘 다 풀퍼니시드Fully-furnished 타입의 인테리어 마감 수준으로 물리적인 공간 수준은 유사하지만, 운영 측면에서 마치 호텔에 거주하는 것처럼 호텔 운영사로부터 청소나 식사와 같은 호텔식 서비스를 받을 수 있다는 것이다.

이들 브랜디드 레지던스의 주요 수요자는 쿠알라룸푸르의 부유층을 포함해 동말레이시아 사바 주나 사라왁 주의 부유층들이라고 볼 수 있다. 그러나 디벨로퍼들은 이들 내국인 부유층뿐만 아니라 해외 투자자들에게 적극적으로 분양마케팅을 하고 있다. 특히 중동 투자자를 비롯해 홍콩이나 싱가포

---

2) 출처 : Knight Frank(2018), Branded Residences Report 2019
3) 출처 : https://www.theedgemarkets.com

르, 중국, 일본, 대만 등 주로 아시아 인근 국가의 투자자들이 주요한 구매자들이다. 이들은 자국의 부동산 대비 저평가되어 있는 말레이시아 부동산 시장에 관심이 높으며, 특히 브랜디드 레지던스와 같은 럭셔리 상품에 높은 관심을 보이고 있다. 주로 한국인들만을 분양 타깃으로 주거 상품을 개발하는 우리나라의 주택 시장과는 다른 모습이다.

[자료 4-1] 브랜디드 레지던스 분양세대 면적비율(좌)
브랜디드 레지던스 세대별 분양가격(우)

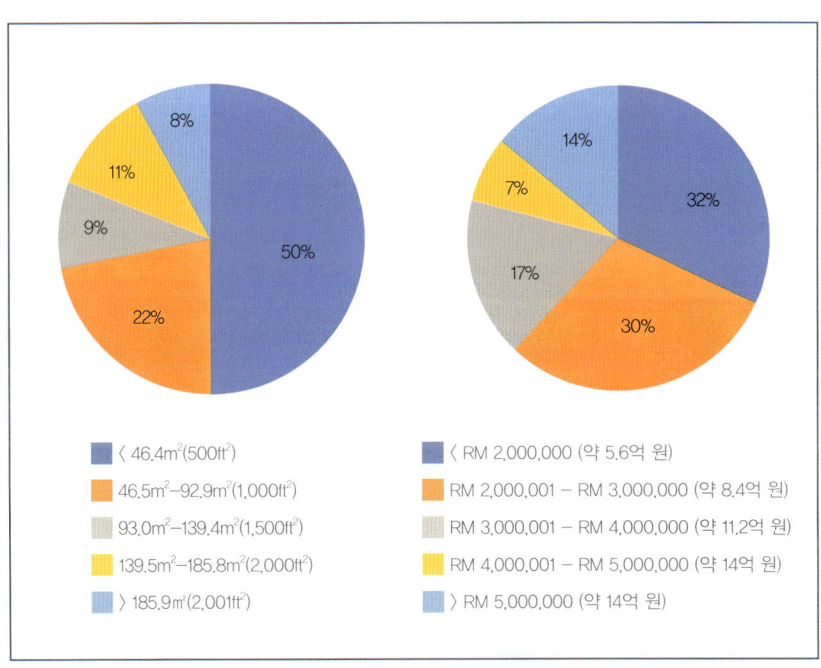

출처 : Horwath HTL(2018), Kuala Lumpur Hotel & Hotel Residences Market Update

쿠알라룸푸르에 공급된 대표적인 브랜디드 레지던스 사례는 리츠칼튼 레지던스Ritz-Carlton Residences나 세인트레지스 레지던스St. Regis Residences, 포시즌스 플레이스Four Seasons Place, 반얀트리 시그니처 파빌리온Banyan Tree Signatures Pavilion 등이 있다. 참고로 각각의 특징을 간단히 살펴보면 [자료 4-2]와 같다.

[자료 4-2] 쿠알라룸푸르 브랜디드 레지던스 사례

명칭	리츠칼튼 레지던스 (Ritz-Carlton Residences)	세인트레지스 레지던스 (St. Regis Residences)	포시즌스 플레이스 (Four Seasons Place)
투시도	출처 : www.en.sekaiproperty.com	출처 : www.en.sekaiproperty	출처 : www.kltraders.com
호텔 운영사	메리어트(Marriott)	메리어트(Marriott)	포시즌스(Four Seasons)
오픈일	2017년	2014년	2018년
세대수	296세대	160세대	242세대
세대 면적	95.0㎡ - 199.0㎡	71.2㎡ - 395.1㎡	102.0㎡ - 653.9㎡
가격 중간값	RM 3,305,000 (약 9.3억 원)	RM 3,500,000 (약 9.8억 원)	RM 5,450,000 (약 15.3억 원)
월임대료 중간값	RM 8,500 (약 238만 원)	RM 10,000 (약 280만 원)	RM 16,450 (약 460만 원)
임대수익률	3.09%	3.43%	3.62%

출처 : www.iproperty.co.my (검색일 : 2019. 07. 15)

말레이시아 주택 시장 동향

한국의 '한국감정원'에 해당하는 재무부 산하 기관인 '가치평가 및 부동산 서비스국Valuation and Property Services Department (JPPH)'에서 분기별로 말레이시아의 주택 시장 관련 동향을 발표한다. JPPH에서 발표한 자료에 따르면, 2018년 기준 말레이시아의 부동산 거래 규모는 전년 대비 0.6% 성장한 약 1,403억 링깃(약 40조 원) 수준이었다. 주거용 부동산이 전체 거래의 약 63%를 차지했고 거래 규모도 전년 대비 1.4% 증가했다. 특히 쿠알라룸푸르의 주거용 부동산은 전년 대비 6.8%, 조호르 주는 7.8%, 페낭 주는 3% 증가했다. 또한 주거용 부동산을 유형별로 살펴보면 초고층 콘도미니엄이 전체 거래의 43%를 차지했다.

주택 시장에서 가격 변화를 예측할 때 '주택 공급량의 변화'는 수요 예측의 어려움으로 인해 매우 중요한 변수로 다루어진다. 특히 준공 물량은 착공이나 신규 계획 물량과는 달리 실제 주택이 시장에 공급되고, 매매거래 또는 임차 등의 다양한 형태로 주택 시장에 직접적인 영향을 미친다. 반면 다른 외부적인 영향이 없다면, 착공이나 신규 계획 물량의 변화는 해당 부동산 유형에 대한 과거 시장의 선호도(수요)를 보여주고 장래 물량 공급에 따른 부동산 가격의 변화를 예측하는 데 도움을 준다.

2018년 기준 신규 공급량은 약 6만 6,000세대로 2017년보다 약 15% 줄어들었고, 이는 착공물량도 마찬가지였다. 이러한 주거용 부동산 전체의 공급량의 변화와는 달리, 한국의 부동산 투자자들이 관심 있어 할 서비스드 아파트의 공급량은 부동산 시장이 다소 침체된 2018년에도 준공물량이 눈에 띄게 증가했다([자료 4-3] 참조). 착공물량을 포함해 특히 인허가를 받은 신규 계획물량이 증가함에 따라 단기적으로 앞으로 몇 년간 공급량이 증가할 것으로 예상된다.

[자료 4-3] 말레이시아 주택 공급량

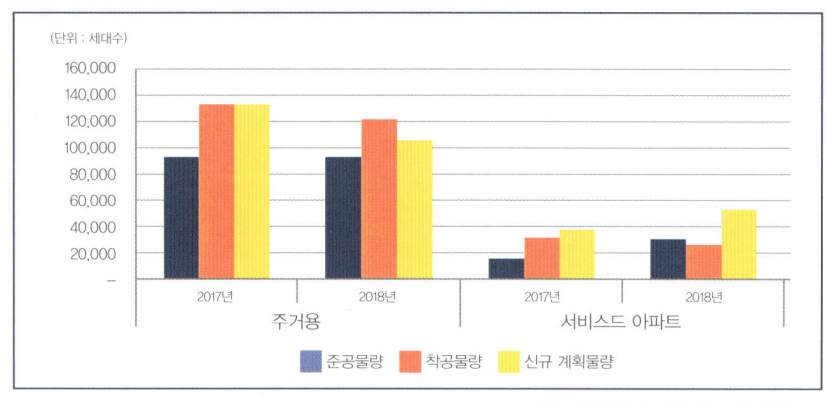

출처 : 말레이시아 재무부(JPPH), 저자 작성

[자료 4-4] 쿠알라룸푸르/조호르 착공기준 주택공급량 추이

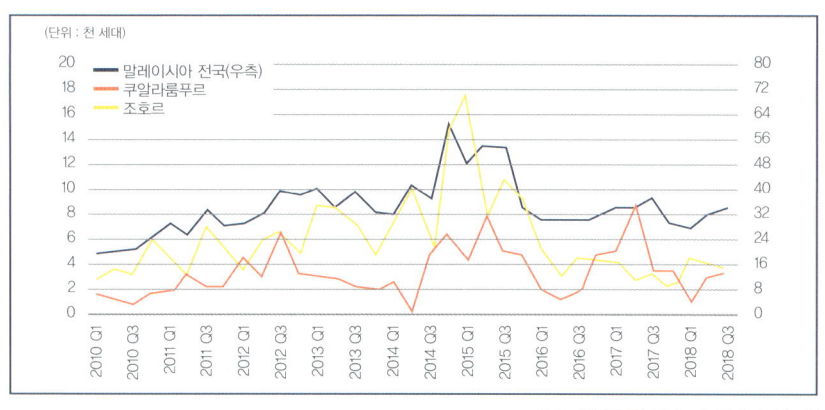

출처 : IMF(2019), Malaysia 2019 Article VI

이론적으로 서비스드 아파트의 공급량의 증가는 주택 시장 가격에 즉각적으로 반영되지는 않더라도 향후 가격 하락에 어떠한 형태로든 다소 영향을 미칠 수 있다. 다만 [자료 4-4]에서 2014년과 2015년 대비 급격히 줄어든 공급량에서도 알 수 있듯이 전체 주거용 부동산의 공급량이 축소되고 있고, 2018년 5월 정권교체 후 부동산 시장을 규제하는 정부 정책의 영향으로 부동산 시장이 일시적으로 다소 위축되어 있다. 그러나 앞서 Chapter 2에서 살펴본 말레이시아의 안정적인 경제 기반의 뒷받침으로 향후 부동산 시장이 안정되면 소비심리도 회복되면서 가격 상승을 끌어올릴 것으로 기대된다.

2010년부터 2018년까지 **말레이시아 주택 가격지수**Malaysian House Price Index (MHPI)는 연평균 성장률 약 8.6%로 지속적으로 상승하고 있으며, 2018년 기준 주택 가격 지수는 193.3으로 2010년 대비 1.9배 이상 상승했다. 특히 [자료 4-5]에서 볼 수 있듯이 지난 8년간 말레이시아 전국 평균 대비 쿠알라룸푸르와 조호르 주의 주택 가격이 눈에 띄게 상승했다.[4] 특히 [자료 4-6]과 같이 럭셔리 콘도미니엄인 초고층 주택의 가격은 평균 주택 가격에 비해 좀 더 가파르게 상승했고 조호르 주의 초고층 주택 가격이 최근 가장 많이 상승한 것으로 나타났다.

---

4) 셀랑고르 지역에는 수도권 신도시인 페탈링자야(Petaling Jaya)와 수방자야(Subang Jaya)가 있다.

[자료 4-5] 주요 도시 주택 가격 지수, 2010년=100

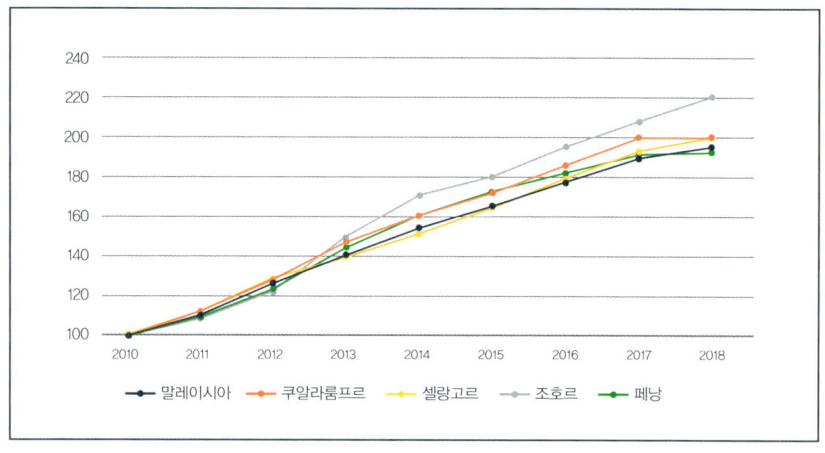

출처 : 말레이시아 재무부(JPPH), 저자 작성

[자료 4-6] 주요 도시 초고층 주택 가격 지수, 2010년=100

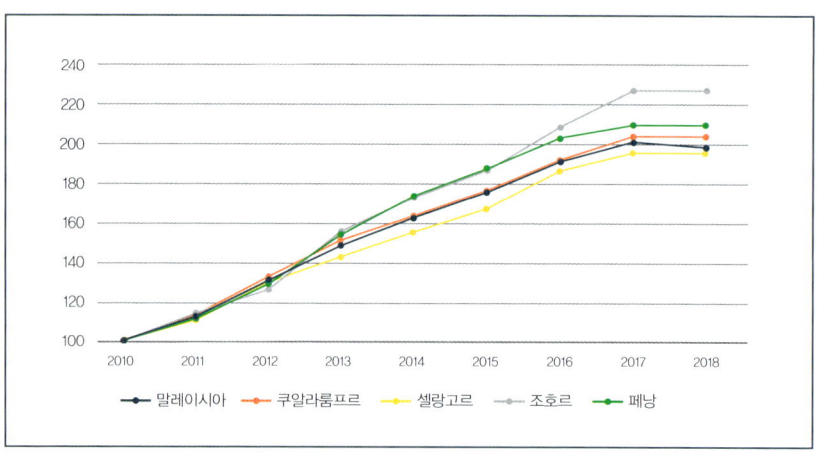

출처 : 말레이시아 재무부(JPPH), 저자 작성

시세차익이 기대되는 저렴한 주택 가격

부동산 시장의 데이터를 분석할 때 거시적인 관점도 중요하지만, 나의 투자 대상에 한정된 미시적인 시장 데이터를 좀 더 면밀히 살펴볼 필요가 있다. 말레이시아에서 주택을 구입할 때 대부분 MM2H를 신청하게 되는데, Chapter 3에서 살펴본 것과 같이 지역에 따라 외국인이 소유할 수 있는 최소 주택 가격에 대한 제한 금액이 다르다. 따라서 부동산 시장을 분석할 때 이러한 외국인 투자 대상의 주택들에 대한 수요와 공급을 중심으로 살펴볼 필요가 있다. 통계학에서 얘기하는 적정한 표본의 선택과 평균이 가지는 함정과 오류를 감안해서 판단해야 할 것이다.

예를 들어, 말레이시아의 중산층들이 구매할 수 있는 주택의 중위가격은 30만 링깃(약 0.84억 원, 2018년 기준)으로 외국인에게 요구되는 최소 주택 가격인 100만 링깃(약 2.8억 원)과는 큰 차이가 있다. 그러나 [자료 4-8]에서 볼 수 있듯이, 2018년 기준 쿠알라룸푸르 주택 가격의 중위값은 53.8만 링깃(약 1.5억 원), 평균값은 약 84.2만 링깃(약 2.3억 원)으로 말레이시아 전국 평균값인 약 39.6만 링깃(약 1.1억 원)보다 2배 이상 높다.

특히 쿠알라룸푸르는 중위값과 평균값의 차이가 매우 큰 것으로 나타났다. 이는 다른 도시에 비해 쿠알라룸푸르의 최고급 주택과 저렴한 주택 간에 가격 차이가 매우 크다는 것을 반증한다. 반면 조호르 주는 쿠알라룸푸르에 비해 주택 간의 가격 차이가 상대적으로 작았다. 이는 마치 서울의 주택 가격의 중위값과 평균값의 차이가 부산보다 큰 것과 유사한 현상으로 부동산 가격이 비싼 대도시들이 가지는 특성이라고 이해할 수 있다.[5]

[자료 4-7] 말레이시아 주택 가격 중위값 추이

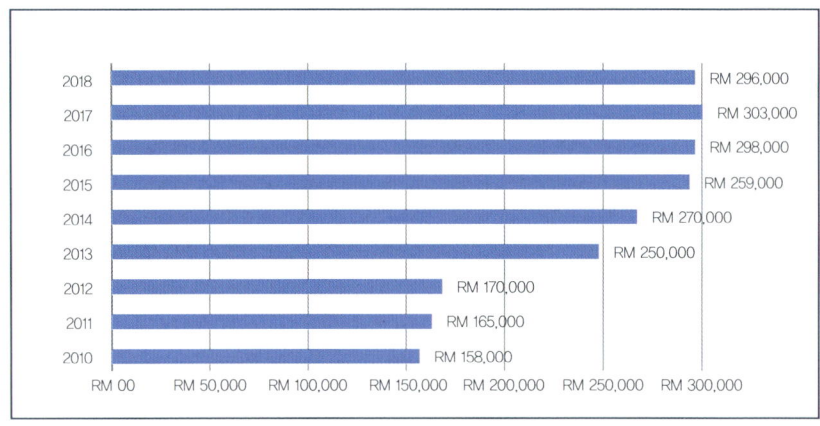

출처 : 말레이시아 재무부(Ministry of Finance Malaysia)

[자료 4-8] 2018년 주요 도시 주택 가격 비교

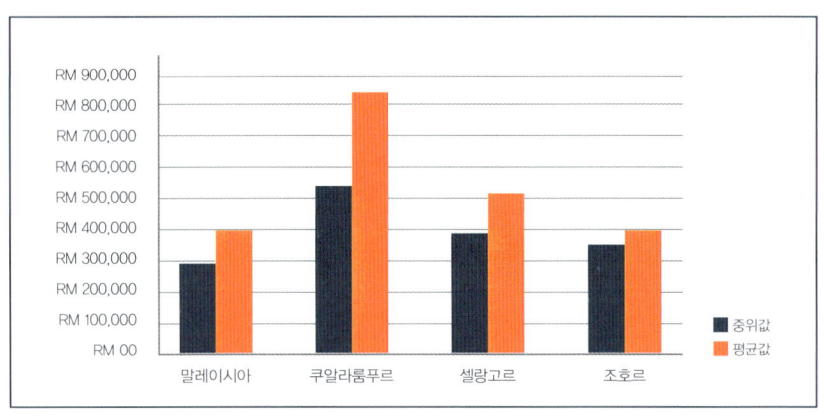

출처 : 말레이시아 재무부(JPPH), 저자 작성

5) 2019년 6월 기준 서울 중형 아파트의 매매 평균가격은 약 8.86억 원, 매매 중위가격은 약 10.12억 원이었다. 반면 부산의 아파트 매매 평균가격은 약 2.90억 원, 매매 중위가격은 약 2.96억 원으로 큰 차이가 없었다(출처 : KB부동산(https://onland.kbstar.com)).

말레이시아 주택에 투자하는 장점 중의 하나는 가격이 상승하고는 있으나 다른 국가들에 비해 상대적으로 저렴하다는 것이다. 국제통화기금IMF에서 발표한 [자료 4-9]의 그래프를 봐도 말레이시아는 지난 8년간(2010년~2017년) 전 세계에서 주택 가격 상승률이 가장 높았던 홍콩 다음으로 6%대의 높은 주택 가격 상승률을 보였다. 이는 같은 시기 5%대의 필리핀이나 2%대의 태국과 싱가포르에 비해 높은 수준이다. 물론 2018년에는 1% 이하로 주택 가격 상승률이 다소 주춤했으나 이는 일시적인 상황으로 앞에서 설명한 것과 같이 공급량의 감소로 주택 가격은 다시 상승할 것으로 예상된다. 특히 주택의 수요자인 인구수의 증가와 소비와 투자로 이어질 내수 경제의 성장이 꾸준히 전망됨에 따라 적절한 공급량이 유지된다면 주택 시장의 활성화로 가격은 지속적으로 상승할 것으로 기대된다.

[자료 4-9] 주택 가격 상승률과 인구수 증가율 관계

출처 : IMF(2019), Malaysia 2019 Article Ⅵ

[자료 4-10] 주택 가격 지수 추이, 2009년1분기 =100

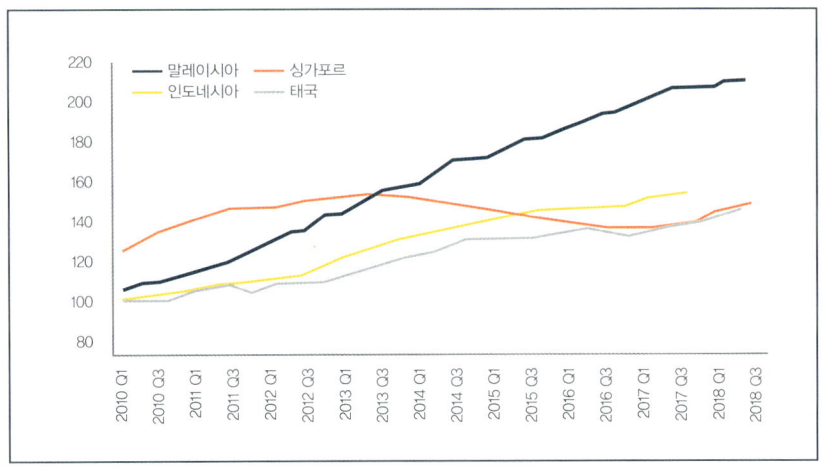

출처 : IMF(2019), Malaysia 2019 Article VI

다른 한편 주택 가격의 상승률에 비해 국민소득 대비 주택 가격은 다른 아시아 국가들에 비해 낮아 지속적인 가격 상승을 예측하게 한다. 이처럼 상대적으로 저렴한 말레이시아의 주택 가격은 싱가포르나 홍콩, 일본 등 인근 아시아 국가의 투자자들에게 매력적인 요인으로 작용하고 있다.

국제통화기금IMF에 따르면 2018년 2분기 기준 한국의 '**가구소득대비 주택 가격비율**Price-to-Income Ratio (PIR)'은 93.7(2015년=100)로 일본의 101.195보다 낮았다. 경제협력개발기구OECD의 같은 조사에서도 2018년 한국의 PIR은 95.2(2015년=100)

> 가구소득대비 주택 가격비율(PIR)은 중위소득의 가구가 벌어들이는 연소득 대비 주택 가격의 중간값 비율을 의미하는데, 너무 높은 가격이나 너무 높은 소득의 영향을 줄이기 위해 평균값이 아닌 중간값을 사용한다(출처 : 심교언(2017), 《부동산 왜? 버는 사람만 벌까》, 매일경제신문사).

로 지난 3년간 소득 증가에 비해 주택 가격이 하락하는 것으로 나타났다.[6]

국제통화기금IMF의 또 다른 보고서에서 말레이시아의 PIR 지수는 약 135로 한국에 비해 소득 증가 대비 주택 가격 상승률이 높다는 것을 알 수 있다. 국가 평균으로 단순히 비교해볼 때, 부동산 투자 측면에서 한국보다 말레이시아 주택을 구입하는 것이 높은 시세차익을 기대할 수 있는 이유가 여기에 있다. 물론 통계학이 가지는 표본 선정과 평균의 한계로 한국의 모든 주택 가격이 소득 증가 대비 하락했다고 볼 수는 없다. 그러나 큰 그림에서 그 추세와 변화를 읽어보면 Chapter 3에서 살펴본 상속세 면세나 양도소득세의 절세 효과에 덧붙여 주택 가격 상승에 따른 시세차익도 함께 기대할 수 있음을 보여준다.

이를 좀 더 구체적으로 살펴보기 위해 글로벌 프로퍼티 가이드Global Property Guide에서 발표한 PIR 수치를 살펴보면, 말레이시아의 주택 가격이 아시아 주요 국가들에 비해 상대적으로 낮다는 것을 알 수 있다.[7] 다음 [자료 4-12]에서 보여지는 IMF의 PIR과는 표본의 대상이나 산출 공식이 다르기 때문에 직접적인 비교는 어려우나 다른 국가들과 비교해서 그 차이를 유추할 수 있다. 물론 글로벌 프로퍼티 가이드에서 발표하는 자료도 일반적으로 고소득 국가에 비해 저소득 국가의 PIR 값이 높게 나타나기 때문에 국가 간 비교에는 한계가 있다. 그러나 상대적인 비교를 통해 개략적인 추세를 파악

---

[6] 출처 : https://data.oecd.org/price/housing-prices.htm
[7] '글로벌 프로퍼티 가이드'의 PIR 값은 1인당 국민소득(GDP)대비 평방미터당 주택 가격에 100을 곱해 산출된다(PIR= Price per square metre / GDP per capita). 또한, 조사 대상 표본은 도심 내 100㎡ 이상의 고급주택이며, 1인당 GDP는 IMF의 발표 수치를 사용한다(출처 : https://www.globalpropertyguide.com/Asia/malaysia/price-gdp-per-cap).

하는 데는 도움이 된다. 단순히 그래프의 크기만이 아니라 일본이나 싱가포르의 1인당 GDP가 말레이시아의 각각 4배, 5배 수준인 것을 감안하면 말레

[자료 4-11] 말레이시아 소득/임대료 대비 주택 가격 지수, 2009년 1분기=100

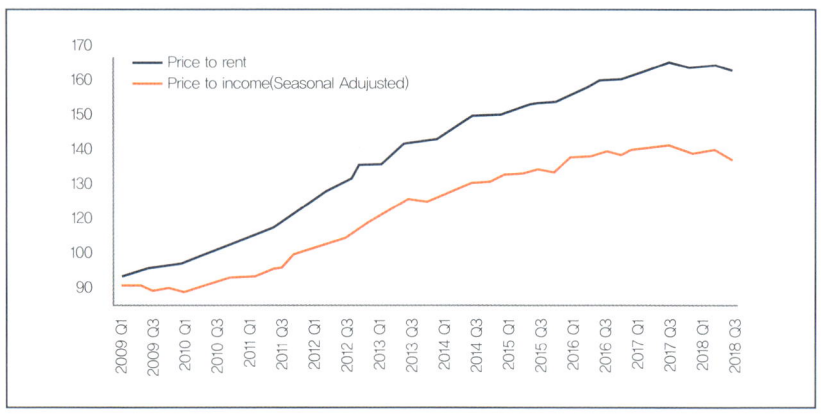

출처 : IMF(2019), Malaysia 2019 Article Ⅵ

[자료 4-12] 아시아 주요 국가 소득대비 주택 가격(PIR) 비교

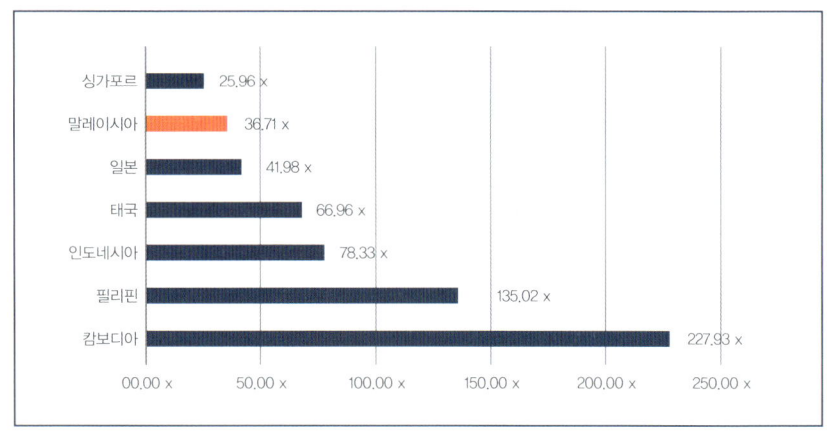

출처 : Global Property Guide

이시아의 주택 가격이 상대적으로 매우 낮다는 것을 알 수 있다.

말레이시아의 경쟁력 있는 주택 가격은 글로벌 프로퍼티 가이드에서 조사한 비교 국가별 주요 도시의 120㎡ 면적 콘도미니엄의 평방미터㎡당 주택 가격을 비교해봐도 알 수 있다. 말레이시아 평균 주택의 평방미터당 가격은 3,441 미국달러(약 1,340만 원/3.3㎡)로 필리핀이나 태국의 3,952 미국달러(약 1,540만 원/3.3㎡)에 비해 3.3㎡당 200만 원이 좀 더 저렴하다.[8] 특히 싱가포르의 13,748 미국달러(약 5,360만 원/3.3㎡)나 중국의 11,829 미국달러(약 4,610만 원/3.3㎡)와 비교해봐도 매우 저렴한 가격이다.

이는 부동산이나 경제 전문가가 아닌 실제로 쿠알라룸푸르에 거주하는 일반인 외국인들의 설문조사를 봐도 알 수 있다. Chapter 1에서 설명한 것처럼 엑스펫 시티랭킹Expat City Ranking 2018에서 쿠알라룸푸르는 세계에서 여섯 번째로 외국인들이 일하고 살기 좋은 도시로 선정되었다. 서울(41위)보다 높은 순위로 선정된 이유 중의 하나가 무엇보다도 '적정한 가격으로 집을 구하기가 쉽다'(72개 도시 중 1위)는 이유가 가장 컸을 정도로 주택 가격이 외국인들에게도 매우 매력적임을 보여준다.

---

8) 출처 : https://www.globalpropertyguide.com/Asia/Malaysia/square-meter-prices

주택 임대 시장 특성

2000년에 임대료 규제법Rent Repeal Act 1997이 폐지됨에 따라 말레이시아에서 임대료는 자유롭게 시장 상황에 따라 조정이 가능하다. 한국처럼 법으로 임대차 존속기간(최소 2년)을 보장해주는 제도는 없으며, 임대차 계약 만료 3개월 전에 임대인은 임차인에게 퇴실을 요청할 수 있다. 주거용 부동산의 **임대차계약**Tenancy Agreement은 보통 1년을 기본 임대 기간으로 보나, 단기 임대처럼 1개월의 임대차 계약도 가능하다. 반면 오피스나 리테일과 같은 상업용 부동산의 임대차 계약은 보통 3년을 기본 계약 기간으로 한다.

말레이시아에서 주택을 임대할 때 보통 세 가지 종류의 보증금을 내게 된다. **계약보증금**Earnest Deposit과 **임대보증금**Security Deposit, **유틸리티보증금**Utility Deposit이 그것이다. 다만 계약보증금Earnest Deposit과 임대보증금Security Deposit을 합쳐서 임대보증금Security Deposit으로 통칭하기도 한다.

한국의 계약금과 유사한 월 임대료 1개월분의 계약보증금을 낸 후 보통 7일 이내에 임대차계약을 체결하게 된다. 1년 또는 2년의 임대차 계약 시 임대보증금으로 2개월분의 월 임대료와 함께 수도광열비인 유틸리티보증금으로 0.5개월 치의 월 임대료를 납부하는 것이 일반적이다.[9] 즉 임대차계약을 할 때 총 2.5개월 치의 월 임대료를 선 납입해야 한다. 다만 콘도미니엄에 따라서는 유틸리티보증금으로 1개월분을 요구해 총 3개월 치의 보증금을 내

---

9) 출처 : https://www.propertyguru.com.my/resources/to-rent-guide/demystifying-the-3-types-of-rental-deposits-5115

야 되는 경우도 있다. 또한, 계약보증금이나 1년의 계약 연장 옵션은 임대인에 따라 그 조건들이 다를 수 있기 때문에 협의가 필요하다. 한국은 임차인의 권리를 보호하는 취지에서 주택임대차보호법에 따라 임차인이 임대인에게 3개월 전에 계약해지를 통보할 수 있다. 말레이시아도 한국의 3개월의 기간 만료통지와 유사하게 2~3개월 전에 계약의 갱신에 대해 임대인이 미리 확인하도록 되어 있다.

한 가지 말레이시아에서 주택을 임대할 때 유의해야 되는 것 중의 하나는 임차하기 전의 주택 상태와 임대 만료 시 주택 상태를 비교해서 주택의 손상 및 훼손 여부에 따라 임대보증금에서 일부 금액이 차감되어 반환될 수 있다는 것이다. 이는 말레이시아뿐만 아니라 미국이나 영국 등 해외에서는 일반적인 관행으로 임대차계약 시 **시설물 인수인계확인서** Inventory List를 작성하게 되는데 이를 주의 깊게 살펴볼 필요가 있다. 보증금 차감의 불이익을 방지하기 위해서는 사전에 우려되는 부분에 대해 사진이나 문자(임대인에게 발송) 등으로 기록을 남겨두고, 임대 만료 2개월 전부터 임대인에게 시설물 확인을 요청하는 등의 여러 방법을 사전에 고려해놔야 한다. 특히 임대차계약 체결시 임대보증금을 언제 되돌려 받는지도 확인할 필요가 있다.

'진정한 실수요자는 없다'라는 얘기가 있다. 자가사용을 목적으로 주택을 구입하더라도 내가 투자하는 나라 또는 도시의 임대수익률과 시장의 특징을 이해하면서 나의 투자 눈높이를 맞추는 태도가 필요하다. 다시 말해 부동산을 구입하면서 기대하는 나의 투자 수익률을 그 시장의 유사 사례들의 평균값과 비교하면서 나의 기대수익률의 적정성을 판단하는 일이 중요하다. 글로벌 프로퍼티 가이드에서 발표한 2017년 기준 아시아 주요 국가들 대비

말레이시아의 임대료 수준과 임대 수익률을 비교해보면 [자료 4-13] 및 [자료 4-14]와 같다.[10]

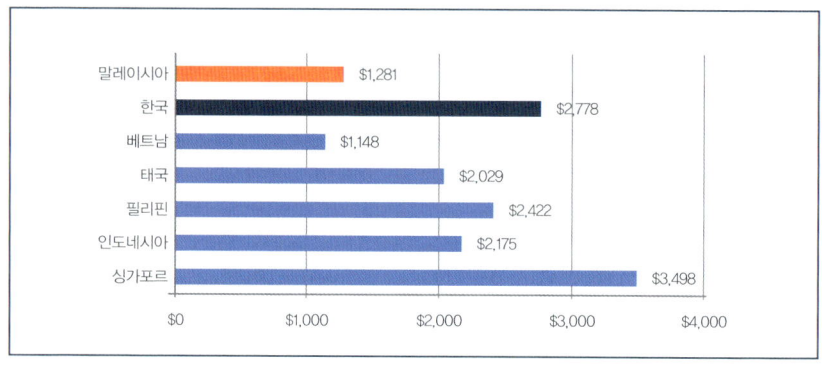

[자료 4-13] 아시아 주요 국가 대비 임대료 수준

출처 : https://www.globalpropertyguide.com

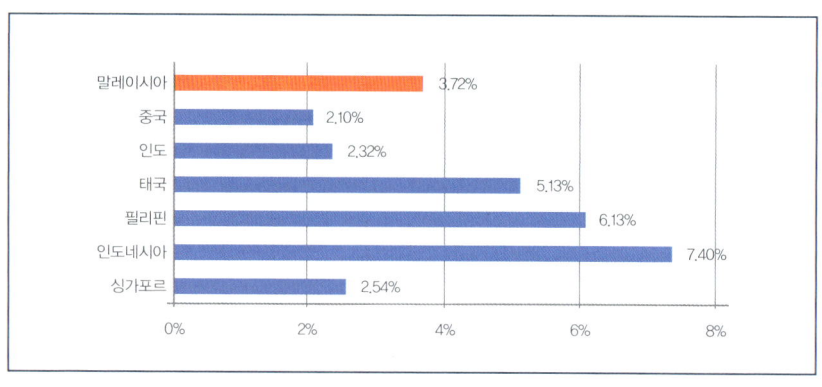

[자료 4-14] 아시아 주요 국가 대비 임대수익률

출처 : https://www.globalpropertyguide.com

10) 글로벌 프로퍼티 가이드는 1군 도심 내 위치한 120㎡(36평) 아파트로 훌륭한 부대시설을 갖추고 있으며, 지난 5년 이내 리노베이션이 되어 좋은 상태를 유지하고 있는 콘도미니엄을 대상으로 조사했다. 다만 신규로 분양되는 콘도미니엄은 제외되었다.

[자료 4-13]에서 볼 수 있듯이 말레이시아는 다른 아시아 국가들과 비교할 때 임대료 수준이 낮은 편이다. 이는 Chapter 1에서 살펴본 생활비 지수에서도 엿볼 수 있다. 또한, 말레이시아의 국가 평균 임대수익률은 [자료 4-14]와 같이 아세안 5개국과 비교해보면 상대적으로 낮은 편이다. 그러나 이는 부동산 시장의 성숙도와 연관된 결과로 이해할 수 있으며, 전 세계적으로 투자 관심도가 높은 싱가포르나 중국, 인도와 비교하면 상대적으로 높은 수준이다. 다만 이러한 수치는 국가 전체의 평균 데이터로 내가 투자하고자 하는 개별 물건의 임대료 수준이나 임대수익률과는 차이가 날 수밖에 없다. 그러나 항상 투자를 결정할 때는 거시적으로 큰 그림을 먼저 보고, 미시적으로 자신의 개별 물건으로 들여다보는 습관이 중요하기 때문에 비교 경쟁 국가들 간의 관련 데이터도 관심 있게 살펴볼 필요가 있다.

말레이시아의 임대료 수준과 임대료 상승률을 주요 도시별로 살펴보면, 예상하는 것처럼 쿠알라룸푸르 지역이 가장 비싸다. 2018년 4분기 기준 쿠알라룸푸르 도심지역 내 주택의 평균 임대료는 평방미터당 54.19링깃(3.3㎡당 약 5만 원)이었다. 우리나라의 분당과 같은 수도권 신도시인 페탈링자야Petaling Jaya와 수방자야Subang Jaya의 평균 임대료는 평방미터당 48.65링깃(3.3㎡당 약 4.5만 원)이었다. 또한 조호르 주는 상대적으로 저렴한 평방미터당 34.40링깃(3.3㎡당 약 3.2만 원)이나 임대료 상승률은 2.7%로 다른 지역보다 높았다. 참고로 페낭 조지타운George Town의 평균 임대료는 평방미터당 31.14링깃(3.3㎡당 약 2.9만 원)으로, 전년 대비 임대료 상승률이 2.8%로 말레이시아에서 가장 높은 임대료 상승률을 보였다.

[자료 4-15] 도시별 평균 임대료 및 상승률, 2018년 4분기 기준

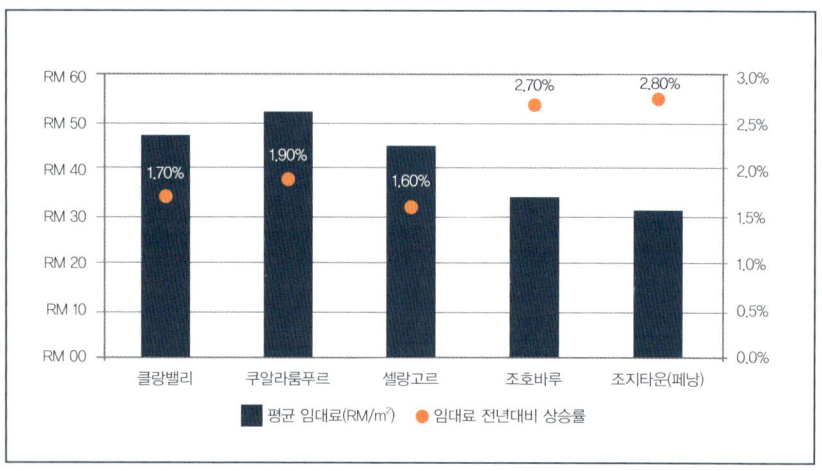

출처 : 말레이시아 재무부(JPPH), 저자 작성

쿠알라룸푸르 투자 유망 지역

쿠알라룸푸르는 말레이시아의 경제와 문화의 중심지이자 싱가포르나 홍콩과 같은 국제적인 비즈니스의 허브 도시로 자리매김을 하고 있다. Chapter 1에서 살펴본 것과 같이 쿠알라룸푸르는 아시아에서는 방콕과 싱가포르 다음인 세 번째로, 전 세계에서는 일곱 번째로 외국인 관광객들이 선호하는 쇼핑 관광의 중심지다. 또한, 쿠알라룸푸르는 외국인 친화적인 도시로 세계에서 여섯 번째로 외국인들이 일하고 살기 좋은 도시로 선정되기도 했다. 이러한 글로벌 허브 도시인 쿠알라룸푸르는 서울의 5분의 2(40%) 정도 크기의 작은 토지 면적에 인구수도 약 180만 명으로 서울의 5분의 1 수준도 안 될 정도로 인구밀도도 낮아 쾌적한 도시 주거환경을 갖추고 있다.[11] 말레이시아의 도시화율이 33.4%였던 1980년에 쿠알라룸푸르의 인구수는 약 91만 명이었는데, 지난 30년 사이 급격한 성장을 보이며 인구수가 2배로 늘어난 것이다.[12]

쿠알라룸푸르는 [자료 4-16]과 같이 크게 11개의 하위 행정구역으로 나눌 수 있다.

---

11) 2018년 기준 서울시 면적은 605.6㎢이며, 서울시 총인구수는 약 976만 명이다(출처 : 국가통계포털(http://kosis.kr)).
12) 출처 : Usman Yaakob 외(2010), Ninety Years of Urbanization in Malaysia: A Geographical Investigation of Its Trends and Characteristics

[자료 4-16] 쿠알라룸푸르 행정구역

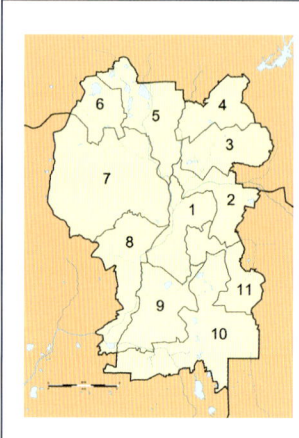

1. 부킷 빈탕(Bukit Bintang)
2. 티티왕사(Titiwangsa)
3. 세띠아왕사(Setiawangsa)
4. 왕사 마주(Wangsa Maju)
5. 바투(Batu)
6. 끄퐁(Kepong)
7. 세감붓(Segambut)
8. 름바 판따이(Lembah Pantai)
9. 세푸테(Seputeh)
10. 반다 툰 라작(Bandar Tun Razak)
11. 체라스(Cheras)

출처: https://en.wikipedia.org

쿠알라룸푸르의 부동산 시장을 분석할 때 일반적으로 크게 4개의 권역을 중심으로 분석한다. KL 시티 센터Kl City Centre, 몽키아라Mont' Kiara, 방사Bangsar, 암팡Ampang이 그것이다. 이 Chapter에서는 이들 4개의 권역 외에 한국의 분당과 같은 수도권 신도시인 수방 자야Subang Jaya를 추가해 각 권역의 특성들을 살펴보고자 한다. 특히 Chapter 3에서 설명한 것과 같이 외국인은 쿠알라룸푸르 지역에서 부동산을 구입할 때 100만 링깃(약 2.8억 원) 이상을, 셀랑고르 일부 지역은 200만 링깃(약 5.6억 원) 이상의 주택을 구입해야 되는데, 이러한 제한 조건을 고려해 신규로 공급 중인 최고급 주거 프로젝트를 소개하고자 한다.

[자료 4-17] 쿠알라룸푸르 부동산 권역 위치도

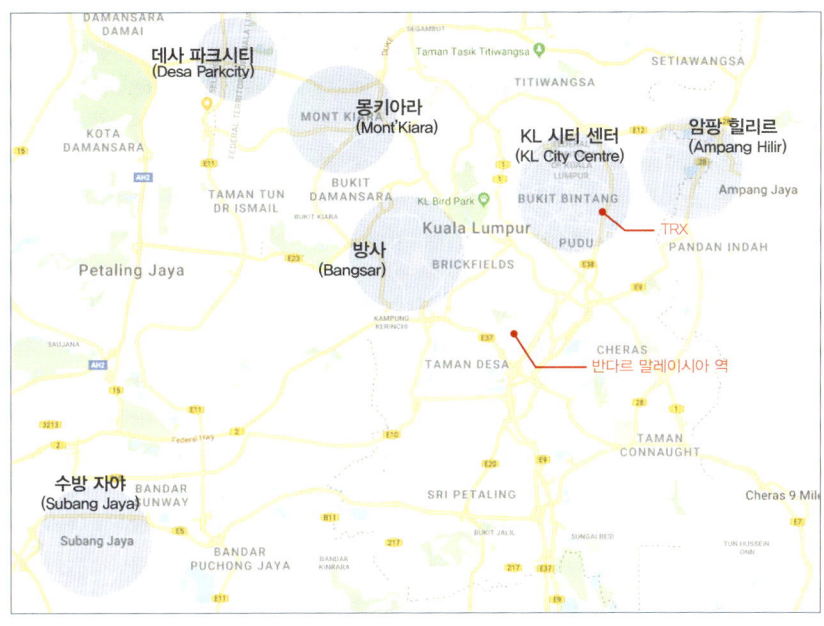

Chapter 4. **말레이시아 부동산 시장 동향** 285

KL 시티 센터(KLCC)

KL 시티 센터KL City Centre (KLCC)는 말 그대로 쿠알라룸푸르의 중심지로 한국의 명동이라 불리는 부킷 빈탕Bukit Bintang을 포함하는 쇼핑과 관광, 비즈니스의 핵심 권역이다. '말레이시아의 자존심'이라고 불리는 쿠알라룸푸르의 대표적인 랜드마크 건물인 페트로나스 트윈타워KLCC를 비롯해서 최고급 쇼핑센터인 수리아 KLCC 몰과 파빌리온 KL 몰Pavilion KL Mall, 스타힐 갤러리Starhill Gallery 등 다양한 쇼핑센터가 밀집되어 있다. 특히 부킷 빈땅을 포함하는 KLCC의 **골든 트라이앵글**Golden Triangle은 3개의 도로(Jalan Imbi, Jalan Sultan Ismail, Jalan Raja Chulan)로 둘러싸인 업무와 쇼핑의 중심지다.[13] 또한 Chapter 1에서 소개한 프린스 코트 메디컬 센터Prince Court Medical Center와 국립 심장 병원The National Heart Institute 외에도 안티에이징 전문병원인 베벌리 윌셔 메디컬 센터Beverly Wilshire Medical Centre 등 수준 높은 국제 병원들이 위치해 있어 최고급 주거지역으로 선호된다. 또한, 영국계 이튼하우스 국제학교EtonHouse International School와 세인트 존스 국제학교St. John's International School 등 유명한 국제학교들도 인근에 위치해 있다.

KLCC 주거용 부동산 시장이 지니는 매력 중의 하나는 외국인 관광객이 많은 쿠알라룸푸르의 특성과 함께 살펴볼 필요가 있다. 에어비앤비Airbnb와 같은 단기 투숙 공유경제가 발전하면서 도심처럼 주거 공급이 한정된 지역에서 멋진 도심의 전망과 쇼핑 관광지로의 편리한 접근성을 갖춘 주거용

---

13) 출처 : http://www.kuala-lumpur.ws/klareas/golden.htm

페트로나스 트윈타워 전망

부동산의 희소가치는 커질 수밖에 없다. 이를 반영이라도 하듯 KLCC에는 예전부터 외국인 수요를 고려한 서비스드 아파트나 브랜디드 레지던스 시장이 발달했다. 또한, 한국도 한강을 따라 한강 조망권이 확보된 주택들이 높은 프리미엄을 자랑하듯이 KLCC 권역의 최고급 주택들도 페트로나스 트윈타워나 인근 로얄 셀랑고르 골프 클럽으로의 조망권에 프리미엄이 붙으면서 높은 선호도를 보인다. 결국, 경제학에서 얘기하는 희소성의 가치가 KLCC 권역의 부동산 가격에도 적용되고 있는 것이다.

KLCC에서 최고급 브랜디드 레지던스를 분양 중인 디벨로퍼 회사 케이에스케이 랜드 KSK Land의 마케팅 담당자 클레멘스 얍 Clemence Yap 부장도 KLCC 권역의 주택에 투자하는 장점에 대해 "골든 트라이앵글 인근의 부동산들은 말레이시아의 다른 도시들에 비해 부동산 가치의 상승세가 매우 커서 부유한 투자자들의 관심을 끌고 있다"고 하면서 "이는 KLCC가 쿠알라룸푸르의 중심으로 관광객이 많이 찾는 장소로, MRT Mass Rapid Transit와 연결되는 편리한 대중교통 접근성을 강조하는 여러 복합개발 사업들로 쿠알라룸푸르의 랜드마크적인 지역으로 명성을 높이고 있다"고 평가하기도 했다.

이런 이유로 KLCC의 최고급 주택 구매자들은 주로 임대수익률이나 시세차익을 기대하는 말레이시아 국내외 투자자들이나 세컨드하우스 Second Home 개념의 레저용으로 구입하려는 투자자들이 많다. 실제로 KLCC 권역의 많은 주택들이 MM2H 투자 기준에 맞춰 소형 평형으로 공급되는 사례가 많다. 또한, KLCC에는 말레이시아에서 가장 큰 규모의 외국인 커뮤니티가 있는데, 말레이시아에 진출한 글로벌 기업들의 임직원들을 비롯해 한국 기업 주재원들의 거주 희망 지역이다. KLCC 지역에 준공 예정인 대표적인 프리홀드Freehold 소유권의 최고급 주거 프로젝트를 소개하면 [자료 4-18]과 같다.[14]

[자료 4-18] KLCC 최고급 주거 프로젝트 신규 공급 사례

(환율 1RM = 280원 기준)

명칭	SO Sofitel Residences	Ascott Star KLCC	8 Conlay
투시도	출처 : www.klcc-oxley-towers.com	출처 : www.microsite.drea.com.sg	출처 : www.starproperty.my
입주 예정	2023년	2021년	2020년 12월
디벨로퍼	Oxley Holdings	Alpine Return	KSK Land
세대수	590세대	471세대	1,062세대(564/498세대)
세대 면적	51.6㎡ - 92.4㎡	65.0 - 276.1㎡	65.5 - 123.4㎡
층수	78층	58층	56층/61층
분양가격	RM 2,450/ft² (약 2,440만 원/3.3㎡)	RM 2,400 - 2,588/ft² (약 2,390 - 2,580만 원/3.3㎡)	RM 3,250/ft² (약 3,240만 원/3.3㎡)

---

14) 이 책의 신규 공급 사례에 관한 투자의 결정은 독자의 판단에 따른다.

쿠알라룸푸르에서 가장 비싼 분양가를 자랑하는 KLCC 권역은 상징적이고 희소성이 강한 입지의 가치로 인해 최고급 주택들이 밀집되어 있는데, 이를 반영이라도 하듯 한국의 유명 건설사들이 시공한 콘도미니엄들이 있다. 대표적인 사례가 삼성물산에서 시공한 '스타 레지던스Star Residences'로 2021년에 입주 예정인 타워3는 [자료 4-18]에서 소개한 것처럼 애스콧 스타Ascott Star라고 불리는 서비스드 아파트로 계획되었다. 특히 '애스콧Ascott'은 한국에는 아직 소개되지 않은 서비스드 아파트 운영사로 싱가포르의 대표적인 디벨로퍼인 '캐피타랜드CapitaLand'에서 운영하고 있는 브랜드다.

또한 페트로나스 트윈타워 앞에 위치한 '르누벨 KLCCLe Nouvel KLCC'는 세계적인 프랑스 건축가인 '장 누벨Jean Nouvel'의 이름을 따서 지은 최고급 콘도미니엄으로 쌍용건설에서 시공했다. 전용면적 160㎡의 부분마감Partially-furnished 세대가 420만 링깃(약 11.7억 원)에 분양될 정도로 럭셔리한 콘도미니엄이다. [자료 4-18]에서 소개한 인근에 위치한 옥슬리타워 KLCCOxley Towers KLCC의 '소소피텔 레지던스SO Sofitel Residences'도 쌍용건설에서 시공할 예정이다.

글로벌 금융허브를 꿈꾸는 티알엑스(TRX) 개발사업

KLCC 인근에는 주거 개발 외에도 서울 여의도의 IFC처럼 쿠알라룸푸르를 세계적인 금융허브로 만들기 위한 대규모 복합개발 사업인 **툰라작익스체인지**Tun Razak Exchange (TRX) 프로젝트가 진행 중이다. 여의도 IFC 대지면적의 약 9배 크기인 70에이커(약 0.28 ㎢)의 넓은 대지에 재무부 산하 공기업인 TRX 시티 회사TRX City Sdn Bhd가 디벨로퍼로 직접 관리하는 대규모 공공 개발 프로젝트다.

TRX 개발사업 조감도 출처 : https://trx.my 1단계 사업

　약 40억 링깃(약 11조 원)의 개발사업비를 투입하는 15년의 장기 개발사업으로, 30개의 빌딩과 총연면적 약 2.23 ㎢의 오피스와 호텔, 리테일, 주거, 문화시설 등이 복합된 대규모 프로젝트다.[15] 천문학적인 개발사업비로 나집 라작Najib Razak 전 총리의 비자금 스캔들이 불거지면서 정권교체의 발단이 된 프로젝트이기도 하다.

　1단계 개발 사업은 2019년 완공 예정으로 익스체인지 106Exchange 106과 영국계 보험회사인 푸르덴셜 보험이 사용하는 메나라 푸르덴셜Menara Prudential 건물이 대표적인 프로젝트다.[16] 2단계 사업은 2021년 완공 예정으로 익스체인지 몰Exchange Mall과 HSBC 말레이시아 본사, 애핀Affin 은행 등이 임차할 예정이다.

---

15) 출처 : https://trx.my
16) 출처 : https://www.thestar.com.my/business/business-news/2019/06/07/prudential-assurance-is-trxs-first-tenant/(기사: 2019. 06. 07)

몽키아라(Mont'Kiara)

서울의 잠실이 조선 시대 뽕나무밭이었던 것처럼 몽키아라Mont Kiara는 과거 고무 농장 지대로 자족도시로서의 인프라를 갖추고 있어 거주 만족도도 높은 지역이다.

초고층 고급 콘도미니엄과 오피스가 복합된 주거단지로 쿠알라룸푸르의 대표적인 부촌 지역 중의 하나이자 외국인들이 많이 거주하는 지역으로 유명하다. 부동산 포털 사이트인 프랍소셜PropSocial에 따르면, 몽키아라 거주민의 56%가 외국인이고 중국계가 그다음(약 33%)을 차지할 정도로 외국인들의 거주 비중이 높다. 특히 일본인과 한국인들이 선호하는 지역으로, 서울 동부이촌동의 '리틀 도쿄'처럼 일본인들이 많이 거주하다 보니 일본계 슈퍼마켓이나 레스토랑 등을 쉽게 찾아볼 수 있다.

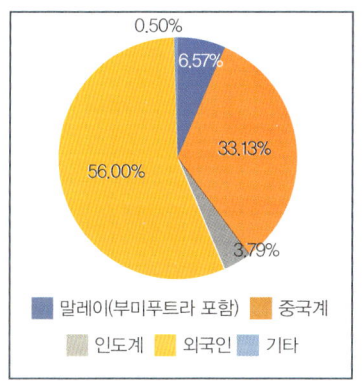

[자료 4-19] 몽키아라 인종별 인구 구성

출처 : https://www.propsocial.my(검색일 : 2019. 07. 31)

몽키아라는 고속도로 접근성이 좋아서 쿠알라룸푸르 시내를 비롯해 페탈링 자야Petaling Jaya나 수방 자야Subang Jaya로도 편리하게 접근할 수 있다. 퍼블리카 쇼핑갤러리Publika Shopping Gallery나 키아라Kiara 163과 같은 트렌디한 쇼핑센터도 인근에 있어 생활에 불편함이 없다. 특히 쿠알라룸푸르의 녹지Green Lung라고 불리는 부킷 키아라Bukit Kiara가 인근에 위치해 있어 도심 속에서 자연을 즐길 수 있는 쾌적한 주거 환경도 갖추고 있다. 다만 대중교통은 발달되지 않아 차량이 있어야 편리하게 살 수 있다.

무엇보다도 몽키아라가 외국인 거주자들에게 선호되는 이유 중의 하나는 뛰어난 교육 환경 때문이다. 한국인들에게 인기가 높은 미국계 몽키아라 국제학교Mont'Kiara International School와 영국계 가든 국제학교The Garden International School가 있으며, 인근에 프랑스계 리쎄 프랑쎄 드 쿠알라룸푸르Lycee Francais de Kuala Lumpur 국제학교도 있다. KL 시티 센터KLCC에 비해 초등학교 이상의 자녀를 둔 가족 단위의 한국인들이 특히 선호하는 지역이다. 이런 이유로 몽키아라에 공급되는 주택들은 주로 세대 면적이 112㎡(1,200 ft², 약 34평) 이하와 186㎡(2,000 ft², 약 56평) 이상인 주택, 그 중간인 34평형과 56평형 사이의 주택 시장으로 크게 구분된다.[17]

몽키아라 사례(Trinity Pentamont)

출처: www.pentamont.com.my

대표적인 주거용 부동산 프로젝트로 트리니티 펜타몬트Trinity Pentamont, 아르코리스 몽키아라Arcoris Mont' Kiara, 아르테 몽키아라Arte Mont Kiara, 레지던시 아스트라Residensi Astrea, 버브 스위트VERVE Suites, 도르셋 레지던스 스리 하르타마스Dorsett Residences Sri Hartamas 등이 있다. 특히 몽키아라에는 Chapter 3(217페이

---

17) 출처 : https://www.thestar.com.my/business/business-news/2018/10/06/montkiara-prices-stabilising

지 참조)에서 소개한 말레이시아 국영투자회사의 자회사인 유이엠 선라이즈UEM Sunrise에서 개발한 콘도미니엄 단지들이 많이 있어 좋은 콘도미니엄을 다소 저렴한 가격에 구입할 수 있어 매력적이다. 특히 유이엠UEM에서 개발한 콘도미니엄에 거주하는 거주자들을 위해 무료 셔틀 버스와 펀 존Fun Zone, 칠 아웃 존Chill Out Zone 등의 거주자들을 위한 커뮤니티 모임도 운영 중이다. 이런 이유들로 몽키아라는 임대로 거주하기보다는 주택 구매를 원하는 수요자들이나 가족 단위의 구매자들에게 선호되고 있다.

[자료 4-20] 몽키아라 평균 주택 가격 추세

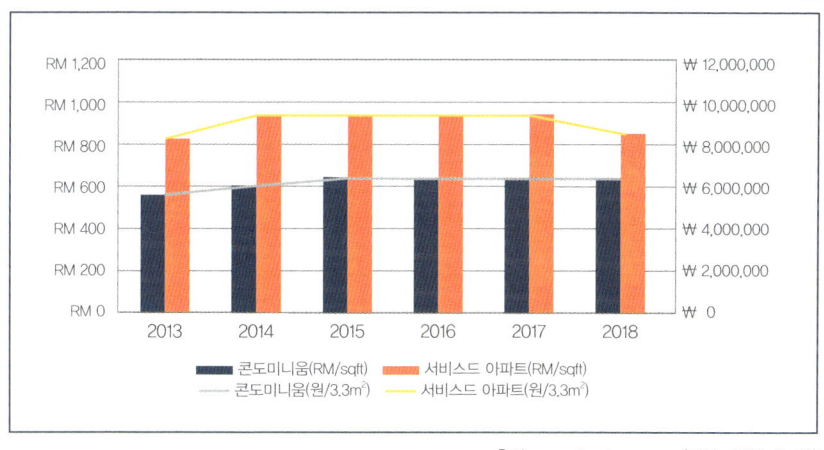

출처 : www.thestar.com.my(기사 : 2018. 10. 06)

데사 파크시티(Desa Parkcity)

몽키아라로부터 15분 거리의 북서측에 위치한 데사 파크시티^{Desa Parkcity}는 말레이시아의 대기업인 삼링그룹^{Samling Group}의 자회사인 파크시티 홀딩스^{ParkCity Holdings}에 의해 개발된 가족 중심의 타운쉽 단지다.[18] 버려졌던 대규모 채석장 부지가 민간기업에 의해 개발되고 구상된 작은 계획도시라고 볼 수 있다. 뒤에서 설명할 수방 자야의 썬웨이 시티^{Sunway City, 일명 Bandar Sunway}처럼 말레이시아에서는 하나의 민간기업이 대규모 주택단지를 개발하는 사례들을 종종 찾아볼 수 있다. 총대지면적이 473에이커(1.9㎢)로 여의도 면적의 약 5분의 1 크기에 7,500세대로 구성되어 있다. 특히 The International School @ ParkCity^{ISP}라는 영국계 국제학교가 있어 자녀를 둔 외국인 거주자들의 선호하는 주거 단지다.

데사 파크시티 마스터플랜 모형

---

18) 출처 : http://parkcityholdings.com.my/aboutus.html

방사(Bangsar)

쿠알라룸푸르의 비버리힐스Beverly Hills로 알려진 방사Bangsar는 한국의 청담동이나 압구정동과 유사한 대표적인 부촌 지역이다. 방갈로부터 초고층 아파트까지 다양한 주거 형태를 볼 수 있으나, 다른 지역에 비해 방갈로나 저층 아파트와 같은 저밀도 주택들이 많아 내국인뿐만 아니라 장기로 거주하는 가족 단위의 외국인들에게 선호된다.

높은 소비 수준을 갖춘 방사 인근의 거주자들이 자주 찾는 쇼핑센터 인근에는 트렌디한 바와 레스토랑도 많아서 활기찬 라이프 스타일을 즐길 수 있다. 방사 지역의 쇼핑센터는 방사 쇼핑센터Bangsar Shopping Center와 방사 빌리지Bangsar Village를 비롯해 남측에 위치한 미드밸리 메가몰Midvalley Mega Mall과 더 가든 몰The Gardens Mall이 대표적이다. 몽키아라와는 달리 인근에 유명한 국제학교가 드물어 취학 자녀가 없는 외국인 거주자들에게 보다 선호되나, 신규로 공급되는 콘도미니엄 물량이 다른 지역에 비해 적은 편이다.

도심인 KLCC로부터는 남서측으로 약 4km, 몽키아라로부터는 남동쪽으로 약 5km 정도 떨어져 있는 방사 지역에는 말레이시아 최고의 대학인 말라야 대학과 부속병원을 비롯해 한국의 서울역에 해당하는 쿠알라룸푸르 센트럴KL Sentral 역이 인근에 위치해 있다. 특히 313페이지에서 살펴볼 말레이시아-싱가포르 간 고속철도HSR가 10여 년 후에 준공될 경우 HSR의 출발역인 반다르 말레이시아Bandar Malaysia 역이 인근에 있어 역세권 개발 측면에서 KLCC 권역과 함께 미래의 부동산 가격 상승이 기대되는 지역이다.[19] 방사와 인근 부킷 다만사라Bukit Damansara 지역에 준공 예정인 대표적인 고급 주거 프로젝트를 소개하면 [자료 4-21]과 같다.

[자료 4-21] 방사 인근 고급 주거 프로젝트 신규 공급 사례

(환율 1RM = 280원 기준)

명칭	Novum South Bangsar	Pavilion Damansara Heights	ViiA Residences
투시도	출처 : www.airaresidence.com	출처 : www.konzepte.asia	출처 : www.viiaresidences.com
입주 예정	2019년 11월	2022년	2020년
디벨로퍼	Eupe Corporation	Pavilion Group	S P Setia
세대수	729세대	1,314세대	326세대
세대 면적	43.5 - 132.8㎡	57.0 - 170.1㎡	59.1 - 116.3㎡
층수	32층/38층/40층	57층	40층
분양가격	RM 985~1,125/ft² (약 980~1,120만 원/3.3㎡)	RM 1,800/ft² (약 1,800만 원/3.3㎡)	RM 1,817/ft² (약 1,810만 원/3.3㎡)

---

19) 현재도 KL 센트럴 역은 싱가포르까지 7시간, 국경도시인 파당베사르(Padang Besar)를 통해 태국까지는 약 6~7시간 소요되는 철도(Electric Train Service : ETS)가 운행 중이다.

암팡 힐리르(Ampang Hilir)

암팡은 쿠알라룸푸르 내 코리아타운이라고 알려진 지역으로 KLCC도 가깝고, 말레이시아 한국대사관을 비롯한 여러 대사관들이 밀집해 있어 서울의 한남동과 유사한 지역적 특성을 보인다. 말레이시아의 대표적인 수출품이자 기념품 중의 하나인 주석 광산이 있던 곳으로 암팡Ampang이란 지명이 말레이어로 'dam'으로 광부들의 댐이란 뜻을 가진다.[20]

한국어 통역서비스를 받을 수 있어 한국 교포들이 선호하는 글렌이글스 쿠알라룸푸르Gleneagles Kuala Lumpur 병원이 위치해 있고, 서측에는 말레이시아 최초의 골프클럽인 로얄 셀랑고르 골프 클럽Royal Selangor Golf Club도 있다. 무엇보다도 미국식 국제학교인 ISKL International School of Kuala Lumpur을 비롯해 FIS Fairview International School 등 다양한 국제학교가 인근에 있어 자녀들이 있는 한국 거주자들이 선호하는 지역이다. 암팡 지역에 향후 준공 예정인 대표적인 주거 프로젝트를 소개하면 [자료 4-22]와 같다.

---

20) 출처 : https://en.wikipedia.org/wiki/Ampang,_Selangor

[자료 4-22] 암팡 고급 주거 프로젝트 신규 공급 사례

(환율 1RM = 280원 기준)

명칭	Impression U-Thant	Reizz Residence	AT 6 (Residensi Ampang Tengah 6)
투시도	출처 : www.impression-uthant.com	출처 : www.bsgproperty.com	출처 : www.limqueeandsons.com
입주 예정	2021년	2020년 9월	2021년
디벨로퍼	JV(KOF, YTB, RISDA)	BSG Property	LQS Group
세대수	108세대	437세대	35세대
세대 면적	72.6–151.6㎡	63.8–83.1㎡	260–326㎡
층수	10층	52층	18층
분양가격	RM 1,687/ft^2 (약 1,680만 원/3.3㎡)	RM 960/ft^2 (약 960만 원/3.3㎡)	RM 1,276/ft^2 (약 1,270만 원/3.3㎡)

수방 자야(Subang Jaya)

수방 자야Subang Jaya는 말레이시아의 분당이라 불리는 지역으로, 쿠알라룸푸르 수도권인 클랑 밸리Klang Valley의 중심에 위치한 페탈링 지역Petaling District에 위치해 있다. 과거 고무 농장이었던 지역이 말레이시아 최고의 타운십Township 디벨로퍼인 썬웨이Sunway 그룹의 주도하에 주거지로 개발되면서 이제는 인구수가 약 64만 명(2015년 기준)에 이를 정도로 빠르게 성장하고 있다.[21] 수방 자야 지역에는 산업단지도 발달해서 말레이시아 기업뿐만 아니라 다국적 해외 기업들의 본사도 위치해 있어 업무 지역의 성격도 가지고 있다.

무엇보다 중상위, 중산층이 선호하는 거주 밀집 지역으로 중국계 거주자가 많으며, 썬웨이 시티Bandar Sunway 내 썬웨이 사우스키Sunway South Quay에는 한국인 거주자들도 찾아볼 수 있다. 중산층 지역답게 초등학교부터 대학교까지 다양하게 있고, 특히 호주의 모나쉬 대학교 캠퍼스Monash University Malaysia와 테일러 대학교Taylor's University, 썬웨이 대학Sunway University과 같은 대학 캠퍼스들이 밀집해 있어 대학생들을 위한 무료 셔틀도 운행되고 있다.

연간 평균 5,000명 넘는 외국인 환자가 내원하는 사임다비 메디컬센터 Sime Darby Medical Centre 병원을 비롯해 썬웨이 피라미드Sunway Pyramid, 엠파이어 쇼핑갤러리Empire Shopping Gallery, 다멘 몰Da Men mall 등 다양한 쇼핑센터들이 있어 편리한 주거 생활을 영위할 수 있다. 또한, 말레이시아 최대의 테마파크

---

21) 출처 : https://en.wikipedia.org/wiki/Subang_Jaya

인 썬웨이 라군Sunway Lagoon 리조트를 비롯해 사우자나 골프클럽Saujana Golf and Country Club이나 글렌메리 골프클럽Glenmarie Golf & Country Club 등 중상위층이 즐길 수 있는 골프장도 인근에 있어 선호되고 있다.

수방 자야의 대표적인 개발 사업으로 페이슬리 서비스드 레지던스 Paisley Serviced Residences가 위치한 트로피카나 메트로파크Tropicana Metropark 프로젝트가 있다. 말레이시아의 대표적인 디벨로퍼 중의 하나인 트로피카나

[자료 4-23] 수방 자야 고급 주거 프로젝트 신규 공급 사례

(환율 1RM = 280원 기준)

명칭	Lot 15	Paisley Serviced Residences	Sunway GEOLake
투시도	출처 : www.propertyguru.com.my	출처 : www.tropicanametropark.com.my	출처 : www.sunwayproperty.com
입주 예정	2021년 11월	2020년 12월	2022년 7월
디벨로퍼	Sime Darby	Tropicana Metropark	Sunway Group
세대수	361세대	587세대	420세대
세대 면적	58.0 - 93.0㎡	55.8 - 140.8㎡	82.0 - 165.0㎡
층수	20층	28층	44층
분양가격	RM 951-1,009/ft² (약 950-1,010만 원/3.3㎡)	RM750/ft² (약 750만 원/3.3㎡)	RM 948/ft² (약 940만 원/3.3㎡)

가 개발하는 대규모 복합개발 프로젝트로 여의도 면적의 약 8분 1 규모인 0.356㎢ 대지 면적에 63억 링깃(약 1.7조 원)의 총개발가치를 자랑하는 초대형 프로젝트다. 수방 자야 지역에 향후 준공 예정인 대표적인 주거 프로젝트를 소개하면 [자료 4-23]과 같다.

조호 바루(Johor Bahru)

이스칸다 푸트리 Iskandar Puteri로 알려져 있는 조호 바루Johor Bahru는 조호르 주State의 수도다. 조호르 주는 말레이시아 국토 면적의 약 5.8%(19,166 km²)를 차지하지만, 인구수는 374만 명 정도로 총인구수의 약 11.6%를 차지한다.[22] 특히 외국인 거주자가 35.7만 명으로 전체 인구의 약 9.5%로 전국 평균보다 조금 낮은 편이다. 반면 실업률은 3.0%로 전국 평균보다 낮고, 1인당 국민 소득도 2017년 기준 34,362링깃(약 960만 원)으로 쿠알라룸푸르의 약 3분 1 수준이다. 쿠알라룸푸르보다 좀 더 저렴한 생활비에 좀 더 저렴한 가격의 주택들이 상대적으로 많아 선호되고 있다.

특히 조호 바루는 2010년 기준 인구수가 42만 명 정도에 말레이계가 약 49.3%, 중국계가 약 33.6%, 인도계가 약 6.7% 정도였으나, 2017년에는 50만 명으로 늘어나며 부동산 개발을 통해 도시화가 진행되면서 꾸준한 인구 증가세를 보인다.[23] 말레이시아 통계청 자료가 주로 조호르 주를 기준으로 발표됨에 따라 앞에서는 조호르 주 전체에 대해 설명했지만 여기에서는 조호 바루를 중심으로 살펴보겠다.

마치 서울의 강남과 강북이 한강을 사이에 두고 떨어져 있듯이 조호 바루는 2km도 안 되는 좁은 조호르 해협 바다를 사이에 두고 싱가포르와 지리적으로 인접해 있다. 반면 싱가포르에 비해 임대료를 포함한 물가가 저렴

---

22) 출처 : 말레이시아 통계청, Malaysia Statistical Handbook 2018
23) 출처 : 말레이시아 통계청 & http://data.un.org/Data.aspx?d=POP&f=tableCode%3a240

조호 바루와 조호르 해협 전경

해 싱가포르인들이 주말에 조호 바루로 쇼핑을 오거나 실제로 매일 출퇴근하는 거주자들도 있다. 조호 바루는 싱가포르에 인접한 입지적 장점을 빗대어 **말레이시아의 선전**Shenzhen이라고 불리기도 한다. 이는 마치 홍콩과 인접한 해상 무역도시인 심천(선전)이 홍콩과 중국 본토를 이어주는 국경 거점도시로 경제특구를 통해 하이테크 산업을 중심으로 빠르게 성장한 것과 유사하기 때문이다. 1인당 국민소득이 만 달러(2018년 기준 $9,600, 약 1,100만 원)가 되지 않는 중국에서 3배 수준인 약 19만 위안(약 3,200만 원, 2018년 기준)의 1인당 국민소득을 갖는 부유한 도시로 성장한 심천(선전)을 떠올려 보면 싱가포르의 국경 거점 도시인 조호 바루의 성장은 매우 긍정적이다.[24]

인접한 싱가포르가 국토 면적 722㎢에 인구수가 약 564만 명으로 홍콩보다 높은 인구밀도를 보이는 것을 볼 때, 개발 가능한 넓은 대지에 상대적으로 물가수준이 낮은 조호 바루의 성장의 가능성은 수요의 유출 효과 측면에서도 높다고 하겠다.

홍콩이 심천을 통해 필요한 물의 약 70%를 공급받듯이, 1962년에 체결된 물협약Water Agreement에 따라 싱가포르도 조호르 주의 테브라우 강Tebrau

---

24) 출처 : https://www.imf.org & https://www.ceicdata.com

River에서 물을 공급받고 있다. 대신 조호르 주는 싱가포르로부터 거의 원가의 가격으로 정수된 물을 공급받고 있다. 이는 두 나라 간에 정치적으로도 민감한 이슈로 갈등을 빚기도 하는데, 그만큼 조호 바루가 싱가포르의 접경 도시로 중요한 역할을 하며 인프라의 공유를 통해 빠르게 성장할 수 있다는 사실을 간접적으로 시사한다. 이를 증명이라도 하듯 조호 바루의 세나이 국제공항은 2018년 352만 명이 방문하면서 전년 대비 13%의 방문객 증가세를 보였는데, 외국인들뿐만 아니라 말레이시아 내국인들의 방문도 눈에 띄게 증가했다.[25] 이는 단순히 레저 관광객뿐만 아니라 조호 바루의 경제 성장과 함께 비즈니스 출장객이 많이 늘어났기 때문이다.

실례로 조호 바루 누사자야Nusajaya 지역의 '남부 산업 및 물류 클러스터 Southern Industrial and Logistics Clusters (SiLC)' 산업단지에는 한국 기업들도 진출해 있다. 대표적으로 롯데케미칼 타이탄Lotte Chemical Titan과 고려제강의 R&D 연구소가 있다. 특히 아모레퍼시픽은 아세안 사업 강화를 위해 2016년에 유이엠 선라이즈UEM Sunrise로부터 조호 바루에 25.37 에이커(약 0.1㎢) 면적의 토지를 매입하기도 했다.[26]

---

[25] 출처 : https://www.theiskandarian.com/property/senai-international-airport-records-solid-passengers-growth-in-2018/

[26] 출처 : https://www.thestar.com.my/business/business-news/2016/06/29/korea-amorepacific-to-invest-rm691m-in-iskandar-puteri (기사 : 2016.06.29)

조호 바루의 진주,
이스칸다 말레이시아(Iskandar Malaysia)

부동산 측면에서 조호 바루 내 신도시 경제특구 개발 지역인 이스칸다 말레이시아Iskandar Malaysia (IM)를 중점적으로 살펴볼 필요가 있다. 이스칸다 말레이시아는 2006년 11월에 시작된 신도시 개발 계획으로 [자료 4-24]와 같이 크게 5개의 권역Flagship으로 나뉜다.

[자료 4-24] 이스칸다 말레이시아 5개 권역(Flagship) 지도

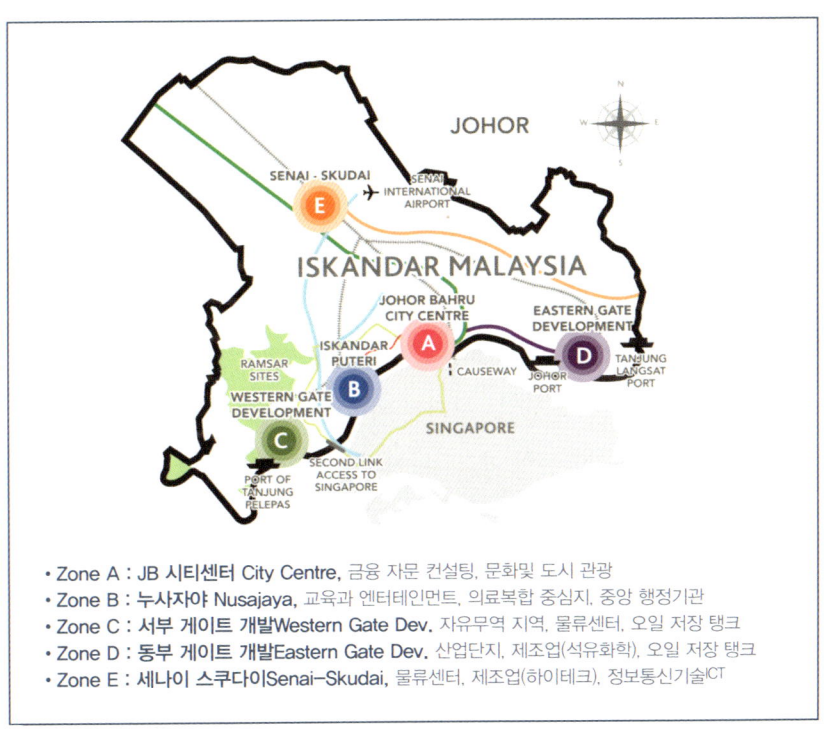

- Zone A : JB 시티센터 City Centre, 금융 자문 컨설팅, 문화및 도시 관광
- Zone B : 누사자야 Nusajaya, 교육과 엔터테인먼트, 의료복합 중심지, 중앙 행정기관
- Zone C : 서부 게이트 개발Western Gate Dev. 자유무역 지역, 물류센터, 오일 저장 탱크
- Zone D : 동부 게이트 개발Eastern Gate Dev. 산업단지, 제조업(석유화학), 오일 저장 탱크
- Zone E : 세나이 스쿠다이Senai-Skudai, 물류센터, 제조업(하이테크), 정보통신기술ICT

출처 : http://propmex.com.my

이스칸다 말레이시아는 싱가포르 면적의 3배 면적에 달하는 약 2,216 ㎢ 면적으로 2006년 처음 신도시 개발 사업을 구상하던 당시 인구는 150만 명(2005년 기준) 정도였다.[27] 그러나 2017년 기준 약 209만 명으로 인구가 10년 사이에 2배 가까이 증가했고, 2025년에는 300만 명까지 증가할 것으로 예상되고 있다.

대규모 신도시 개발사업답게 이스칸다 말레이시아는 크게 3단계로 나누어 개발 계획을 수립했다. 1단계는 2007년부터 2010년, 2단계는 2011년부터 2015년, 3단계는 2016년부터 2025년으로 약 20년에 가까운 개발 계획이다. 국민들의 삶의 질을 보여주는 1인당 국민소득GDP도 2015년 32,791링깃(약 918만 원)에서 2025년에 42,631링깃(약 1,194만 원)으로 10년 사이에 1.3배 증가할 것으로 예상되고 있다.[28]

2006년부터 2018년 말까지 총누적 투자액은 2,853억 링깃(약 80조 원)으로 이 중 68%인 1,948억 링깃(약 55조 원)이 내국인 투자액이며, 나머지 32%(905억 링깃)를 외국인 투자자가 투자했다.[29] [자료 4-25]에서 볼 수 있듯이 2008년 외국인 투자자의 비율이 약 55%로 외국인들이 투자를 주도했다면, 10년이 지난 2018년에는 누적된 외국인의 투자 비율은 약 32%로 말레이시아 자국의 투자자들이 이스칸다 말레이시아의 성장을 주도하고 있다.

2018년까지 이스칸다 말레이시아에 투자한 외국인 투자자들의 국적은

---

27) 출처 : UTM-Low Carbon Asia Research Center(2013), Low Carbon Society Blueprint for Iskandar Malaysia 2025
28) 출처 : Iskandar Regional Development Authority(2016), Iskandar Malaysia 10 Year Progress Report.
29) 출처 : https://www.freemalaysiatoday.com/category/nation/2019/02/22/iskandar-malaysia-area-to-be-almost-doubled-in-johor

주로 중국, 싱가포르, 미국, 일본, 스페인순으로 대부분의 외국인 투자액이 서비스 분야와 제조업 분야에 집중되어 있다. 2012년만 해도 대부분 싱가포르(약 17%)가 주요 투자국가였다면 중국 의존도가 커진 말레이시아의 경제 상황을 대변이라도 하듯 중국의 투자 규모가 커지고 있다. 투자 분야별로는 관광과 교육, 금융, 헬스케어, 유통업 등 서비스업 분야의 투자가 빠르게 증가하고 있다. 이는 서비스 산업의 성장을 통해 국가 발전을 일으키려는 말레이시아 정부의 국가계획과도 그 맥이 상통한다고 하겠다.

[자료 4-25] 이스칸다 말레이시아 총누적 투자액 추이

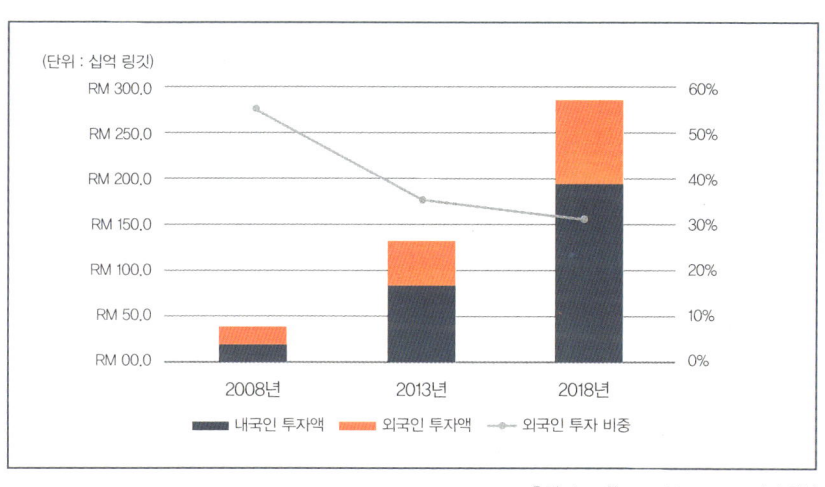

출처 : http://www.mida.gov.my, 저자 작성

이스칸다 말레이시아에는 유명 국제학교들이 밀집해 있는 에듀 시티 Edu City를 비롯해서 세계에서 여섯 번째이자 말레이시아 최초의 외국계 테마파크인 레고랜드Legoland(2012년 개장)가 있다. 또한 한국의 신세계 사이

면 프리미엄 아울렛과 유사하게 겐팅 그룹(71페이지에서 소개한 겐팅 하이랜드 소유 기업)이 미국의 사이먼 프로퍼티 그룹Simon Property Group과 함께 개발해 운영 중인 조호르 프리미엄 아울렛Johor Premium Outlet 등 다양한 생활문화 편의시설들이 있다. 최근에는 싱가포르의 아시안 아메리칸 메디컬 그룹 Asian American Medical Group의 심장종양 전문센터인 '툰쿠 락사마나 암센터Tunku Laksamana Cancer Centre'와 2019년 말 오픈을 앞두고 있는 이케아의 복합쇼핑몰인 '토펜 쇼핑센터Toppen Shopping Centre' 등이 관심을 모으고 있다.

이케아 토펜 쇼핑센터   출처 : https://www.ikanocentres.com   레고랜드 말레이시아

싱가포르와의 접근성과 수요의 유출 효과로 이스칸다 말레이시아에는 대규모 글로벌 기업들의 투자가 이어지고 있어 부동산 가치의 상승과 함께 선진화된 도시 인프라에서의 편리한 주거 환경도 기대된다. 이를 통해 조호 바루 거주자들의 삶의 질이 향상되고 교통 인프라뿐만 아니라 생활 편의시설과 문화시설 등의 인프라 발전이 이어지면서 지속 가능한 도시 개발을 이어갈 것으로 기대된다.

부동산 투자 측면에서 가장 관심이 큰 Zone B인 이스칸다 푸트리

Iskandar Puteri의 메디니Medini 지역에는 '썬웨이 이스칸다Sunway Iskandar'라고 불리는 세계적인 수준의 타운십 프로젝트가 있다. Chapter 3에서 소개한 말레이시아의 대표적인 디벨로퍼인 썬웨이 그룹이 서울의 여의도 면적(8.35㎢)에 준하는 1,800에이커(7.28㎢)의 광활한 대지에 약 300억 링깃(약 8.4조

[자료 4-26] 조호 바루의 주거 프로젝트 신규 공급 사례

(환율 1RM = 280원 기준)

명칭	R&F Princess Cove	The Peak	Forest City Coastal Residence 1단계
투시도	출처 : www.princesscove-rf.com	출처 : www.gbg.com.my	출처 : www.forestcitycgpv.com
위치	JB City Centre(Zone A)	JB City Centre(Zone A)	Gelang Patah(Zone C)
입주 예정	2020년	2020년	2026년
디벨로퍼	R&F Development	Gabungan AQRS	Country Garden Pacificview[30]
세대수	3,584세대	668세대	482세대
세대 면적	43.5 - 122.4㎡	88.0 - 204.4㎡	70 - 173㎡
층수	35층	39층	32층
분양가격	RM 1,100-1,514/ft² (약 1,100~1,510만 원/3.3㎡)	RM 1,020/ft² (약 1,017만 원/3.3㎡)	RM 753/ft² (약 750만 원/3.3㎡)

30) 컨츄리 가든 퍼시픽뷰(Country Garden Pacific View Sdn. Bhd.) : 중국의 유명 종합부동산개발 회사인 컨츄리 가든 홀딩스(Country Garden Holdings Ltd.)와 말레이시아 회사인 에스플러네이드 단가 88(Esplanade Danga 88 Sdn. Bhd.)의 조인트벤처 회사다(출처 : http://countrygardenforestcity.com/company-profile).

원)의 엄청난 사업비를 투입해 신도시를 개발하는 대규모 부동산 개발 사업이다.[31] 말레이시아 로컬 디벨로퍼들의 자본력과 기획력을 엿볼 수 있는 개발 사업의 일례가 아닐 수 없다. 조호 바루에 향후 준공 예정인 대표적인 주거 프로젝트를 살펴보면 [자료 4-26]과 같다.

최근 풍부한 자본력을 갖춘 중국인 투자자들이 말레이시아뿐만 아니라 필리핀이나 베트남 등 아세안 부동산 시장에서 공격적인 투자로 부동산 가격을 끌어올리며 시장을 이끌고 있다. 말레이시아의 대표적인 사례가 [자료 4-26]에서 소개한 '포레스트 시티 Forest City'일 것이다. 포레스트 시티 개발은 단순히 말레이시아의 부동산 개발 프로젝트의 개념을 넘어 중국의 현대판 신 실크로드 Silk Road로 대변되는 시진핑 국가 주석이 구상하는 일대일로一帶一路의 일환으로 계획되었다. 다시 말해 중국의 일대일로 계획에서 동남아시아와 중국 남부의 바닷길을 연결하는 '해상 실크로드 21st Century Maritime Silk Road'의 핵심 사업 중의 하나인 것이다.[32]

중국 자본을 기반으로 한 100조 원이라는 천문학적인 규모의 사업비를 가진 대규모 도시개발 사업으로 분양된 18,000세대 중 80%가 중국인 투자자로 알려져 있을 정도로 중국인 투자 비중이 높다. 최근에는 베트남이나 인도네시아, 한국 등의 다양한 국적의 구매자들이 관심을 보인다고 알려져 있다.

---

31) 출처 : http://www.sunwayiskandar.com/masterplan.html.
32) 중국과 동남아시아·중앙아시아·아프리카·유럽을 육로와 해로로 연결해 경제권을 형성하려는 중국의 전략으로 시진핑 국가주석이 2013년 9월 카자흐스탄 방문 때 처음 주창했는데, 2016년 중국 주도로 공식 출범한 아시아인프라투자은행(AIIB)도 '일대일로' 구상에 필요한 자금 조달을 위한 것이다(출처 : 네이버 지식백과(시사상식사전)).

대규모 교통인프라 개발 사업

2018년에 출범한 마하티르 신정부는 이전 나집 라작 정부의 공공부채 감축을 최우선 국정과제로 선정하며 재정 건전성의 확보를 위해 대규모 인프라 사업을 보류하고 있다. 그러나 광역 수도권인 클랑 밸리Klang Valley의 교통 인프라 구축을 위한 **경량전철사업**Light Rail Transit (LRT)과 **대중고속철도**Mass Rapid Transit (MRT) 건설은 규모를 축소해 추진 중이다. 중국과 함께 추진 중이었던 **동부해안철도**East Coast Rail Link (ECRL) 사업도 원래 예산의 3분의 1 수준인 440억 링깃(약 12.3조 원)으로 사업비를 축소해 2026년을 완공 목표로 진행하고 있다.[33]

부동산 투자 측면에서 이러한 교통 인프라 사업은 관심 있게 지켜볼 필요가 있다. 최근 한국도 수도권 외곽과 서울 도심을 연결하는 광역급행철도 GTX 개발 계획이 발표되면서 인근 지역의 부동산 가격이 들썩거리기도 했다. 이처럼 전 세계 대도시를 중심으로 지하철이나 광역 교통망 노선을 따라 이른바 **대중교통 중심의 부동산 개발**Transit-Oriented Development (TOD)이 활발해지면서 이러한 역세권을 중심으로 부동산 가치 상승에 대한 기대감이 높다. 이 파트에서는 쿠알라룸푸르뿐만 아니라 조호 바루의 부동산 시장에 큰 영향을 줄 것으

> 대중교통 중심의 부동산 개발(Transit-Oriented Development : TOD)이란 자동차 중심의 도시 구조를 대중교통 중심의 거주 공간으로 도시 구조를 변화시키기 위한 고밀도 개발 방식을 말한다
> (출처 : 유헌선(2015), 《해외 부동산 투자&개발 바이블》, 매일경제신문사).

---

33) 출처 : https://www.thestar.com.my/news/nation/2019/04/13/ecrl-is-up-and-running-again (기사 : 2019. 04. 13)

로 기대되는 말레이시아와 싱가포르 간의 광역 교통망 신규 사업을 간단히 살펴보겠다.

말레이시아-싱가포르 간 고속철도 사업
(Kuala Lumpur-Singapore High-Speed Rail : HSR)

말레이시아와 싱가포르 정부 간의 전략적인 교통인프라 개발 사업으로 쿠알라룸푸르의 반다 말레이시아Bandar Malaysia역과 싱가포르의 주롱 이스트Jurong East역을 연결하는 고속철도 사업이다. 도시 간의 원활한 이동을 촉진하고 상호 비즈니스 교류를 강화시키기 위한 목적이 크다. 정치적, 경제적인 이해관계의 충돌로 두 나라가 1965년에 분리되기는 했지만 자원이 부족한 작은 도시국가인 싱가포르와 경제 성장을 위해 상생이 필요한 말레이시아 모두에게 HSR 사업은 매우 중요한 의미를 갖는다. 이 고속철도가 완공되면 두 나라 간의 이동 시간은 90분으로 기존의 7시간에서 대폭 시간이 단축될 것으로 예상된다. 총노선의 길이는 350km로 말레이시아에 7개의 역(Bandar Malaysia, Sepang-Putrajaya, Seremban, Melaka, Muar, Batu Pahat, Iskandar Puteri)과 싱가포르의 주롱 이스트Jurong East 1개역인 총 8개의 역으로 운영될 예정이다. 그러나 2018년 9월, 말레이시아

HSR 노선도   출처 : https://investmentpilgrim.wordpress.com

와 싱가포르 두 정부는 2020년 5월 말까지 HSR 건설 프로젝트를 연기하기로 합의했다. 이로 인해 고속철도 서비스는 5년 정도 연기된 2031년 1월에나 개시될 것으로 전망되고 있다.[34] 비록 연기는 되었지만, 고속철도가 개통되면 철도역 인근 5km 이내에 대중교통 중심개발TOD 개념의 복합용도 개발이 이루어지면서 활기찬 도시 환경이 조성될 것으로 기대된다.

조호 바루-싱가포르 고속 운송 시스템
(Johor Bahru - Singapore Rapid Transit System)

조호 바루-싱가포르 고속 운송 시스템은 조호 바루의 부킷 차가르Bukit Chagar RTSRapid Transit System역과 싱가포르의 우드랜즈Woodlands 북측의 MRT/RTS역을 연결하는 고속 열차 개발 계획이다. 국가 간 대륙을 횡단하는 4km 길이의 고속 열차로 2024년 말에 개통 예정이었으나 다소 연기될 것으로 보인다. 특히 말레이시아-싱가포르 간 고속철도 사업HSR과 함께 조호 바루의 부동산 시장에 호재로 큰 기대감을 일으키고 있으며, 특히 JB 시티센터 Zone A 권역을 중심으로 추후 부동산 시장의 가격 상승을 이끌 것으로 기대된다.

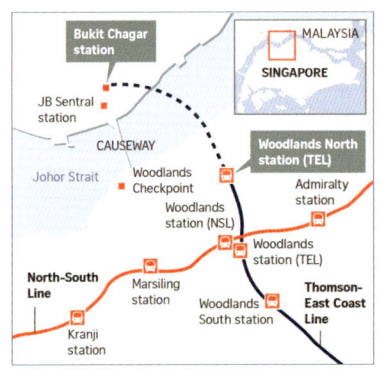

조호바루-싱가포르 고속 운송 시스템
출처 : http://singaporerealestateinsider.com

34) 출처 : http://www.myhsr.com.my

TIP 말레이시아 관련 도움이 되는 유용한 웹사이트

다음의 웹사이트들은 말레이시아 부동산 시장뿐만 아니라 말레이시아를 이해하기 위해 필요한 자료들을 수집하고 조사할 때 유용한 정보를 얻을 수 있는 곳이니 참고하길 바란다.

한국 웹사이트

주 말레이시아 대한민국대사관, http://overseas.mofa.go.kr/my-ko/index.do

말레이시아 한국상공회의소, http://www.kocham.org.my

대한무역투자진흥공사 쿠알라룸푸르 무역관, http://www.kotra.or.kr/KBC/kualalumpur

말레이시아 웹사이트

말레이시아 통계청, https://www.dosm.gov.my

말레이시아 관광청, https://www.tourism.gov.my/statistics

말레이시아 문화관광부, http://motac.gov.my/en

말레이시아 이슬람 관광센터, http://www.itc.gov.my

말레이시아 국세청, http://www.hasil.gov.my

말레이시아 투자진흥청, http://www.mida.gov.my

말레이시아 기업위원회, http://www.ssm.com.my

말레이시아 국유재산정보센터, http://napic.jpph.gov.my/portal

말레이시아 대외무역 개발공사, http://www.matrade.gov.my

말레이시아 재무부 가치평가 및 부동산서비스국, https://www.jpph.gov.my

말레이시아 마이 세컨 홈, https://mm2h.co/mm2h-benefits-incentives

쿠알라룸푸르 시 홈페이지, http://www.dbkl.gov.my

에필로그

　최근 해외 부동산 투자와 해외 이민에 대한 관심이 뜨겁다. 미국이나 캐나다, 호주와 같은 선진국을 넘어 베트남, 필리핀, 미얀마, 캄보디아 등 신흥 아시아 국가들에 대한 투자 관심이 다양해지고 있다. 이를 반영이라도 하듯 전문가들의 해외 부동산 투자 세미나부터 유투브 개인 채널까지 다양한 루트를 통해 수많은 정보가 쏟아지고 있다.

　내가 2015년 해외 부동산 투자에 관한 책을 출간할 당시 대형 서점의 한 칸을 채 채우지 못했던 해외 부동산 관련 전문 서적들의 상대적인 부재는 4년이 지난 지금도 여전히 큰 변화가 없음을 보며 왠지 모를 사명감에 용기를 내게 되었다.

　'말레이시아'라는 나라에 대한 개인적인 관심에서 출발하기는 했지만, 투자적인 관점에서 말레이시아 부동산 시장이 지니는 매력을 공유하고 싶었다. 이 책의 제목이 알려주듯이 이제 은퇴 이민이나 자녀의 조기유학 등 저마다의 이유로 말레이시아에서 인생 2막을 준비하려는 사람들에게, 무엇보다 말레이시아의 부동산 투자에 관심이 있는 개인 투자자들에게 필요한 정보를 모아 한 권의 가이드북으로 담고 싶었다.

　부족한 지식의 한계로 말레이시아 부동산 시장에 대한 폭넓은 연구와 설명에는 한계가 있었음을 인정한다. 아무쪼록 이 책이 말레이시아에 대한 새로운 관심을 불러일으키고 그동안 큰 주목을 받지 못했던 숨은 진주를 재발견하는 계기가 되었으면 한다. 더 나아가 부동산 투자 외에도 말레이시아의 다양한 매력을 소개함으로써 다양한 산업에서 두 나라 간의 활발한 교류와 협력을 이끄는 데 조금이나마 도움이 되었으면 한다.

이 책을 집필하면서 다소 감상적인 여행 가이드북과 딱딱할 수 있는 부동산 투자 가이드북 어디에 중심을 맞춰야 하는가에 대한 고민이 컸다. 결국, '말레이시아는 어떤 나라인가? 왜 말레이시아에 살고 싶은가? 왜 말레이시아의 부동산 시장이 매력적인가?'에 대한 답을 찾기 위해 다소 재미없는 책이 될 수 있지만, 부동산학을 공부한 사람으로서 객관적이고 통계적인 정보를 최대한 전달하고자 했다.

투자 목적이나 투자 성향이 저마다 다른 독자들에게 유용한 정보들의 집적화를 통해 책의 가치를 전해줄 수 있기를 소망해본다. "말레이시아 부동산 투자나 이민을 생각해본 사람이라면 한 권쯤은 갖춰두고 몇 번을 꺼내 볼 책이다"라는 초고를 읽어 준 어느 지인의 과분한 소감처럼 이 책을 끝까지 읽어 준 독자들이 다시금 페이지를 펼칠 수 있는 의미 있는 내용이 있었기를 욕심내어 본다. 그리고 소중한 시간을 내어 여기까지 읽어주신 독자분들에게 감사드린다.

말레이시아에서 꿈꾸는 행복한 미래를 응원하며….

해외 부동산 투자,
나는 말레이시아로 간다

제1판 1쇄 2019년 11월 25일

지은이 유현선
펴낸이 서정희
기획제작 ㈜두드림미디어
책임편집 배성분
마케팅 김형진 이진희

펴낸곳 매경출판㈜
등록 2003년 4월 24일(No. 2-3759)
주소 (04557) 서울시 중구 충무로 2 (필동1가) 매일경제 별관 2층 매경출판㈜
홈페이지 www.mkbook.co.kr
전화 02)333-3577(내용 문의 및 상담) 02)2000-2645(마케팅)
팩스 02)2000-2609 **이메일** dodreamedia@naver.com
인쇄·제본 ㈜M-print 031)8071-0961
ISBN 979-11-6484-040-3 (03320)

책값은 뒤표지에 있습니다.
파본은 구입하신 서점에서 교환해드립니다.

이 도서의 국립중앙도서관 출판예정도서목록(CIP)은 서지정보유통지원시스템 홈페이지(http://seoji.nl.go.kr)와
국가자료공동목록시스템(http://www.nl.go.kr/kolisnet)에서 이용하실 수 있습니다.
(CIP제어번호: CIP2019044628)